ライブラリ 民法コア・テキスト❷

コア・テキスト

民法

II

物権法
【第2版】

平野 裕之

CIVIL LAW

新世社

第 2 版はしがき

　本「ライブラリ　民法コア・テキスト」も初版刊行から既に 7 年が経過し，民法（債権関係）改正を機に，全巻第 2 版としてリニューアルをはかることとなった。2017 年民法改正は物権法部分の規定には殆ど影響はないので，本巻では新法にかかわる記述変更は多くないが，この機会に説明を大幅に見直して，図表を増やし，より分かりやすい内容となるように心掛けた。また，基本的な判例は最新のものまで充実させ，応用的な論点・知識もある程度まで補充を行っている。その結果，ページ数が増えてしまったが，入門テキストとして一気に通読できる限度内である。

　ちなみに物権法制に関しては，近年，所有者不明土地の問題が深刻化してその対策が喫緊の課題となっており，特別法（所有者不明土地の利用の円滑化等に関する特別措置法）が公布されたところである。本質的な解決に向けて，将来的に物権法についても見直しがなされる可能性があり，問題点や今後を考えるうえで，改めて現行法の規定をしっかりと学ぶ必要があるだろう。

　本書は学説をいちいち引用していないが，これは初版からの方針であり，詳しい学説また判例を知りたい者のためには，「民法総合シリーズ」（信山社）を用意している。ただし，物権法部分は未完であり，とりあえずは『物権法〔第 2 版〕（論点講義シリーズ）』（弘文堂）がこの代用としての役割を果たすものである。また，本書より詳しい通読用の中級または上級者向けの教科書としては日本評論社のシリーズがある。これは判例を中心として，また，自説をなるべく前面に出して説明をしようとしたものである。

　なお，勉強には，知識のインプットだけでなく，その知識を問題を解く形でアウトプットして理解確認することが重要である。さらには，インプットした知識を用いて応用問題を考えられるようになるための思考のトレーニングも必要となってくる。「おぼえる」のでなく，「考える」勉強が大切なのである。そのため，本ライブラリと対になる演習書として『ライブラリ　コア・

ゼミナール民法』を準備中で，近く総則・物権法編を刊行する予定である。

今回の改訂には，初版以来，新世社編集部の御園生晴彦氏には大変にお世話になった。また，同編集部の谷口雅彦氏には，図表が本書の勝負する部分であることから，著者の意図に沿う図表の作成をしてもらうため無理難題のような図表作成につきお手数を煩わせた。また，判例の確認から索引の作成まで一切行って頂き感謝する限りである。この場を借りて，お2人には感謝をしたい。

2018年7月

平野　裕之

初版はしがき

　本書は著者の『基礎コース 民法Ⅰ・Ⅱ』(新世社) の発展版である「ライブラリ 民法コア・テキスト」の第Ⅱ巻である。このライブラリは全7巻を予定し，Ⅰ (民法総則)，Ⅱ (物権法)，Ⅲ (担保物権法)，Ⅳ (債権総論)，Ⅴ (契約法)，Ⅵ (事務管理・不当利得・不法行為)，Ⅶ (親族・相続) に分かれている。『基礎コース 民法Ⅰ・Ⅱ』は財産法を2冊でカバーしたため，かなり民法の体系を崩した配置をしたが (契約の成立や組合といった債権各論で扱われるべきテーマを，総則と物権法を扱う第Ⅰ巻の中で説明するなど)，本ライブラリは，基本的に民法の条文の配列にあわせた構成となっている。

　著者の「民法総合シリーズ」(信山社) は辞書的な書物である一方，『基礎コース 民法Ⅰ・Ⅱ』が入門者向けの易しい本であるため，それらの中間に該当する，ちょうど教科書として適量のものを刊行しようという企画のもとに生まれたものが本ライブラリである。『コア・テキスト 民法』という書名に相応しい，まさに，学修における中核となるテキストに仕上がった。本ライブラリは，『基礎コース 民法Ⅰ・Ⅱ』よりも判例の紹介を充実させる一方で，学説の説明を補充しつつも，ボリュームが増えすぎることを避けるために教科書や論文の引用は避けている。したがって，本書は，入門として初学者がいきなり読んでもよいし，すでにある程度勉強が進んでいる者が知識の整理のために読んでもらってもよいものとなっており，そのため『基礎コース 民法Ⅰ・Ⅱ』以上に図表を充実させている。図表も本書の売りとなる部分であるといってよい。

* * * * * * *

　本巻では，まず，全体にかかわる物権の意義・性質及び物権的請求権について説明し，ついで民法第2編「物権」の第1章「総則」について説明をする。物の意義・分類などは第1編「総則」に規定されているので，第Ⅰ巻に譲っている。「総則」では，①物権法定主義 (175条)，②意思主義 (176条)，

③不動産物権変動の対抗要件（177条），④動産物権変動の対抗要件（178条），そして，⑤物権の混同（179条）のわずか5カ条が規定されているに過ぎないが，内容的に重要であり，かなりのページ数をこれらの説明に割いている。

　また，物権法における外観法理について，不動産については登記に公信力はないが，これを94条2項の類推適用が補完している。94条は総則の規定なので，説明は第Ⅰ巻で行っている。動産については即時取得制度（192条以下）があり，これについては本巻で説明をしている。

　民法は物権編の第2章に「占有権」についての規定を置いており，即時取得もそこに規定されている。しかし，本ライブラリでは即時取得は外観法理の一種として説明しており，また一般的に即時取得は時効制度とも密接なかかわりがある。

　そして，第3章「所有権」について，所有権の意義，相隣関係，所有権の取得について説明した後，共有について詳述している。共有が問題となるのは，共同相続の場合がほとんどであるが，組合の場合，あるいは（判例には登場しないが）共同購入などの場合，混和などの場合にも共有は生じうる。また，建物の一部を排他的に，残部については共有という形で複数の者が共同で所有している建物区分所有について，特別法が制定されているのである程度の説明をした。

　最後に，第4章〜第7章の規定するいわゆる用益物権について説明し，特に詳しい規定が置かれていないが，入会権についてもここであわせて解説を加えた。

＊　＊　＊　＊　＊　＊　＊

　本ライブラリの刊行にあたっては，著者が慶應義塾大学と早稲田大学で開講しているゼミの卒業生たちに協力をして頂いた。彼ら彼女らがいなければ本ライブラリが日の目を見ることはなかったといってよい。本巻は，鈴木正村君（慶應義塾大学大学院法務研究科在学）に草稿の段階で読んでもらい，大胆な意見を出してもらった。そのおかげで本書の付加価値は大きく付与されたものと信じている。また，新世社編集部の御園生晴彦氏と石山雅文氏には編集作業において大変お世話になった。特に石山氏には，判例の出典のチェック，クロスリファレンスの確認，内容のチェックに至るまで，ほぼ1年間専

属編集者として作業を担当してもらった。

2011 年 4 月

平野　裕之

■ 物権法の構成 (民法第2編第1-6章)

＊本書の解説との対応については「初版はしがき」参照。

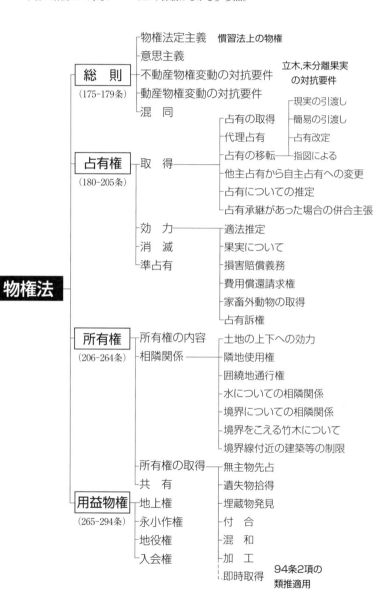

目　　次

第1部　物権法総論　　1

第1章　物権及び物権法　2

1　物　権　と　は　(2)
　［1］　物権の意義及び性質　(2)　　　［2］　物権の内容及び種類　(3)
　［3］　物権法定主義　(4)
2　物権法とは　(6)

第2章　物権の効力——物権的請求権　8

1　排他的効力——相矛盾する物権に対する効力（優先的効力）　(8)
2　物権の侵害に対する効力——物権の請求権　(9)
　［1］　物権的請求権の意義と種類　(9)　　　［2］　物権的請求権の内容　(13)

第3章　物権の公示と公示への信頼保護　24

1　物権自体の公示　(24)
2　動産における公信制度——即時取得（善意取得）　(25)
　［1］　即時取得とは——占有の公信力　(25)　　　［2］　即時取得の要件　(27)
　［3］　即時取得の効果　(36)
3　不動産については登記に公信力なし——94条2項の類推適用による補完　(39)

第4章　物権変動及び物権変動の公示　41

1　物権変動の公示　(41)
　［1］　物権の公示と物権変動の公示　(41)　　　［2］　物権行為と第三者1——不動産について　(41)　　　［3］　物権行為と第三者2——動産について　(44)

2 売買契約などの原因行為（債権行為）と物権行為——所有権の移転時期 (45)
    ［1］ 所有権の移転は売買契約の効力か (45)　［2］ 特定物売買における所有権の移転時期 (50)

第5章　不動産物権変動1 ——対抗要件制度　54

  1 登記制度について (54)
    ［1］ 登記と登記簿——登記簿の種類 (54)　［2］ 登記の種類 (57)
  2 177条の対抗要件主義—— 177条の理論的説明 (60)

第6章　不動産物権変動2 ——「第三者」の要件　66

    ［1］ 第三者の要件（総論）——いかなる要件を満たす者が177条の「第三者」に該当するか (66)　［2］ 第三者の客観的要件について (66)
    ［3］ 第三者の主観的要件 (77)

第7章　不動産物権変動3 —— 177条が適用になる物権変動　86

    ［1］ 契約の取消し (87)　［2］ 取得時効 (94)　［3］ 相続と登記をめぐる諸問題 (103)

第8章　登記の有効要件及び登記請求権　108

  1 登記の有効要件 (108)
    ［1］ 登記申請の手続的要件が欠けていた場合 (108)　［2］ 登記の実体的要件が欠ける場合 (108)
  2 登記の申請と登記請求権 (117)
    ［1］ 登記の申請——共同申請主義 (117)　［2］ 登記請求権 (119)

第9章　動産物権変動の対抗　125

第10章　立木, 農作物についての物権変動——明認方法　130

第11章 物権の消滅　136

1 目的物の消滅による物権の消滅 （136）
2 目的物が存続する場合の物権の消滅 （136）
　［1］ 物権の放棄 （136）　　［2］ 物権の混同による消滅 （138）

第2部　占　有　　141

第12章　占有制度　142

1 占有及び占有制度について （142）
　［1］ 占有制度について （142）　　［2］ 占有（占有権）とは （143）
2 占有の種類 （147）
　［1］ 自主占有・他主占有 （147）　　［2］ 直接占有・間接占有（代理占有）（155）　　［3］ 善意占有（過失・無過失）・悪意占有 （158）
3 占有の効力 （159）
　［1］ 占有についての推定 （159）　　［2］ 占有訴権（占有の訴え）（160）
　［3］ 占有者の費用償還請求権・損害賠償義務 （167）　　［4］ 占有者の果実返還義務 （168）
4 占有の承継 （169）

第3部　所有権　　171

第13章　所有権　172

第14章　土地の相隣関係　175

1 境界の特定 （175）
2 隣地使用権 （178）
3 隣地通行権 （178）
　［1］ 原則的な場合 （178）　　［2］ 例外的な場合 （180）
4 その他の相隣関係 （182）

［1］　水をめぐる相隣関係　(182)　　　［2］　境界に関する相隣関係　(184)

第15章　所有権の取得　187

　1　無主物先占　(187)
　2　遺失物拾得　(187)
　3　埋蔵物発見　(189)
　4　添付制度（付合，混和及び加工）　(190)

第16章　共　　有　200

　1　共有制度について　(200)
　2　共有の法的性質及び持分権について　(205)
　　　［1］　共有及び持分権の法的性質　(205)　　　［2］　持分の割合及び譲渡　(206)
　3　共有の内部関係　(207)
　4　共有と第三者　(215)
　5　共有と無効登記　(217)
　　　［1］　第三者の無効登記　(217)　　　［2］　共有者への無効な所有権移転登記　(219)
　6　共有関係の解消　(223)
　7　共有物の侵害による損害賠償債権　(231)

第17章　建物区分所有　233

第4部　用　益　物　権　　　243

第18章　用益物権　244

　1　地　上　権　(244)
　2　永小作権　(247)
　3　地　役　権　(248)

第19章　入　会　権　　254

索　　引 …………………………………………………263
　事 項 索 引　(263)
　判 例 索 引　(268)
　条 文 索 引　(273)

■ 本書を読む前に

1. 解説の特徴

本文の記述と区別して，活字を小さくしてテーマごとに補足説明を行っている。すなわち，①【STEP UP】では応用的・発展的な問題を，②【FOLLOW UP】では混乱しがちな論点を，③【WORD】では基本的な用語を，それぞれ本文とは分けて解説している。本文解説にかかわるより詳細な情報については，脚注でアスタリスク（＊）がついたゴシック体の表題を付して説明をしている。

2. 構成について

本書では可能な限り事例を用いて説明をしている。これはその条文がどういう事例で問題になるのか，必ず事例とセットにして頭に入れてもらいたいためである。ただし，ボリュームを増やさないために事例を囲んだりせず，本文解説の中に事例紹介を組み込んだ。また，要件事実論に深入りはしないが，要件・効果，特に要件が何か，その証明責任の所在についてはなるべく明らかにするようにしている。

3. 判例について

判例には事案についての解決をするだけのものと，解決の前提として一般論を展開するものとがあり，さらに後者は関連する問題について傍論的に言及する場合もある。したがって，ある判例にどれほどの先例としての価値があるかを見極めるのは難しい問題である。

まず，最高裁判例が，その事案についての解決だけでなく，その前提として一般論を展開している場合，その論が別の類似した事件にもあてはめられることが極めて多く（判例の法源性；ratio decidendi）その一般論は条文にも準ずる一般規範を創造するものとして重要なものといえる。しかし，立法府のような抽象的法創造権限まではなく，その事案における解決に機能する上で必要な限度に制限される。そういった理由から，可能な限り判例の事案を簡単に説明することにしている。他方，学説は，判例のそのような具体的法創造に対して，このような判決による法創造がなされるべきであるという私的立法提案にすぎない。また，法規範レベルでみたとき，最高裁判例は法規範であるが，下級審判決は未だ学説に準ずるものにすぎず，同じ判決でもまったく意味が異なっている。

このように判例（最高裁判決で先例価値のあるもの）を覚えることは条文を覚えるのに匹敵する重要性がある。今回は，このような判例と学説の重要度の差を教科書としても配慮することにし，なるべく，まず判例を説明し，補足的に学説を説明すると

いう形式で説明をしている（これが，『基礎コース　民法Ⅰ・Ⅱ』から大きく変わった点の一つである）。したがって，本書は条文と判例をもっぱら説明した，現在の法状況を要領よく確認できる書物となっている。自説については，詳しくは著者の他の書籍に譲ることとした。そのため，執筆のコンセプトについては，著者の別の2種類の教科書とは全く異なるものである。

なお，判決文の「　」内の下線は著者が加えたものである。古い判決文についてはカタカナをひらがなにし，適宜句読点を付け加えている。戦後の判決文また条文において，「よつて」などの「つ」は大文字とされているが，引用に際してはこれを小文字の「っ」に変更している。この点は条文についても同様であり，古いカタカナ文の条はひらがなにし，句読点を追加した。また，判決文中及び条文中の（　）内の文言は判決文・条文にある通りであり，〔　〕内の文言は内容を理解しやすくするために著者が適宜補足したものである。

4．「ライブラリ 民法コア・テキスト」各巻との対応について

各ページの左端には"16-3"のように通し番号を掲げており，本文中に"☞ 16-3"のように示した参照用の数字はこれに対応している。索引についてもこの番号によっている（脚注は"**注4-9**"のように表記した）。

また，ライブラリ（第2版）各巻相互のクロスリファレンスを充実させている。参照箇所で『民法Ⅰ』とあるのは『コア・テキスト　民法Ⅰ　民法総則』を意味する。『民法Ⅱ』以降も同様であり，『民法Ⅱ』は『コア・テキスト 民法Ⅱ　物権法』，『民法Ⅲ』は『コア・テキスト　民法Ⅲ　担保物権法』，『民法Ⅳ』は『コア・テキスト　民法Ⅳ　債権総論』，『民法Ⅴ』は『コア・テキスト　民法Ⅴ　契約法』，『民法Ⅵ』は『コア・テキスト 民法Ⅵ　事務管理・不当利得・不法行為』の意味である。したがって，たとえば"☞『民法Ⅲ』6-12"とあれば，"『コア・テキスト　民法Ⅲ　担保物権法』の6-12を参照せよ"という意味である。

■ 凡　例

1．法　令
　法令名の略称は『ポケット六法』等一般的な用法によっている（民法については基本的に略称を冠していない）。

2．判　例
　判例集の略称は以下のとおりである。

民　集	最高裁判所民事判例集
	大審院民事判例集
民　録	大審院民事判決録
刑　集	最高裁判所刑事判例集
	大審院刑事判例集
高民集	高等裁判所民事判例集
下民集	下級裁判所民事判例集
家　月	家庭裁判月報
判　時	判例時報
判　タ	判例タイムズ
金　法	旬刊金融法務事情
金　判	金融・商事判例
訟　月	訟務月報
新　聞	法律新聞
裁判例	大審院裁判例（法律新聞別冊）
判決全集	大審院判決全集
評　論	法律学説判例評論全集
法　学	法学（東北帝国大学法学会）

■ 参 考 文 献

生熊長幸『物権法』(三省堂, 2013)
石口修『民法講論2——物権法』(信山社, 2015)
石田穣『物権法』(信山社, 2008)
内田貴『民法Ⅰ——総則・物権総論[第4版]』(東京大学出版会, 2008)
近江幸治『民法講義Ⅱ——物権法[第3版]』(成文堂, 2006)

大村敦志『新基本民法2——物権編』(有斐閣, 2015)
加藤雅信『新民法大系Ⅱ——物権法[第2版]』(有斐閣, 2005)
川井健『民法概論2——物権[第2版]』(有斐閣, 2005)
河上正二『物権法講義』(日本評論社, 2012)
北川善太郎『民法講要Ⅱ——物権[第3版]』(有斐閣, 2004)

佐久間毅『民法の基礎2——物権』(有斐閣, 2006)
七戸克彦『基本講義 物権法Ⅰ』(新世社, 2013)
清水元『プログレッシブ民法——物権法[第2版]』(成文堂, 2010)
鈴木禄弥『物権法講義[五訂版]』(創文社, 2007)
滝沢聿代『物権法』(三省堂, 2013)

田髙寛貴『クロススタディ物権法』(日本評論社, 2008)
田山輝明『物権法』(弘文堂, 2012)
野村豊弘『民法Ⅱ——物権[第2版]』(有斐閣, 2009)
平野裕之『物権法』(日本評論社, 2016)
広中俊雄『物権法[第2版増補]』(青林書院, 1987)

船越隆司『物権法[第3版]』(尚学社, 2004)
松井宏興『物権法』(成文堂, 2017)
松尾弘・古積健三郎『物権法・担保物権法[第2版]』(弘文堂, 2008)
松岡久和『物権法』(成文堂, 2017)
安永正昭『講義物権・担保物権法[第2版]』(有斐閣, 2014)

山野目章夫『物権法[第5版]』(日本評論社, 2012)

第1部
物権法総論

■第1章■
物権及び物権法

1 物権とは

[1] 物権の意義及び性質

1-1　物権とは，「物」[1-1] に対する直接・排他的「支配権」である。物権は，債権と並んで民法の二大財産権を構成しているが，請求権である債権に対して，支配権（債権は請求権）という点で根本的に異なる権利である。債権と対比しながら説明をしていこう（☞図 1-1）。

①	物　権	特定の物に対する**直接支配権**
②	債　権	特定の人に対する**行為請求権**

図1-1

債権（たとえば，金銭債権）は，債務者に対してのみ債務の履行を請求できるにすぎず（債務者以外に金を払えとは言えるはずがない），また，その権利の内

1-1　物については『民法 I』19-1 以下に説明した。物権との関係で注意すべき点のみを確認しておくと，物権が直接・排他的な支配を内容とするものであるため，特定性と独立性とが必要になる。そのため，Aの所有地から算出する石材10トン分をBが買い取っても，産出・引渡しがされるまでは引渡しを求める債権が成立しているにすぎない（種類債権であるが制限種類債権）。

容も，債務者に一定の行為＝給付をすることを求める請求権＝履行請求権にすぎない。これに対して，物権，たとえば所有権は，物を自由に「使用，収益及び処分をする権利」である（206条）。したがって，物権は特に誰かに対する請求権ではなく，人との関係でいえば，すべての人が他人の物権を侵害してはならないという**不可侵義務**を負うことになる。それゆえ，特定人に対する権利である債権は**対人権**（相対権）といわれるのに対し，物権は排他的な権利であり**対世権**（絶対権）といわれる。

また，同じ支配権ではあるが，有体的な「物」を対象とする点で，著作権などの無体財産権とも，また，人格的利益を対象とする人格権とも異なる。

[2]　物権の内容及び種類

1-2　物に対する物権の完全体は所有権であり，以下のような物に関する使用，収益及び処分という利益の享受ないし権限をすべて把握している（206条）。所有権とは異なりこの利益ないし権限の一部のみを把握する物権もあり（☞表1-2），これを，所有権という完全な物権に対して**制限物権**，他人の所有物の上の物権という意味で**他物権**という。

表1-2

		所有権	用益物権 （所有者）	抵当権 （所有者）
	使用	○	○（×）	×（○）
	収益	○	○（×）	×（○）
処分	物の処分	○	×（×）	×（×）
	法的処分	○	×（○）	×（○）

1-3　❶　**使用価値（使用利益）**——制限物権も2つに分けられる　物を使用し（**使用利益**），また，その天然果実を採取したり，他人に貸して賃料（法定果実）を取得する用益（使用・収益）権限を取得する物権を**用益物権**という。民法上，地上権，永小作権，地役権及び用益権型の入会権が認められている（☞18-1

以下，*19-1* 以下）。用益物権が設定されると，所有権は目的物たる不動産の使用収益権限を失うことになり，この状態の所有権は**虚有権**と称される。

1-4　❷　**交換価値——物の処分**　　所有者は物を食べる，捨てるなど事実上の処分をしたり，売却や抵当権の設定といった法的な処分をすることができ（対価を得ない贈与でもよい），有償契約の場合には対価を取得できる。また，抵当権も，抵当権を設定した目的物を競売しその代金を取得できるため，交換価値を把握する権利であると理解されている[1-2]。交換価値を把握する担保権者は，その実現のためには競売によらなければならないが，担保権の実行としての競売なので債務名義（民執22条）は不要である。また，競売によらずに処分すること（私的実行という）を可能とするために，譲渡担保，所有権留保といった担保が生み出されてきている（☞『民法Ⅲ』*14-1* 以下）。

[3]　物権法定主義

1-5　(a)　**物権法定主義の存在意義**　「物権は，この法律その他の法律に定めるもののほか，創設することができない」（175条）。このように，物権を民法その他の法律[1-3]に法定されているものに限り，法律にない物権を否定する立法主義を，**物権法定主義**という。物権法定主義には，近代民法典制定に際して，従前の封建時代に存在した複雑多様な物権のうち，近代的な物権制度にそぐわない物権を否定するという経過措置的な意味合いのほか，次のような事項の禁止が含まれていると考えられている（厳密には，①のみが175条の物権法定主義の問題であり，②は物権法の強行法規性の問題である）。

1-2　金銭債権者は債務者の所有物（さらには物に限らずすべての財産）を債権の効力に基づいて競売でき，抵当権は債権の効力を強化しただけの権利という理解もある（少数説）。この異説はある意味では正しい。交換価値を支配する価値権というのは比喩の域を超えず，換価権説によれば，抵当権は他人の財産についての換価権であり，それに優先弁済権が結びつけられているのである（☞『民法Ⅲ』*2-3*）。目的物の価値を下げることは優先弁済権を侵害し抵当権侵害となり，また，換価することを妨害することも抵当権侵害になるのである。

1-3　民法以外の物権には，商法の商事留置権（商31条，521条，557条，562条），船舶先取特権（商842条・843条），商事質権（商515条）のほか，数多くの特別法上の物権がある。工場抵当権など各種の抵当権のほか，特殊な物権として，漁業権・入漁権（漁業23条・43条），鉱業権・租鉱権（鉱業12条・71条），採石権（採石4条）がある。

① 法定されていない新たな物権を「創設」することの禁止
② 法定の内容と異なった物権を「創設」することの禁止

　物権は対世的な権利であり，第三者の利害にかかわるので（公示の問題がある），自由に複雑多岐にわたるように物権を創設したり内容を合意できるのは好ましくなく，法定のメニューまた内容だけに限定したのである。物権法定主義の結果，たとえば，譲渡できない所有権を作り出すことはできないが，しかし，絵画を寄贈して寄贈先に他に譲渡しないという債権的拘束を合意することは可能である（譲渡性はあるので，譲渡は物権的には有効で，債務不履行が問題になるのみ）。

(b) 慣習法上の物権

❶ **原則として否定されるもの**　まず，物権法定主義は，民法制定当時の封建的な物権は，近代的物権法制と矛盾するためこれを廃止し法定の物権だけに限定する経過措置的趣旨を含むので，民法制定前の非近代的な物権制度は廃止されたことになる。たとえば，旧来からの慣習法上の権利として所有権とは異なる「上土権」という地表のみの所有権が主張されたのに対して，そのような慣習法上の権利は認められず，民法制定後はこれは地上権と扱われると判示されている（大判大6・2・10民録23輯138頁）。

❷ **例外として認められるもの**　しかし，民法制定後については，私人による契約での物権の「創設」が禁止されているだけであり，一切慣習法上の物権が生成してくることまた存続認知されることを否定する必要はない。法の適用に関する通則法3条（旧法例2条）との関係を考えるまでもなく，以下のように175条を制限解釈すればよいであろう。

　①まず，旧来からの慣習法上の物権でも，慣習法上公示方法まで確立しているかまたは公示を待つまでもなくその地方において明らかなものについては，第三者を害することもない。具体的には，温泉権[1-4]，水利権[1-5] などとい

[1-4] たとえば，大判昭15・9・18民集19巻16号1611頁（鷹の湯事件）は，湯口権（温泉専用権）を一種の物権的権利とし，源泉地の所有権と独立して処分される地方慣習法が存在することを認める。所有者から，その所有地から湧出する温泉を他の場所に引湯使用する権利（湯口権）について，所有者AからYが質権の設定を受けたが，その後，所有者Aは土地とともに湯口権を

った物権が判例により認められている[1-6]。これらは，正確には物権それ自体というよりは，物権に類似した支配権（物権的権利）とでもいうべきものである。②また，民法施行後のものとしては，根抵当権（1972（昭和47）年の民法改正で制定法化された☞『民法Ⅲ』10-1以下）や譲渡担保権（☞『民法Ⅲ』14-1以下），所有権留保（☞『民法Ⅲ』15-1以下），仮登記担保権（現在では立法されている）といった担保関係の権利がある。譲渡担保と所有権留保については，担保権的構成をとれば法定されていない担保物権として，所有権的構成でも法定された所有権とは異なる所有権として，慣習法上の物権が問題になる（☞『民法Ⅲ』14-8以下）。

2　物権法とは

1-8　民法の第2編「物権」の規定が**形式的意義の**物権法であり，それは，総則，占有権，所有権，地上権，永小作権，地役権，留置権，先取特権，質権及び抵当権の10の章からなっている。最後の4つの権利は担保物権とよばれ，この部分を規律する法は物権法の中でも特に**担保物権法**といわれる。物権の総則規定には，物権法定主義（175条），物権変動（176条〜178条）そして混同

Xに売却した事例である。Yは質権に基づき湯口権の差押えをしたので，Xがこれに対して強制執行異議の訴えを提起したというものである。これに対して，YはXの湯口権取得には公示方法が具備されていないとして争った。大審院は，湯口権は，温泉所在地（長野県松本地方）において「温泉湧出地（源泉地）より引湯使用する一種の物権的権利に属し，通常源泉地の所有権と独立して処分せらるる地方慣習存する」ものと認め，このような「排他的支配権を肯認する以上此の種権利の性質上民法177条の規定を類推して第三者をして其の権利の変動を明認せしむるに足るべき特殊の公示方法を講ずるに非ざれば，之を以て第三者に対抗し得ざる」ものとして，公示を不要とした原院判決を破棄する。

1-5　物権とは明言はされていないが，流水利用権（大判明33・2・26民録6輯2巻90頁等），さらには流木権（伐採した立木を川が搬送する権利）も認められている（最判昭25・12・1民集4巻12号625頁）。

1-6　判例はないが，墓地の永代使用権も慣習上の物権と考えられる。俗に墓を買うというが，土地を買うのではなく（土地の所有者は寺のまま），使用権を買うものである。この使用権は永代供養という役務とセットになっており，また，この使用権は売ることも貸すことも墓地以外の目的に使用することもできない。

(179条)についての規定が置かれている。物権としては、独立した章になっていないが入会権があり、また、民法に規定がなく判例法による担保物権として、譲渡担保や所有権留保などがある。

物権をめぐる法律関係を規律する法(慣習法も含めて)が**実質的意義の物権法**[1-7]であり、民法以外に数多くの特別法がある[1-8]。物権法とはいっても、債権質、債権についての先取特権、債権についての物上代位といったように、物以外を対象とする場合を含んでいるだけでなく、占有侵害による損害賠償、果実の返還義務など、物権をめぐる債権的法律関係もカバーしている。

また、物権法の性格として強行法規性が指摘されている。基本的な社会秩序にかかわる法律関係であり、また、第三者にかかわる法律関係であるので、原則的には物権法の規定と異なる合意は認められないのである[1-9]。

1-7　遺失物法、いわゆる建物区分所有法、立木法、動産債権譲渡特例法、工場抵当法、企業担保法、自動車抵当法、抵当証券法など多数の特別法がある。また、判例法としては、譲渡担保についての判例が積み重ねられている。

1-8　物権法の中心である土地所有については、中世においては封建的拘束があり、農民、領主といった身分に拘束され、農地の利用を内容とする農民の下級所有権、領主の上級所有権などといったように、物権的権利関係も身分による拘束があったのである。その後、「身分から契約へ」(メインの言葉)といわれるように、土地の利用関係は身分から解放され、所有者と自由な契約による債権的利用関係(用益物権もあるが)により支配される法律的な関係になっていったのである。

1-9　ただし、これはあくまでも原則であり、用益物権や担保物権のように契約で設定される物権については、権利の内容について、法定された限度内で当事者が自由に内容を取り決められる。法定担保物権でも、所有者の承諾があれば留置権者による目的物の使用が認められるように(298条2項は「債務者の承諾を得なければ」と規定しており、承諾を得れば使用可能☞『民法Ⅲ』17-31)、民法自体が合意による変更を容認している場合もある。

2-1

■第 2 章■
物権の効力
——物権的請求権——

1 排他的効力
——相矛盾する物権に対する効力（優先的効力）

2-1　物権は排他的支配権であるため，1つの物には<u>同一内容</u>の支配権は1つしか成立しえない。たとえば，1つの物には1つの所有権しか成立しえない。所有権の内容の一部が独立した用益物権についても同様であるが，抵触しない範囲での地上権の設定は可能である（いわゆる区分地上権）。また，抵当権は，債権に優先弁済権を付与すると共にその実現のために目的物の換価処分権（換価権）を認める権利であり，同じ不動産に複数の抵当権の設定が可能であり，登記の先後で優先順位が決まることになる（373条）[2-1]。

物権の排他的効力によって，同じ物につき，①相抵触する物権の取得があった場合には，先に取得したほうが認められ，また，②他の者に物権の原始取得が認められれば（取得時効や即時取得），それと抵触する物権は消滅することになる。ただし，①については，先に取得したということを「対抗できる」ことが必要であり，対抗要件（登記，引渡し等）制度に服することになる。また，②についても，たとえば土地の取得時効において，抵当権の設定登記が占有当時からされており，抵当権を容認しつつ無権限者から土地を取得して占有をし時効取得する場合には，抵当権は消滅せず承継されると考えられる。

[2-1] 同様に，いわゆる譲渡担保は所有権を移転するものと理解されているが，実質は担保であるため，担保物権に準じて同一の物に担保目的の所有権は複数移転・成立させることができると考えられている（☞『民法Ⅲ』14-44）。ただし，動産譲渡担保に限られ，登記が必要な不動産譲渡担保では，複数の譲渡担保権の設定は考えられない。

2 物権の侵害に対する効力
　　――物権的請求権

[1] 物権的請求権の意義と種類

2-2　**(a) 物権的請求権の意義**　物権は特定の者に対する請求権ではないが、物権が侵害されたないし侵害のおそれがある場合に、その侵害者に対して妨害の停止・排除・予防を求める請求権を生じさせる。物権が権利として保護される以上、物権が侵害された場合、これに対して何らかの保護を与える必要があり、そのような法的保護としては、以下の3つが考えられる。

2-3　❶ **不当利得返還請求権（703条以下）**　まず、権限なしに他人の物を利用している場合、その物の使用による利益の帰属すべき者は所有者であるため、所有者は自己の受けた損害の限度で使用利益を返還するよう求めることができる（ただし、善意の占有者は別（189条1項））。他人の所有物を勝手に賃貸して賃料を取得した場合も同様である。また、動産を処分して譲受人が即時取得（192条）をした場合には、侵害者が受け取った代金も不当利得として所有者に返還される必要がある。不当利得の成立のためには、侵害者の過失は不要である。

2-4　❷ **不法行為を理由とした損害賠償請求権（709条以下）**　また、侵害者が利得をあげているか否かを問わず、侵害行為を不法行為として、所有者はその受けた損害を不法行為者に賠償請求することができる。これは物権の効力として当然に発生するものではなく、不法行為責任が成立したその効果として認められるものであり、不法行為の成立のためには原則として不法行為者に故意または過失が必要である（709条）。損害賠償の方法は、金銭賠償主義が採用され（722条1項、417条）、物を壊した場合にこれを修補するといった現実賠償は請求できない。

2-5　❸ **物権的請求権**　以上に対して、民法には規定がないものの、解釈上、侵害者の過失の有無、また、利得の有無を問わず、所有者には侵害者に対する**物権的請求権**が認められている[2-2]。物権的請求権の法的根拠については、物

2-2　＊**物権的請求権の法的性質**　物権的請求権の法的性質については、①独立した権利ではな

権が法的に保護される以上，侵害に対して保護が認められるべきであること[2-3]，また，占有訴権のところで，「本権の訴え」として当然の前提とされていること（202条1項）があげられる。判例の排他権説（☞ 2-5-1）では，物権的請求権は，物権の排他的効力から認められるものと考えられており，不法行為のように責任の成否に左右されるものではない。

2-5-1 【STEP UP ──物権的請求権の法的根拠】
①当初，物権については，物権の効力，より詳しくは物権の「排他性」があるから，相対権である債権とは異なり物権的請求権が導かれるものと考えられていた。そのため，相対的な請求権である債権には，物権的請求権同様の権利は認められないと考えられた（**排他権説**）。②しかし，いわゆる**権利不可侵性説**が提唱され，物権であろうと債権であろうと他人の権利・利益を侵害するのは不法行為（一般的不可侵義務違反）であり，債権も含めてすべての権利・利益を侵害する不法行為がなされていれば，その停止が請求できて然るべきであると主張された（**違法侵害説**☞『民法Ⅵ』14-1）。これによれば，物権的請求権も含めてすべての不法行為の差止請求は，不法行為の効果ということになる。損害賠償とは異なり，故意または過失は必要ではない（図2-5-1参照）。

判例は，漁業権の賃借権に基づく妨害排除請求において，「権利者が自己の為めに権利を行使するに際し之を妨ぐるものあるときは其妨害を排除することを得るは権利の性質上固より当然にして，其権利が物権なると債権なるとによりて其適用を異にすべき理由なしとす」，と権利不可侵性説を採用した（大判大10・10・15民録27輯1788頁）。ところが，戦後，不動産賃借権について，対抗要件を具備し排他性を備えることを妨害排除請求につき要求し，再度物権の「排他性」を根拠とし，排他権説に戻ったかのようである。その後も，人格権に基づく差止請求につき，「人格権としての名誉権は，物権の場合と同様に排他性を有する権利というべきで

く，物権の作用ないし効力にすぎないという**物権作用説**，②債権と理解する**債権説**，そして，③物権とは別の債権に準じた権利であるとする**特殊請求権説**とがある。判例は物権作用説によっているが（大判大5・6・23民録22輯1161頁。「所有権に基づく其所有物の返還請求権は，所有権の一作用にして之より発生する独立の権利に非ざるを以て，所有権自体と同じく消滅時効に因りて消滅することなし」という），学説は特殊請求権説が通説である。物権的請求権の消滅時効に関しては，物権作用説は否定説とならざるをえないが，③説では肯定・否定いずれも可能である。
2-3　権利不可侵性説と排他権説との差が生じるのは，対抗要件を具備していない不動産賃借権の事例である（☞ 2-5-1）。後説では，不法行為の成立が認められても，対抗要件を満たしていないとその停止を求めえないことになる。

あるからである」と説明し，物権と同様に「排他性」が根拠とされている（最大判昭61・6・11民集40巻4号872頁）。

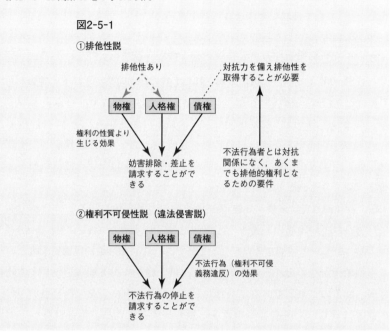

図2-5-1
①排他性説
②権利不可侵性説（違法侵害説）

2-6 **(b) 物権的請求権の種類**　物権的請求権として，解釈上，以下のような権利が認められている。

❶ **物権的妨害排除請求権**　他人が物の占有を妨害している場合に，その妨害を停止するよう求めることができ（後述2-21の忍容請求権説ならば，排除することの忍容を求めること），これを**物権的妨害排除請求権**という。次の返還請求権とは異なり，物の占有自体は所有者など物権をもつ者が保持している場合である。たとえば，他人の土地に廃棄物を投棄した場合にその除去を求めたり，隣の木の枝が境界を越えて繁茂している場合に，境界を越える部分の剪定を求めることができる。土地に土砂を投棄した場合，土地に付合したと考えることができる。そうすると，土地の一部になり土地所有者の所有物であり，他人の物が置かれて土地を妨害しているのではなくなる。そうすると妨害排除請求権は認められないのであろうか。他人の土地への植林事例では，

付合を理由に，土地所有者による立木の除去請求が退けられている（最判昭46・11・16 判時 654 号 56 頁）。他方で，共有者の 1 人が共有地に盛土をした事例で，「**共有物を原状に復させることを求めることもできる**」というが，「それが他の共有者によると<u>第三者によるとを問わず</u>」というので，共有者間の特殊な権利としてではなく原状回復請求権を認めている（最判平 10・3・24 判時 1641 号 80 頁）。「**本件土地に搬入された土砂の範囲の特定及びその撤去が可能であるときには**，……本件土地に**搬入された土砂の撤去を求めることができる**」と述べており，①特定可能性及び②撤去可能性がある場合には（弱い付合），原状回復請求が認められることになる。しかし，この要件を満たす限り付合を否定することもでき，上記判決が物権的請求権を超えて原状回復請求権まで認めるものなのか疑問である。

2-7　❷　**物権的返還請求権**　物権が**目的物の占有を奪われる**という形で他人に侵害されている場合，占有の回復＝返還[2-4]を求める（後述の忍容請求権説では，取り戻すことの忍容を求める）ことができ，これを**物権的返還請求権**という。この請求権が認められるのは，所有権，地上権等の占有権限を包含する物権に限られるのが原則である。ただし，抵当権は占有権限を包含しないが，その侵害に対して，所有者への返還，場合によっては抵当権者自身への引渡

2-4　動産の場合には動産を動かすので**返還**といわれるが，不動産の場合には，不動産を動かすのではなく，占有者が出て行くので**明渡**しという。また，他人の土地に建物を建てて不法に占有している場合には，単に明け渡すだけではなく，建物を除去することも必要なので，**建物収去土地明渡**しと称される。その建物の賃借人に対しては，建物の収去まで請求できないので，**建物退去土地明渡**しを求めることになる（最判昭 34・4・15 訟月 5 巻 6 号 733 頁）。

図注 2-4

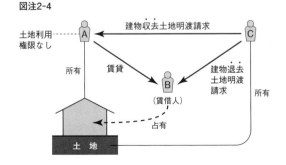

し・明渡しが認められる（☞『民法Ⅲ』4-14）。

2-8　❸ **物権的妨害予防請求権**　もし以上の2つの権利しか認められないとすると，実際に妨害が発生するまで，何も権利が認められず不合理である。そのため，妨害の発生する危険性が存在する場合には，妨害が生じないように適切な予防措置をとることを求める（後述の忍容請求権説では，予防措置を講じることを忍容することを求める）権利をさらに認める必要があり，これを**物権的妨害予防請求権**という。たとえば，隣接する他人所有の崖が崩れそうになっている場合に，崖が崩れないように工事をすることを求めることができる（大判昭7・11・9民集11巻2277頁，大判昭12・11・19民集16巻1881頁等）。

[2]　物権的請求権の内容[2-5]

2-9　(a)　**物権的請求権の当事者**

　㋐　請 求 権 者　物権的請求権が認められる者は，現に物権を侵害されている，ないし侵害されるおそれのある者である。過去に侵害されていても，現在侵害されていなければ物権的請求権は認められない（過去の分の損害賠償や不当利得返還請求権は失われない）。また，侵害者は177条及び178条の「第三者」ではないので（☞6-7），目的物の所有権が譲渡されている場合，移転登記や引渡しがされていなくても，譲受人が所有権に基づき侵害者に対して物権的請求権を行使できる。

2-10　㋑　**相手方たる義務者**　物権的請求権は，現に物権を侵害しているとい

[2-5]　物権の請求権は契約上の請求権と競合し，権利者はいずれを行使することも自由であると考えるのが通説である。たとえば，賃貸人は，賃貸借契約が終了した際に，賃借人に対して，所有権に基づく返還請求権と賃貸借契約に基づく返還請求権のいずれをも行使できる（前者は時効にかからないという利点がある）。ただし，特定物売買における，買主の目的物の引渡請求については，売買契約上の請求権のほかに，移転した所有権に基づく物権的請求権を認めるべきかは問題がある（売主から目的物を盗み出した第三者には，所有権に基づく返還請求が可能）。この点，双務契約上の債権同士についての同時履行の抗弁権が，所有権に基づく引渡請求をすることによって機能しなくなるのは不合理である。そのため，契約上の請求権のみを認める非競合説もあるが，所有権に基づく引渡請求権に対しても同時履行の抗弁権を認めればよいであろう。両債権が時効にかかった場合には，抗弁権の永久性理論（☞『民法Ⅰ』16-31以下）により，所有権に基づく引渡請求を売主は拒絶できると考えるべきであろう（反射的に売主に所有権が帰属すべきか）。

う客観的な状況があることが成立要件であり[2-6]（過失は不要），過去に侵害していても現在侵害していなければ，もはや物権的請求権の相手方たりえない（過去の分の不法行為責任や不当利得が問題となるだけ）。そのため，たとえば，建物を権限なしに建てて所有することにより土地を侵害している場合，途中で建物の譲渡が行われれば，現在の建物の所有者が土地を侵害していることになる。したがって，現在の建物の所有者に対して物権的請求権が認められ（過失は不要），もはや所有者ではない譲渡人に対して物権的請求権は認められない。ただし，未だ移転登記がされていない場合には問題が残される（2-11 に述べる）。なお，他人の土地を侵害している動産が譲渡担保や所有権留保の目的物である場合には，誰が侵害物である目的物の所有者なのかが問題になる（所有権留保について，弁済期経過後は留保所有権者が妨害排除義務を負うことを認めた最判平21・3・10民集63巻3号385頁がある。☞『民法Ⅲ』15-3）。

2-11 【STEP UP――建物の所有者でない者の登記名義になっている場合】

(1) **問題となる事例**　土地所有者の建物所有者に対する建物収去土地明渡請求について，登記名義が建物所有者とは異なる者の名義になっている場合をめぐ

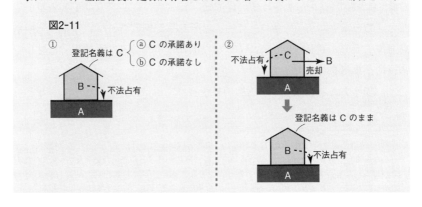

図2-11

2-6　＊**代理占有の場合**　相手方は一言でいえば不法「占有者」である。代理占有の場合には，①間接占有者（賃貸人や寄託者）に対しても（最判昭36・2・28民集15巻2号324頁），また，②直接占有者＝占有代理人（賃借人や受寄者）に対しても（大判大10・6・22民録27輯1223頁），物権的請求権を行使できる。たとえば，A所有の工作機械をBが盗み，これをCに賃貸している場合，Cが直接占有しているがBもCを通じて間接占有を有しているので，<u>AはBCのいずれに対しても返還を請求できる</u>。

って、次の2つの事例が問題となる。

① Aの土地の上にBが建物を建築したが、Cの名義で保存登記をした場合。これも、ⓐCが承諾をしていた場合と、ⓑCの知らないうちにBが勝手にCの名義で建物の保存登記をした場合とが考えられる（☞図2-11①）。

② Aの土地の上にCが建物を建ててその名義で登記し、その後、Cが建物をBに売却したが移転登記が未だされていない場合（☞図2-11②）。

2-12　**(2) 判例の立場**

(a) **2-11①の事例**　判例はまず、2-11①ⓐの事例について177条の対抗関係ではないので、現在の建物の所有者Bに対してしか物権的請求権は認められないものと判示した。最判昭47・12・7民集26巻10号1829頁は、「建物の所有権を有しない者〔＝C。Cは登記上の名義人であるだけ〕は、たとえ、所有者との合意により、建物につき自己のための所有権保存登記をしていたとしても、建物を収去する権能を有しないから、建物の敷地所有者の所有権に基づく請求に対し、建物収去義務を負うものではない」と、収去権能がないことを理由としている。2-11①ⓐの事例については、次の判例の論理はあてはまらないので、依然として否定判例が生きている。

2-13　(b) **2-11②の事例**　2-11②の事例についても、当初、最判昭35・6・17民集14巻8号1396頁[2-7]、最判昭49・10・24判時760号56頁は、所有者であるBに対してしか物権的請求権は認められないとした。その後、判例変更がされ、177条を適用して、CからBへの所有権の移転を登記しなければCは所有者でないことを対抗できないとされた（最判平6・2・8民集48巻2号373頁）。これは、177条の「第三者」を広く正当な利害関係さえあればよいと理解するためである（☞6-2以下）。理

[2-7] この判決は、建物は未登記であったが、Aが土地を取得する前にBからCに譲渡されており、土地所有者Aの仮処分申請に基づき裁判所の嘱託によりBのための保存登記がされたにすぎない事例で、「土地の所有権にもとづく物上請求権の訴訟においては、現実に家屋を所有することによって現実にその土地を占拠して土地の所有権を侵害しているものを被告としなければならない」とし、Aが土地を買い取る前に既にBはCに建物を譲渡しており、Bは「現在においては右家屋に対しては何等管理処分等の権能もなければ、事実上これを支配しているものでもなく、また、登記ある地上家屋の所有者というにもあたらない。（現在登記簿上本件家屋について、B名義の保存登記が存在するけれども、これはBが本件家屋を未登記のまま譲渡した後に、Aの仮処分申請にもとづいて、裁判所の嘱託によって為されたものであって、Bの関知するところでない……）従って、Bは現実にAの土地を占拠してAの土地の所有権を侵害しているものということはできないのであって、かかるBに対して、物上請求権を行使して地上建物の収去をもとめることは許されない」とし、また、「BはAが本件土地の所有権を取得する以前に右家屋を未登記のまま譲渡したこと前叙のごとくであるから、Aの所有権の侵害を原因とする本訴損害賠償の請求も理由」がないものとされている。

由として、「土地所有者が建物譲渡人に対して所有権に基づき建物収去・土地明渡しを請求する場合の両者の関係は、土地所有者が地上建物の譲渡による所有権の喪失を否定してその帰属を争う点で、<u>あたかも建物についての物権変動における対抗関係にも似た関係</u>というべく、建物所有者は、自らの意思に基づいて自己所有の登記を経由し、これを保有する以上、右土地所有者との関係においては、<u>建物所有権の喪失を主張できない</u>」と述べられている。つまり、所有権が移転しもはや妨害建物の所有者ではないことは、所有権移転登記をしなければ対抗できない事由であるということである。

(3) 学説の状況

2-14　**(a) 実質的所有者説**　まず、AC間は対抗関係でなく、また、Cが登記を有するだけでは土地の使用を妨害しているとはいえないために、Aは実質的所有者であるBに対してしか建物収去土地明渡請求が認められないという処理も主張されている。<u>所有者でない者は建物を収去する権限がないので、法的にできないことを請求することは認められない</u>ことが理由である。本書はこの立場から、2-11 ①ⓐケースのCについては、共同不法行為による損害賠償義務として、建物収去費用の損害賠償義務を負うと考えるに止める。2-11 ②ケースでも、最終的にはCB間の売買契約は解除されるはずであり、大きな不都合は考えられないと思われる。

2-15　**(b) 登記名義人説**　これに対して、登記名義人のCに対しても物権的請求権を認め、所有者AにBCいずれに請求するかの選択を認める考えもある。しかし、その根拠づけについてみると、2-11 ②ケースのみ説明ができるものと、2-11 ①②両ケースとも説明ができるものとに分かれる。

2-16　**❶ 関係的所有権による学説**　登記をしない限り譲渡人は完全に無権利者になるのではないとすると（☞ 5-13）、2-11 ②ケースで譲渡したCも依然として不完全ながら所有者のままであり、建物所有者として物権的責任の相手方となると考えることが可能になる。すなわち、BもCもいずれも不完全な所有者であり、Aは両者に対する妨害排除請求権を取得することになる。これに対し、2-11 ①ケースでは177条は適用されないので、AはBにしか請求権をもたないことになる。

2-17　**❷ 対抗関係による学説**　2-12及び2-13で述べた判例を支持する立場では、2-11 ①ケースは実質所有者Bのみに対し、2-11 ②ケースでは移転登記をしていないCに対しても物権的請求権を行使できることになる。❶説ではBCが不真正連帯債務的関係になり、AはBCのいずれにも同時に請求できると考えられるが、本説では、Aは177条の対抗不能を援用してCに請求するか、または、所有権移転を容認してBに請求するか、選択的関係になる[2-8]。

2-18　❸ **94条2項の趣旨による学説**　前2説ではいずれも 2-11 ②ケースにおけるCへの請求しか説明ができないが、虚偽の登記にかかわった者（＝B）に、その登記を信じた者に対して責任を負わせてもよいということを、94条2項の趣旨から導き出し、94条2項の類推適用によりBに帰責事由が認められれば物権的請求権の相手方とされても仕方ないという考えがある（2-12 の最判昭 47・12・7 での大隅裁判官の反対意見）。この立場では、2-11 ①ケースでも、Cが承諾したり知りながら長期放置した場合には、Cへの請求権が肯定されることになる。しかし、2-11 ②ケースでは、94条2項を類推適用することができず、177条によらざるをえない。また、悪意ではいけないので、真実の所有関係を告げられたら悪意になり、もはや登記名義人への請求はできなくなりまったく意味をなさない。

2-19　(b)　**物権的請求権の内容──費用負担の問題**　たとえば、Aの土地の上にBが権限なくして建物を建てて住んでいるとしよう。AがBに対して物権的請求権を有することは疑いないが、その内容は、①Bに対して<u>自ら建物を収去</u>するよう請求できるのか、それとも、②Bの所有の建物であるのに、それを<u>Aが取り壊すことを忍容</u>するよう求めることができるだけなのであろうか（☞図 2-19）。

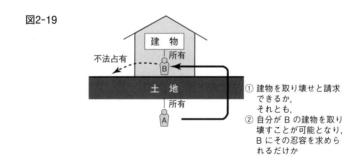

図2-19

次の3つのケースに分けて考えることができる。

2-8　既に 2-13 の最判昭 49・10・24 で、大隅裁判官が「土地所有者は、登記に信頼することができず、常に建物の実質上の所有者を探求……することを強いられるのみならず、相手方においてたやすく建物所有権の移転を主張して明渡請求を困難ならしめる危険にさらされる……不都合を避けるために、公示の原則を尊重し、土地所有者からの責任追及の相手方を明確ならしめる利益を重視して、民法177条の原則をこの場合に類推するのが相当」と主張していた。

> ① Bに故意または過失がある場合　Bが故意または過失で他人の土地に建物を建てた場合
> ② Bが無過失である場合1 ── Bの行為による場合　Aを装ったCから土地をBが無過失で購入し，Bが自分の土地と信じて建物を建てた場合
> ③ Bが無過失である場合2 ── Bの行為によらない場合　Aの土地につき勝手に移転登記をして建物を建てたCから，Bが土地建物を無過失で購入した場合（土地は取得できず，建物だけ取得する）

2-20　❶ **行為請求権説（判例）**　まず，物権的請求権は妨害排除行為を請求できる権利であると考えることができ，この考えを貫けば，2-19 の設例①～③のいずれにおいても，AはBに対して建物収去を請求できることになる（これを**行為請求権説**という）[2-9]。判例はこの立場であると考えられている（大判昭5・10・31 民集9巻1009頁[2-10]）。この立場では，義務履行のための費用は義務者の負担であるため（485条参照），Bは自らの費用で建物を収去しなければならず，Bが任意に収去をしなければ，Aは間接強制を用いることができる（2-19 ②及び③ケースではBはその後Cに損害賠償請求することになる）。

　ただし，Aが自ら建物を収去することもでき，したがって忍容請求権も認められる。その場合には，Aは，ⓐ 2-19 ①ケースでは，Bに不法行為に基づいてその費用を賠償請求するか（709条），または，Bのなすべきことを代わりに行ったので（＝事務管理），その費用を求償でき（702条），ⓑ 2-19 ②及び③ケースでは，Bに費用を求償でき（702条），他方で，Cに対して損害賠償請求ができる（709条。BCは連帯して支払う義務を負う）。

2-21　❷ **忍容（認容）請求権説**　しかし，帰責事由を不要とする物権秩序の維持という客観的な根拠に基づく制度に，2-19 ②及び③のケースのように帰責

2-9　なお，Bが建物を収去するためには，Aの土地に入る必要があり，BからAへの忍容請求権を認める必要があるが，それは債権者の受領義務の内容としての協力義務のようなものにすぎない。
2-10　本判決は，Yから機械を賃借しているAが，Xから工場を借りてこの機械を据えつけ，工場の賃貸借契約の終了後に機械を放置した事例で，工場所有者Xが機械を引き取らない所有者Yに対してなした損害賠償請求権の前提として，妨害排除請求権を認めている。

事由もない相手にそこまでの負担を強いるのは不都合であると考えることも可能である。このような考えでは，物権的請求権の内容としては単に忍容請求権しか認められないと考えることになる（**忍容請求権説**）。この考えでは，建物除去の費用は，A負担ということになる。Aは自ら他人の所有物である建物を収去できるが（忍容請求権のおかげでそれは不法行為にならない），ひとまず自分の負担でこれを行い，その後に，2-19①及び②のケースではB，2-19③ケースではCに対してその費用を不法行為に基づいて損害賠償請求をすることになる（709条）[2-11]。なお，2-19③ケースのように，相手に帰責事由がない場合には費用の折半を相手方に求められるという折衷説もある（相隣関係の事例については相隣関係法の考慮を加味して処理される）。

2-22　❸　**責任説**　しかし，2-19①ケースのようにBが不法行為責任を負う場合には，Aが自ら建物を除去してその費用をBに損害賠償請求するのは迂遠である。そのため，相手方に故意または過失があり不法行為が成立する場合に限り，相手に対してその費用で建物の除去を請求できるという考えもある（**責任説**という）。原則は忍容請求なので，2-19②及び③ケースでは忍容請求しか認められないことになる。

　責任説に対しては，不法行為責任の内容は金銭賠償にすぎないという批判がされる（722条・417条）。しかし，過去の損害の填補については金銭賠償しか主張しえないが，現在進行形で起きている不法行為の停止は，過去の損害の填補ではない。2-5-1の権利不可侵性説（違法侵害説）では，不法行為の効果としてその停止請求を認めるのであり（規定はないが解釈による），金銭賠償主義とは抵触することはない。責任説は，故意または過失があり賠償責任が成立する場合にのみ行為請求を認めるにすぎず，中途半端である。本書は，権利不可侵性説（違法侵害説）を採用し，権利不可侵義務違反たる不法行為の停止請求を，物権，人格権，債権を問わずに不法行為の効果として認め，積極的な行為を請求できると考えたい。不法行為の効果として位置づけた上で，その権利内容は行為請求権説による。

[2-11]　不法行為が成立しても，その効果として原状回復を請求できず金銭賠償しか請求できないという民法の基本的立場（722条1項による417条の準用）と調和している。

2-23 **❹ 折衷説** まず，❶説や❷説のようにいずれかに限定しないが，かといって例外・原則を分ける基準を❸説のように責任判断により行わない折衷的な学説もある。原則は忍容請求権であるが，2-19 ①ケースのみならず，2-19 ②ケースのように相手方の行為により妨害状態が作られた場合には自ら収去するよう請求でき，2-19 ③ケースの場合に限り忍容請求の原則があてはまるにすぎないことになる。

　この立場では，現に妨害している相手には忍容を最低限請求でき，妨害者がその原因を作った場合には故意または過失の有無を問わず行為請求ができることになる。しかし，前者でも不可侵義務違反を認めることができ妨害排除義務を認めるべきであり，義務履行の費用はその者の負担のはずである。本書は，2-22 のように考える。2-19 ①から③のいずれのケースも，土地所有者Ａは建物所有者Ｂに対して建物収去土地明渡しを請求することができることになる。なお，③ケースはＢは建物の売買契約を解除することにより，建物所有者ではなくなり妨害排除の相手方たることを免れることができる。

2-24 **【STEP UP──物権的請求権が衝突するようにみえる場合について】**
　たとえば，Ａの庭石がＢの土地の上にあるが，ＡがＢに頼んで置かせてもらっているのでも，ＢがＡから借りているのでもないとする（☞図2-24）。この場合，①Ａの庭石がＢの土地を侵害しているのであろうか，②ＢがＡの庭石を不法に占有し侵害しているのであろうか，それとも，③そのいずれでもあるのだろうか。この場合，その原因は次のように分けられよう。
　ⓐ　Ａが自分の庭石を勝手にＢの土地に捨てた場合（Ａの不法行為による場合），
　ⓑ　ＢがＡの庭石を盗んで占有している場合（Ｂの不法行為による場合），
　ⓒ　第三者ＣがＡの庭石を盗んで，途中でＢの土地に放置した場合（第三者の不法行為による場合[2-12]），
　ⓓ　大地震で，崖上の土地が崩れ，Ａの庭石がＢの土地に崩落した場合（不可抗力による場合）──Ａに管理に過失がある場合にはⓐに準ずる。
　物権的請求権の内容を，責任判断から離れて客観的に判断するのであれば，こ

[2-12] 2-20 の大判昭 5・10・31 民集 9 巻 1009 頁の事例では，機械の所有者が工場所有者に対して「機械を返してくれ」と主張できるのか，それとも，工場所有者が機械所有者に対して「機械をどかしてもっていってくれ」と主張できるのかが問題となる。

れらの原因はすべて捨象されてしまうが，どう考えるべきであろうか（判例は明確ではない）。

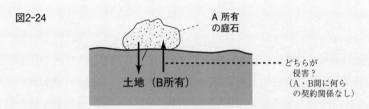

図2-24

2-25 **(1) 相互の侵害，したがって相互の物権的請求権を認めると？**
❶ **行為請求権説** 行為請求権説に対しては，いずれも相手の費用で，Aは庭石の返還，Bは庭石の除去を請求できるという，不可思議な関係になってしまうという疑問が提起されている。しかし，そもそも，原因を無視して，ⓐケースでAからBへの行為請求権，ⓑケースでBからAへの行為請求権を認めるというのは，どうみても我々の常識には合致しまい。

2-26 ❷ **忍容（認容）請求権説** 忍容請求権説では，いずれも自分の費用で，Aは庭石を取り戻し，Bは庭石を除去すべきことになり，不都合は回避できる。しかし，2-24ⓒケースでは自発的に回収などを行った者が，Cからの損害賠償回収不能のリスクを負担するのは酷であり（444条の趣旨でも類推適用する？），2-24ⓓケースでは，後になってBの敷地にAの庭石がある原因が不可抗力だと判明した場合，最終的に庭石を取り除いた者がその費用を負担するというのも酷な印象を受ける（そのため，除去により受ける利益に応じて公平に費用分担を請求できることにより対処する学説あり）。

2-27 ❸ **責任説** 原則として物権的請求権は忍容請求権にすぎないが，帰責事由がある場合には，行為請求権を認めてよいと考える責任説（☞2-22）では，2-24ⓐケースでは，AからBにのみ，2-24ⓑケースでは，BからAにのみ行為請求権が認められることになる（この点で❷説とも異なる）。これに対し，2-24ⓒ及びⓓケースでは，相互に忍容請求権しかもたず，除去行為をした者が一旦費用を負担し，その後に，2-24ⓒケースではCに損害賠償を請求することになる。

2-28 **(2) 物権侵害の評価で絞りをかけると——折衷説（本書の立場）** これらに対し，そもそも物権侵害（＝不法行為）という法的評価の点で絞りをかければ，相互に物権的請求権が認められるという問題は避けられる（本書の立場）。
まず，2-24ⓐケースは，「AがBの土地を侵害している」というべきで，BからAに対する妨害排除請求権のみが認められるべきである。ただし，Bは自ら除去

することもできる（Aはそれを甘受すべき受忍義務あり。あえてBにも忍容請求権ありという必要はない）。他方，2-24 ⓑケースでは，「BがAの庭石を侵害している」というべきで，AのBに対する返還請求権が認められるだけである。いずれも，責任説の立場からは行為請求権となる。

問題は，2-24 ⓒ及びⓓケースである。特にⓓケースは相隣関係の趣旨を考慮する必要がある。やはり，原則的には，常識的にみて，いずれもAの庭石がBの土地を侵害しているというべきで，BからAへの妨害排除請求権のみを認めるべきである（いわば受領義務として受忍義務をBに認めてよい）。ただし，2-24 ⓓケースについては，Bも崖の崩落に何らかの寄与をしていれば，その寄与分に応じて費用を負担すべきであり，また，いずれにも帰責事由がない場合にも，相隣関係の趣旨からして公平な割合で費用を負担させるべきであろう。

2-29 【STEP UP ──物権的請求権の消滅時効】
物権的請求権は時効にかかるかが議論されている。所有権は消滅時効にかからないのに，所有権から不断に発生する（すなわち，1つの物権的請求権が侵害時に成立するのではない）物権的請求権は時効にかかってしまうのであろうか（注2-2の物権的請求権の性質の問題にもかかわる）。ドイツ民法では，所有権およびその他の物権に基づく返還請求権は，30年の消滅時効が認められている。

2-30 ❶ 否定説　まず，通説・判例はこの問題を否定する（大判大5・6・23民録22輯1161頁）。所有権が消滅時効にかからないのに（166条2項），物権的請求権だけが消滅時効にかかるというのは不合理だからである[2-13]。なお，返還請求権については，そのまま放置されれば相手方が取得時効をすることになり，物権的請求権はその時点で消滅する。立法により消滅時効を認めることは可能であるが，明文規定なしには無理というべきである（本書も否定説を支持）。

2-31 ❷ 肯定説　しかし，これに対しては，時の経過により侵害があったか否かの証明が困難になり，また，その事実状態が永続した場合に，その状態を保護する必要性が生じてくる可能性もあるため，消滅時効を認めてもよいという考えもある。しかし，侵害状態がある限り，<u>不断に新たな物権的請求権が発生する</u>ので，時効を問題にする余地はないはずである。また，否定説でも，侵害状態を長

[2-13] 166条2項を根拠にすると，所有権以外の物権に基づく物権的請求権や人格権等に基づく差止請求権は消滅時効にかかることを認めることが可能になる。しかし，不断に権利が発生しているという点を根拠にすれば，妨害状態がある限り消滅時効にかかることはないことになる。

期にわたって容認していれば，妨害排除請求権を放棄した，または，請求は権利濫用になるとする，といったように個別的に妥当な解決をすることも考えられる。

❸ **折衷説** また，返還請求権については，所有権が消滅時効にかからないので，実質的に所有権を否定することになる物権的返還請求権の時効は認められないとしながら，妨害排除請求権については，❷説の趣旨はもっともであるとして消滅時効を肯定する学説もある[2-14]。

[2-14] 不法行為についていうと，他人の土地に産業廃棄物を投棄し放置する行為は継続的不法行為であり，いつまでも不法行為が継続し，その費用の賠償請求権は土地所有者が除去した時から3年の時効が起算されることになる（利用できない損害は過去3年分のみ時効にかからない）。物権的妨害排除請求権を認めることでこのような永遠の責任からの解放が可能になる。

■第 3 章■
物権の公示と公示への信頼保護

1 物権自体の公示

3-1　物自体は物理的に存在しており，目でみて確認することができるが，法の世界では物は権利の客体にすぎず，物の上の権利が問題である。掛け軸を持って古美術商に売りに来た者がいる場合，どのような掛け軸なのか（古美術商が目利きなら真贋も），物（掛け軸）をみることで確認できる。ところが，法的には，所有者から買わなければ所有権を取得できないため，所有権の所在を確認しなければならないのである。しかし，所有権などの物権は人間が考え出した観念的創造物であるため，権利それ自体を目でみて確認することは不可能である。そのため，目でみて確認できる何らかの手がかりを頼りに権利の所在を確認するしかない（☞図3-1）。それは次の3つである。

> ① 占　　有
> ② 明認方法
> ③ 登記ないし登録

図3-1

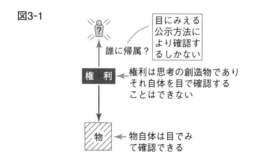

まず，原始的には動産・不動産を問わず，物を占有＝支配している者が所

有者とされ，<u>所有と占有自体が未分離</u>であった。その後，観念的な所有権が認められていくと，占有と所有とが切り離されるが，動産では，占有している者が普通は所有者であると推測するのが依然としてわれわれの経験則であり，占有は所有権を推定させる手がかりとなる（権利外観という）。他方で，不動産については，登記制度が作られ，不動産所有権は占有ではなく登記により調べることが可能である[3-1]。また，占有や登記とは別に，明認方法が慣習上認められる場合があり（立木や未分離果実の取引），土地についたまま，立木や未分離果実の所有権の移転そしてその明認方法による公示が可能とされている[3-2]。

これらの公示は**権利外観**ともいわれ，公示が権利と対応していれば何も問題はない。問題が生じるのは公示＝権利外観はあるが，それに対応する権利が存在しない場合である。先の例でいうと，掛け軸を持参して売りに来た者（占有者）が，他人の掛け軸を所有者に無断で売りに来たという場合である。次にこの点について説明していこう。

2　動産における公信制度
　　——即時取得（善意取得）

[1]　即時取得とは——占有の公信力

3-2　たとえば，Aの所有する壺をAから鑑定を依頼され引渡しを受けたBが，古物商Cに「自分がとある旧家から買い取った掘り出し物である」と偽って売ったとしよう。所有権のない者が所有権を移転できるはずはない（代理権などの処分権があれば別）。本来ならば，Cは無権利の者から所有権を取得しうる

[3-1] 動産でも，船舶，飛行機，自動車など重要な動産については登録制度が用意され，登録がされると動産に登録票が掲示される。また，動産債権譲渡特例法により，会社のすべての動産が登記ファイルにより登記し登記で譲渡を公示することが可能になっている。ただし，登記がされていても，動産自体には登記がされていることは何も表示されない。

[3-2] ただし，占有も明認方法も所有権の公示しか認められないのに対し，制度的に作り上げられ完備したシステムをもつ登記・登録では，所有権のみならずその他の物権関係一切の公示が可能になり（抵当権，地上権への抵当権，抵当権の順位変更等の処分など），担保制度の発展に大きく寄与している。

はずはない（無から有は生じない）。これを**無権利の法理**という。

しかし，無権利の法理を貫徹すると，占有を信頼するしかない動産を買い受けようとする者は，自分の費用とリスクで所有者かどうか調査して買わなければならないことになってしまう。それでは，動産取引は慎重にされることになり，ひいては資本主義経済全体の発展の制約にもなりかねない。そのため，市民が動産取引を安心してできるように，民法はたとえ売主が所有者でなくても買主が所有権を取得できる制度（沿革的には，占有と所有とが未分離のゲルマン法のゲヴェーレ法理に由来[3-3]）を導入している。それが**即時取得**ないし**善意取得**の制度である（192条以下）。この制度のおかげで，動産では占有者＝所有者と信頼して，特に疑わしい事情がない限り，占有を信頼して取引ができるようになっている。このように，占有という公示＝権利外観への信頼が保護され，動産の占有には公信力があるということになる。

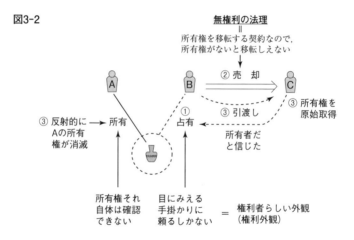

図3-2

[3-3] ローマ法では，所有権は観念化し，また，「何人も自己の有する以上の権利を他人に与えることはできない」という原則（無権利の法理）が認められていたが（無権利者の処分の相手方には取得時効の保護しかない），ゲルマン法では，ゲヴェーレ（占有）を伴わない観念的所有権の保護は認められず，「所有者が任意に他人に占有を与えた場合には，この他人に対してだけ返還を求めることができる」というハント・ワーレ・ハント（Hand wahle Hand）の原則があり，盗品や遺失物は追及できても，貸与したり預けた場合には，この者により第三者に処分されてしまったら追及しえなかったのである。

[2] 即時取得の要件

3-3 「取引行為によって，平穏に，かつ，公然と動産の占有を始めた者は，善意であり，かつ，過失がないときは，即時にその動産について行使する権利を取得する」(192条)。この規定からは，即時取得の要件として次の５つの要件を抽出できる[3-4]。

> ① 前主の無権利
> ② 目的物が動産であること[3-5]
> ③ 有効な取引行為の存在
> ④ 善意無過失
> ⑤ 平穏かつ公然な占有取得

3-4 **(a) 売主が無権利であること** 3-2の例で売主Bが所有者ならば何も問題なく，無権利者だからこそ問題になるので，この要件はいうまでもない。即時取得を主張する者が，この要件をあえて証明する必要はない。なお，所有権を有しない者による処分だけでなく，共有物である動産について，自己の単独所有と称して処分する場合にも即時取得は適用になり，善意無過失の譲受人は全面的な所有権を取得できることになる。さらに，判例・通説は，第三者に対抗できる担保権の制限のついた動産の処分にも，3-5に述べるように即時取得を適用している。

[3-4] 要件事実論的には，①は192条に要件として列挙されていないので，即時取得を主張する者は②～⑤を証明すればよいことになる。その動産が返還請求をする原告の所有であることが証明されて初めて返還請求が問題となり，それに対して即時取得が抗弁事実になるので，その段階では他人の物ということは当然の前提になっているのである。

[3-5] 特定物売買の場合には，売買契約により所有権移転行為がされ，契約時の売主の占有への買主の信頼が保護されるが，種類物売買では，所有権移転行為は特定・引渡しにより行われ，他人の物を引き渡した場合には，その時点で売主の占有への信頼を問題にすることができ，192条を類推適用してよい（477条は無視すべき。特定物では他人物売買の規定によるので，やはり477条を適用すべきではない）。かつての判例は，金銭についても192条を適用したが，その後変更されたことは『民法Ⅰ』19-17以下に述べた。

3-5 【STEP UP ──担保権のついた動産（従物）への192条の類推適用】
　工場抵当法5条2項は，工場抵当権について工場の機械などが抵当権設定登記とともに公示されている場合に，機械などの動産に対する抵当権の対抗力を認め，工場から分離されても対抗力を失わないために，機械が抵当権設定者によって売却された場合に，抵当権の<u>対抗力の否定</u>するわけにはいかず，それによって譲受人を保護することはできないため，<u>192条により譲受人を保護している</u>[3-6]（立木法5条も同様）。しかし，本来は対抗力を制限することにより第三者を保護すべきであり，192条を持ち出すのは，登記による対抗力が存続するがための苦肉の策にすぎない。
　ところが，工場抵当権ではなく民法上の抵当権についてまで，従物に抵当権の効力を認め，第三者の保護を192条（正確には類推適用であるといわれる）に求める学説が有力である。民法上も，一度成立した対抗力は，分離して公示の衣の外に出ても存続することを認めるのである。しかし，工場抵当権では対抗力の制限により第三者を保護できないゆえのやむを得ない立法であったが，民法上は，分離され抵当権の公示の衣から出て行った場合には対抗力を否定することで，第三者を保護すれば十分である。

3-6 (b) **目的物が動産であること**
　不動産については，登記という公示があるので，不動産について取引関係に入ろうと考えている者は登記を調査すべきであり，占有への信頼は保護されない。192条の適用が動産に限定されているのはそのためである[3-7]。山林

[3-6] 所有者から従物の譲渡を受けたのであり，所有権は即時取得によることなく，譲受人は譲渡の効力により有効に取得できる。どうして即時取得が適用できるのかという疑問が生じようが，理論的に説明できないわけではない。所有権のさまざまな価値（＝権利）のうち担保価値部分が担保設定により担保権者の下にあって欠けているため，その欠けた部分は譲渡によっては取得できず，即時取得により原始取得するものとして埋め合わせて，あわせて完全な所有権の取得が認められるという説明ができる。そのため，正確には192条の類推適用といわれる。

[3-7] 占有以外に調査方法を確立して即時取得を予防しようとする業界の取組みがある。それが，建築機械についての日本建設機械工業会による譲渡証明書制度である。所有権留保された建築機械について，買主による処分につき即時取得が成立するのを阻止する（さらには買手がつかないよう予防する）ために，代金完済がされて初めて売主から買主に譲渡証明書が交付されるという制度が創設されているのである。譲渡証明書により，完済があり所有権を買主が取得しているか否かを確認できるようになっている（確認しないと過失が認められる）。

の立木だけの譲渡を受けて、その後に伐採し動産として占有をしたとしても、その立木につき即時取得は成立しない[3-8]。なお、従物については、動産である他人物が売主の所有物の従物になっている場合に、従物部分についての即時取得が可能であり、これは主物が不動産さらには登録動産の場合でも認められる[3-9]。

3-7 【STEP UP ―― 登録動産について】
　ところで、動産でも、自動車のように登録できる動産については、192条の適用はまったくないのであろうか[3-10]。登録できる動産でも、実際には登録がされていなければ即時取得が可能なのは当然であり、問題は、登録済みの動産である。なお、動産債権譲渡特例法によって登記されている動産は、即時取得が可能である。

3-8 　❶ 否定説　登録がされている動産については、不動産における登記同様信頼の対象が占有ではなく登録になるため、192条の適用を否定するのが判例・通説である（最判昭62・4・24判時1243号24頁）。登録がされている場合には、登録への信頼の保護を問題とすべきであり、登録に公信力を認める規定がない限り、無権利の法理の原則通りというわけである。

3-9 　❷ 制限的肯定説　しかし、192条が、動産に適用を限定しているのは、占有への信頼ということのみならず、財産としての重要性の差など動産・不動産という物の性質の差に由来するところもある。このような動産・不動産という利益衡量に基づくならば、動産であれば、第三者に取引の安全が保護されるべき事情（善意無過失）がある以上、真の権利者の保護よりも取引の安全保護を優先するという192条の趣旨をあてはめることが可能になる。そうすると、登録されていても動

3-8　「民法第192条の規定は、現に動産たるものを占有し又は権原上動産たるべき性質を有するものを其権原に基きて占有したる場合に付き適用すべき規定にして、本来不動産の一部を組成するものを事実上の行為に因り動産と為して占有したる場合に適用すべき規定に非ず」とされている（大判大4・5・20民録21輯730頁。大判昭7・5・18民集11巻1963頁も同旨）。他人の山林について無権利者が明認方法を施してそれを信じさせて立木を譲渡しても、明認方法には公信力が認められないので、譲受人はたとえ善意無過失でも保護されないことになる。

3-9　なお、不動産自体が他人の所有物である場合には、不動産の占有を取得しても、それにより従物だけについて即時取得するということは認められない。従物は主物の運命に従うのであり、主物を返還しなければならない以上、従物も返還されるべきであるからである。反対に、不動産自体について94条2項ないしその類推適用がある場合には、従物についても192条によることなく94条2項ないしその類推適用により所有権を取得できるというべきである。

3-10　事例としては、①登録票をつけたまま登録簿上の所有者であると称して売る場合と、②登録票を除去して、登録されていない動産であるとして売る場合とが考えられる。

産である限り，占有のほかに登録まで占有者が有している場合には，第三者が善意無過失である限り，登録への信頼保護を192条の類推適用により行う可能性がある。

3-10 **(c) 売主の占有に信頼して「取引行為」がされたこと**　この要件は，当初の192条の規定にはなかったが，解釈により判例・学説上異論なく認められ，現代語化により要件として明記されたものである[3-11]（☞『民法Ⅰ』17-11-1）。「取引行為」は民法の現代語化によって初めて採用された概念であり，贈与も含むのかは解釈に任される（本書は否定☞3-11）。動産の強制競売による競落の場合にも，192条が適用される（最判昭42・5・30民集21巻4号1011頁）。

この要件を満たさない場合，すなわち他人の動産を善意無過失で自分の動産だと思って占有を開始しても即時取得は成立せず，162条2項の10年の取得時効の可能性があるだけである（☞『民法Ⅰ』17-14）。また，他人の動産の占有者の債権者が，占有している債務者の所有物だと思って差し押さえても保護されず[3-12]——差押えに対して所有者は第三者異議の訴え（民執38条1項）が可能——競売がされて初めて競落人に192条が適用される。

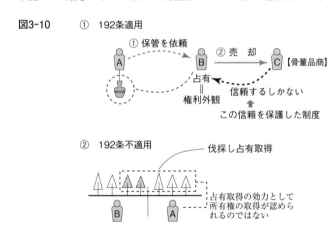

[3-11]　「取引行為によって」動産の占有を開始すればよいのではなく，有効な取引行為であることが必要である。取引の安全保護制度であるので，保護されるべき有効な取引であることが必要になるのは当然である。したがって，無権代理や公序良俗違反の契約により動産の占有を取得しても，即時取得はできない（無権代理につき☞3-12）。

[3-12]　先取特権も第三取得者だけが保護され（333条），詐害行為取消しについても転得者だけが

3-11 **【STEP UP ──贈与について】**
　　192条が取引の安全保護のための制度だとすると，贈与にも適用してよいのかは疑問となろう。現代語化法で導入された「取引行為」という概念に，贈与が含まれるかという解釈論の問題になる。3-2の例でいうとBがその占有しているAの壺をCに贈与したような場合，AとCのどちらをより保護に値するものと考えるかの利益衡量で，対価を支払うことのない贈与ではCの保護の要請が低くなるからである。贈与でもよいというのが一般的な理解といってよいが，比較法的には善意者保護は有償取引の場合に限定されている例が多く，わが国の解釈論としても贈与には適用しない考えもある（本書も否定説を支持）。負担付贈与の場合は，微妙である（192条の適用を否定すべきか）。なお，贈与にも即時取得を認めつつ，不当利得の成立を認める折衷的な解決を図る異説もある。

3-12 **FOLLOW UP ──無権代理の事例について**
　　3-2の例で，Aの壺を占有するBがCにその壺をAの代理人として売った場合には，Cが引渡しを受けても192条は適用されない。Bの無権利という要件はクリアしているが，<u>Bの占有＝所有者ということを信頼したのではないという点で192条の適用の基礎を欠くためである</u>。ここでは，CはAの物であることを知り，単にBに代理権があるということについて信頼したにすぎない。したがって，代理権への信頼を保護する表見代理（109条，110条及び112条）によって解決されるべき場面である（なお，表見受領権者への弁済を規律する478条では，代理人が含まれることについては☞『民法Ⅳ』3-31以下）。

3-13　**(d)　善意・無過失**　即時取得は，売主Bの占有を信頼してなされた取引の安全を図る制度であるので，保護されるべき買主Cは占有者である売主Bが所有者であることにつき善意・無過失で取引をしたことが必要になる。基準時は，取引時とされるべきであるが，現実の引渡しを要求するために，取

保護されるにすぎず（424条の5），そして，即時取得（192条）も「動産について行使する権利を取得する」というだけなので，これら3つの制度では，差押債権者は外観に信頼して差押えをしても保護されないのである。94条2項，96条3項，177条，178条のように単に善意の「第三者」への対抗不能という形で規定されている制度では，差押債権者も「第三者」に解釈により含める限り，差押債権者も保護されることになるが，そのような差を認めるのが合理的なものかは疑問であろう（本書では第三者に差押債権者を含まないので問題にならない）。通説では，192条などでもバランスを保つために，差押債権者も含むとして類推適用を考えるか，差の合理的理由を説明する必要がある。

引の時ではなく現実の引渡しの時まで善意無過失でなければならないという学説もある（☞ 3-20）。善意無過失は 3-14 以下の通り推定されるため，即時取得を争う者が，占有者が所有者かどうか社会通念からして疑いをもつべき事情があったことを証明しなければならず，それが証明された場合には，即時取得を主張する買主側がそれにもかかわらず特に確認をしなくてもよいと思われる特別事情があったことを証明しない限り過失が認められることになる[3-13]。

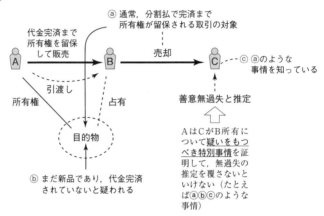

図3-13

3-13　❶ 過失が認められた事例　染色加工業者AがBに染色を依頼された木綿類をBに買入れした事例で，Bが「当時YがAの紺屋業者なることを了知し居りたる事実，及び，凡そ紺屋業者は唯注文者の提供する材料に就き染色加工するに過ぎずして原料を請負ふことなきを通常とする」ことから，Bに過失が認められる（大判大 7・11・8 民録 24 輯 2138 頁）。他人の山林の立木の売買の事例では，「特別の場合にあらざる限り立木の所有権は其地盤の所有者に属するを普通とするを以て，地盤の所有者か何人なるやを認知することに依り一応立木の所有権の何人に属するやを知り得べく，而して地盤の所有者は既登記の場合に在りては登記簿を調査することに依り容易に之を知り得ると同時に之が調査を為すを以て取引上必要なる注意と謂わざるべからず」として過失が認められている（大判大 10・2・17 民録 27 輯 329 頁）。タクシーの運転者が使用者の自動車を売却した昭和初期の事例につき，「自動車販売者がタクシー業者又は運転手業者等に自動車を販売する場合は一定の期間賃貸借を為し代金を賃貸期間中の賃料に割当て之を完納したるときに於て始めて所有権を移転する販売方法に依ること多」く，買主はこの慣行に通じていたとして過失が認められている（大判昭 10・7・9 判決全集 1 輯 20 号 13 頁）。

　戦後の判例としては，所有権留保で販売された土木建築機械について，①土木機械について所有権留保で販売されるのが普通であること，②買主がそのような慣行に通じていたこと，③新品である土木建築機械が売却されたことから，買主としては買受けにあたって，「疑念をはさみ，売主についてその調査をすべきであり，少し調査をすると，訴外……会社が本件物件を処分しよ

3-14 【STEP UP ──善意無過失の証明責任】
　①Ｃが即時取得を認められるためには，自分が善意無過失であったことを証明しなければならないのであろうか，それとも，②ＡのほうでＣの悪意または過失を証明しなければならないのであろうか。占有への信頼を保護する即時取得の趣旨からすれば，Ｃの善意無過失を推定しなるべく即時取得を広く認める必要がある。しかし，民法の規定との関係でどう説明するかという問題が残される[3-14]。

3-15 　❶ **186条1項説**　　まず，186条1項により，「占有者には」善意が推定されるので，この規定を適用することが考えられよう。しかし，<u>186条1項では無過失までは推定されていない</u>ので，善意は推定されても，無過失を証明しなければならないことになり，これではほとんど意味がない。186条1項から当然解釈として無過失も推定されるという主張がある。旧民法では要件は「善意」だけであり無過失までは規定されていなかった。善意無過失へと現行法では変更されたが，推定は善意に止められたままなど，全体的な整理が十分されなかったためであり，不可能な解釈ではない。

3-16 　❷ **188条説（判例）**　　判例は，192条は取引の相手の占有者に対する信頼を

──────────

うとした経緯，本件物件に対する所有権の有無を容易に知りえた」として，買主に過失が認められている（最判昭42・4・27判時492号55頁。自動車につき同趣旨として，最判昭44・11・21判時581号34頁）。

　❷ **過失が認められなかった事例**　「強制競売においてすでに代金を執行吏に交付し，その集計点検中というきわどい段階になって，突如として競売物件につき所有権を主張する者が現われたが，執行吏がそれを取上げず，そのまま代金の授受を終り，競落物件の引渡がなされたような場合には，たとえ競落人が右申出の事実を知っていても，それが第三者の所有であるということを知っていたと即断することはできず，競落人の右申出了知の事実は必ずしも前記善意取得の推定を覆えすに足らない」とされている（最判昭39・5・29民集18巻4号715頁）。

　つまり，❶のような事実だけでは当然に疑念を抱くべき事情とは認められないことになる。他方で，❶のように所有権留保事例に判例の蓄積があり，即時取得を争う者は，①目的物が通常は所有権留保で取引されるものであること，②未だ代金の完済がされていないと推察されるような新品な商品であること，③買主が①の事情について通じていること，④面識のない初めての取引相手との取引であること，⑤所有権の確認が困難ではないことなどの事情を証明できれば，無過失の推定を崩すことができる。いわば，①～④は非所有者であることの予見可能性，⑤は確認義務という結果回避義務にかかわる事由である（①～④の予見可能性があっても，⑤の確認が困難であれば，過失の推定が破られないということもありえる）。

3-14 ＊**取得時効と無過失推定**　なお，162条2項の短期取得時効については，占有者の無過失は推定されない。動産について取引に基づく場合には，取得時効ではなく即時取得によるべきであり，また，不動産について取引に基づく場合には，登記が基準とされるべきなので188条は問題とできない。ただし，登記の推定力があるので，188条と同様に，登記を譲渡人が有していれば登記の推定力から譲受人の無過失の推定を認め，短期取得時効を肯定してよい。

保護する規定であり、188条により占有している者は適法な占有者だと推定されるのであるから、それと取引をした相手方もそう信じているものと推定されるはずだ、と考えられている（最判昭41・6・9民集20巻5号1011頁）。しかし、188条は適法と推定するだけで所有に基づく占有と推定しているわけではない（☞12-27）。むしろ、経験則に基づく、占有者＝所有者という事実上の推定から、特段の事情のない限り、その取引の相手方の善意無過失も事実上推定されると考えればよい。

3-17　(e)　「平穏かつ公然」な「占有」の取得　　民法は以上の要件に加えて、善意取得者が占有を取得することを要求している。この要件は、旧民法では即時「時効」として時効の中で規定されていたという<u>沿革的な理由から残っている要件</u>である（☞『民法Ⅰ』17-11-1）。取引安全保護制度に純化するのであれば、取引だけを要件にすればよいのではないかといった疑問がある。たとえば、同じ外観法理の規定である94条2項については、少なくとも条文上は第三者に占有や登記は要求されていないのである。

　この点、真の権利者の静的安全保護と取引安全保護との利益衡量の観点から、「占有」という要件を再構成することができる。外観法理では、権利を失う所有者の犠牲の下に保護されるのであるから、占有も取得しておらず、真の権利者が所有物を占有者から取り戻す可能性が残っているのに、取引の安全を優先するのは妥当ではない。いずれか先に占有を取得した者が、自分の利益保護に努力をした者であり、より保護に値するといえよう。こう考えれば、<u>現在でも占有の取得という要件は合理的なものであると評価することができる</u>。

3-18　【STEP UP ── 占有改定でもよいか】
　CがBから占有改定（☞9-9）を受けた場合でも、192条の占有の取得として十分であるかが議論されている（第三者が占有している場合の、簡易の引渡しには192条の適用は肯定されている）。

3-19　(1)　判例の状況（否定説）　　判例は、「譲受人が民法192条によりその所有権を取得しうるためには、一般外観上従来の占有状態に変更を生ずるがごとき占有を取得することを要し、<u>かかる状態に一般外観上変更を来たさないいわゆる占有改定の方法による取得をもっては足らない</u>」と、占有改定は192条の「占有を始

めた」という要件を充足しないものとしている（最判昭35・2・11民集14巻2号168頁，それ以前に大判大5・5・16民録22輯961頁）。しかし，理由は述べられておらず，また，善意の判断時期についても明らかではない。

3-20　(2) 学説の状況

　(a) 肯定説（旧通説）　占有の取得という要件を，占有を失った所有権の保護を否定するゲヴェーレ的制度の残滓にすぎないとして合理的理由がないとする立場では，占有という要件は可能な限り広く運用すべきであると考えることになる。第三者に対抗できるようにならなければ，所有者を犠牲にして保護するに値しないという程度に「占有」要件を理解，つまり対抗要件の具備を要件としているものと理解することになる（この説を唱えた我妻教授はその後に否定説に改説し，今や支持する者はいない）。善意無過失は，取引の当時だけではなく，引渡しの時点においても必要になる。

3-21　(b) 否定説（通説）　ところが，占有の取得という要件が，利益衡量上合理的であると考えれば，占有改定でよいということには疑問が生じる。即時取得は取得した占有権の効力の問題でなく，権利を失う所有者の保護と取引安全保護との利益衡量の問題だとすれば，占有者Bは未だ所有者Aの物を占有していて，AがまだBから自分の物を取り戻すことができる状態であるのに，所有者の権利を失わせるのは酷だからである。そのため，Cの保護が優先されるためには現実の占有の取得を必要とすべきであるが，現実の引渡しという要件の位置づけをめぐっては次のように分けられよう。

3-22　❶ 成立要件説　まず，現実の引渡しを即時取得の成立要件として，売買契約だけでは192条の適用はなく，現実の引渡しがあって初めて192条が適用されるという考えがある。しかし，この立場では，現実の引渡しの時に即時取得が成

図3-22・3-23

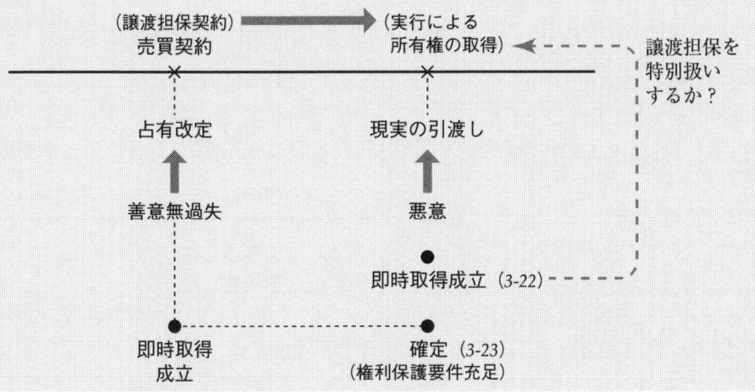

立することになるため，その時点でも取得者は善意無過失でなければならないことになる。取引安全保護制度ならば，取引時点で善意無過失は判断されるべきはずであり疑問である（162条2項は占有取得時の善意無過失と明記されている）。

3-23　❷ **折衷説**　折衷説は，取引で不完全に即時取得が成立し，Cは不完全な所有者になるが，現実の引渡しを受けて初めて完全な効力が発生すると考える。その時まで所有者も完全には所有権を失わず，ACとも不完全な所有者である。先に現実の占有を取得したほうに完全な所有権が認められ，他方の所有権はその反射として消滅する，と考える[3-15]。善意無過失は取引の時点で判断されるので妥当である。本書はこの説を支持し，現実の引渡しを権利保護要件として，善意無過失は契約時に判断すべきであると考えている。譲渡担保にも適用が可能になる。

3-24　**【STEP UP ──指図による占有移転】**
　指図による占有移転（☞9-8）は，判例も192条の占有取得に含めている（最判昭57・9・7民集36巻8号1527頁）。指図による占有移転は，「占有改定の場合とは異なり，寄託者台帳上の寄託者名義の変更という一定の書面上の処理を伴い客観的に認識することが可能であって，善意の第三者の利益を犠牲にして取引の安全を害することのない」として原審判決を，正当なものと支持したものである。学説も占有改定については否定説を採りながらも，指図による占有移転については，①譲渡人が現実に所持をしていないこと，②第三者たる所持人に対する命令を必要とすること，③善意取得行為の存否を比較的に外部から認識しうるものとして，肯定している（肯定説が妥当）。

[3]　即時取得の効果

3-25　(a)　**所有権，質権の原始取得**　即時取得の効果は，「即時にその動産について行使する権利を取得する」ことである（192条）[3-16]。動産については，所

[3-15]　177条において不完全物権変動説を採用する我妻説だから，ここでも不完全な所有権をいくつも成立させることが可能になるのである。

[3-16]　＊**不当利得の成否**　確かに所有者との関係では法律上の原因はないが，売買などの法律上の原因に基づく権利取得なので，譲受人には不当利得は成立しない。譲渡人が，所有権なしに代金を受け取っているので，所有者に対して不当利得返還義務を負うことになる（当然，不法行為に基づく損害賠償義務も負う）。ただし，学説には少数説として，無償取得者に限って不当利得返還義務を認める提案がある（折衷説）。しかし，本書では，そもそも無償の場合に即時取得を認めない（無償取得の場合には，①即時取得否定，②即時取得肯定しかし不当利得肯定，及

有権以外には当事者の契約により設定される物権は質権しかないため[3-17]，所有権の取得と質権の取得が問題になる。これは原始取得であり，所有権が取得される場合には，所有者の所有権が反射的に消滅することになる。

　譲渡担保については担保に必要な限度での所有権の取得が即時取得でも問題になるが，実行により完全な所有権を取得するまでは占有改定があるだけであり，3-22 の成立要件説ではそれ以前には即時取得が成立しない。

　取得時効については「取得する」と規定されているが（162条），取得時効者の選択を認めるため援用権が成立するだけであり，援用して初めて所有権を取得することになる。即時取得でも占有者に選択が認められてよいが，援用権が成立するだけと構成してしまうと，善意無過失が要件なので援用がされないままになる可能性が高い。そのため，当然に所有権取得の効果を認めて，占有者にその効果の放棄を認めるべきである。買主が目的物を所有者に返還し，売主に対して他人物売主の責任を追及することを認めるべきである。無権代理人の責任と表見代理の議論同様に，即時取得は売主を免責させる制度ではなく，売主から即時取得を援用することは許されない。

3-26　(b) **盗品，遺失物についての特則**　　192条の即時取得が成立する場合でも，「占有物が盗品[3-18]又は遺失物[3-19]であるときは，被害者又は遺失者は[3-20]，盗難又は遺失の時から2年間，占有者[3-21]に対してその物の回復を請求することができる」（193条）。たとえば，AがBにその所有の絵画を盗まれ，Bがこ

び，③即時取得肯定かつ不当利得否定の3つの選択肢がある）。

3-17　留置権について債務者所有の物であることを要求する学説では，第三者の所有物であった場合には即時取得により留置権の成立を認めようとする。また，抵当権につき，抵当権設定当時にその従物を含めて不動産の担保評価をしていた場合には，他人所有の従物が設置されていた場合に，従物についての抵当権の即時取得の可能性がある。

3-18　立木の窃取の事例で，2年の起算点について，伐採の時とするのが判例であるが（大判大15・3・5民集5巻112頁），学説は，搬出（占有離脱）の時と解している。

3-19　193条は立法論的には疑問視されており制限的に解釈すべきであると考えられている。そのため，詐取されたり横領された場合に類推適用すべきではない（詐欺につき大判明35・11・1民録10巻1頁，横領につき大判明34・7・4民録7輯7巻17頁）。

3-20　所有者である必要はなく，賃借人や受寄者も193条により返還請求ができる（大判大10・7・8民録27輯1373頁，大判昭4・12・11民集8巻923頁）。ただし，質権者は353条による回収方法の制限があるので，193条の権利も認められないと考えられている。

3-21　善意取得者だけでなく，それからの特定承継人も含む。

の絵画をCに売却した場合，192条によりCは所有権を取得しうる。しかし，AがBを信頼して預けた場合とは異なり，Aが自らBの占有という状態を作り出したわけではないので，所有者を保護するために特則が設けられたのである。ただし，「占有者が，盗品又は遺失物を，競売若しくは公の市場において，又はその物と同種の物を販売する商人[3-22]から，善意で買い受けたときは，被害者又は遺失者は，占有者が支払った代価を弁償しなければ，その物を回復することができない」（194条）[3-23]。

要件は，①「盗品又は遺失物」であること，②そして期間制限として，「盗難又は遺失の時から」（即時取得の時からではないことに注意）2年間以内であることである[3-24]。③請求の当事者及び内容は，ⓐ請求権者は「被害者又は遺失者」であり，ⓑ相手方は現在の「占有者」であり，ⓒ請求できる内容は「その物の回復[3-25]」である（193条）。④そして，競売や市場での取引による場合には，代価を弁償することが必要である。

3-27 【STEP UP ──返還請求がされた場合のそれまでの所有関係の説明】
193条，194条に基づいて返還請求がされた場合，それまでの所有関係について

[3-22] 「競売」には任意競売と強制競売のいずれも含まれ，「公の市場」とは広く店舗を意味し，「その物と同種の物を販売する商人」とは店舗を有しない者ということになり行商人などを意味している。

[3-23] ただし，古物商と質屋については，特別法の規定がある。すなわち194条の要件を満たしていても1年間に限り，被害者または遺失者は，古物商や質屋に対して無償で回復することができる（古物営業法20条，質屋営業法22条）。なお，判例は返還請求に対する抗弁権にすぎず，代価の弁償を受けずに，占有者が任意に物を返還した場合には，その後に代価の弁償を請求できないと判示していたが（大判昭4・12・11民集8巻923頁。**抗弁説**），学説は批判的であり，任意に返還した後でも代価の弁償を請求できると考えており（**請求権説**），判例も近時，請求権説に変更がされた（最判平12・6・27民集54巻5号1737頁）。なお，回復請求がされる前に物が滅失した場合には，原権利者の権利は消滅し，回復に代わる賠償を請求することもできないと考えられている（最判昭26・11・27民集5巻13号775頁）。

[3-24] この2年の期間は除斥期間と考えられている。したがって，代価を提供して返還を請求すれば，所有権が復帰し，所有権は消滅時効にかからないので，取得時効がされるまで返還請求ができる（取消権や解除権等の形成権の時効における二段階構成と同様に考えられる）。

[3-25] 目的物が滅失してしまえば返還請求できないのは当然であり，他方，返還請求により所有権が復帰した後に占有者が故意・過失で滅失させれば不法行為により損害賠償義務を免れない。他方，返還請求前は，即時取得が成立しているので，即時取得成立後に占有者が事情を知った上で滅失させても損害賠償義務は成立しない。

は，①C所有であり，Aの回復請求により所有権が復帰するのか，それとも，②Aの所有のまま2年間の返還請求できる期間が過ぎて初めてCに即時取得の所有権取得という効果が認められるのかは議論がある（☞図3-27）。192条は返還ではなく「回復」と規定しており，①が妥当である。

返還請求を受けるまでの使用利益や果実は189条があるので返還をしなくてよいことになるが，判例は，返還請求がされた後も，「占有者が民法194条に基づき支払った代価の弁償があるまで盗品等の引渡しを拒むことができる場合には，占有者は，<u>右弁償の提供があるまで盗品等の使用収益を行う権限を有する</u>」と判示している（最判平12・6・27民集54巻5号1737頁）。その理由は，被害者等は，代価を弁償して盗品等を回復するか，盗品等の回復をあきらめるかを選択することができるのに対し，「被害者等が代価の弁償を選択した場合には代価弁償以前の使用利益を喪失するというのでは，占有者の地位が不安定になること甚だしく，両者の保護の均衡を図った同条の趣旨に反する」こと，また，「弁償される代価には利息は含まれないと解されるところ，それとの均衡上占有者の使用収益を認めることが両者の公平に適う」ことにある。占有者が悪意になった後も使用利益を享受できるというのであり，その前提には①のような理解があるものと思われる。

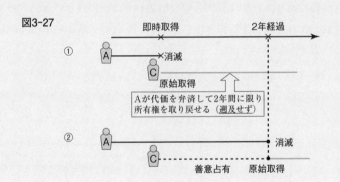

図3-27

3　不動産については登記に公信力なし
―― 94条2項の類推適用による補完

3-28　(a)　**不動産をめぐる静的安全と取引の安全――登記に公信力はない**　たとえば，Aの土地を，BがAの知らない間に勝手にB名義に所有権移転登記をしてしまい，Bがこの土地を自分の土地と偽ってCに売却した場合，Cが

たとえ善意無過失であっても，無権利の法理が適用されＣは土地を取得できない。民法は，登記については無権利の法理に対する例外である公信力を認める立法を採用していないのである。この場合，ＡもＣもともに被害者であるが，動産とは異なり，不動産は生活の本拠であり所有者に影響を与えること多大であるため，<u>取引の安全よりも所有者の保護を優先することを原則とした</u>のである。

3-29 **(b) 94条2項の類推適用による拡大可能性――中心は利益衡量**　ところが，<u>真の所有者Ａの側に取引の安全を犠牲にしてまで保護するに値しない事情がある場合には</u>，例外を認めＣの保護を優先させてよい。それが94条2項であり，Ａが虚偽表示を行ったときには，無権利の法理に対する例外を認めているのである。そして，94条2項の利益衡量に基づく価値判断は，<u>Ａにつき虚偽表示をしたのに匹敵する重大な帰責事由がある場合には，Ａの保護を後退させＣの取引安全保護を優先してよい</u>というものであり，その趣旨が妥当する場合に拡大することが可能である。それが，**94条2項の類推適用**という法理であり，登記に公信力がないということに対して虚偽表示という限定された例外を拡大する判例法が作り上げられている（☞『民法Ⅰ』*4-18* 以下）。

■第4章■
物権変動及び物権変動の公示

1 物権変動の公示

[1] 物権の公示と物権変動の公示

4-1　物権をめぐる現在の法律関係の公示は，占有や明認方法によっても可能であるが，登記や登録制度のように整備された公示制度では，現在の権利関係のみならず，過去の権利関係や，現在の権利関係に至るまでの物権変動も公示ができる。過去の物権変動の効力が否定されると現在の権利関係は認められないことになるので，ある不動産について権利を取得しようとする者は，慎重を期して過去の物権変動も調べる必要があり，そのためには過去の物権変動も調べられることが好ましいのである。また，担保物権などの法律関係の公示も容易になる。

　そのため，動産では占有しか公示がなく，単に「引渡し」を対抗要件としたが（178条），不動産については，引渡しではなく登記を公示方法とし，「<u>その登記</u>」すなわち「<u>物権の得喪及び変更</u>」の登記を対抗要件とした（177条）。しかし，物権変動をすべて完全に公示するのは理想であって，<u>登記の中心的な機能は現在の権利関係の公示であり，それを果たしていれば必ずしも物権変動の過程が正確に公示されていなくてもよい</u>（☞ 6-5 以下）。

[2] 物権行為と第三者1——不動産について

4-2　(a) **意思主義（フランス民法）**　物権変動をもたらす意思表示についてどのような行為を要求するかは，立法によって異なっている。まず，いわゆる**意思主義**の立法について説明していこう。

　不動産の物権変動についても，売買契約といった所有権の移転を内容とする<u>意思表示だけで物権変動（売買では所有権の移転）の効力が生じ</u>，引渡しや登記といった形式（公示）を具備することを物権変動の要件にはしない立法

がある。これを**意思主義**といい，フランス民法や日本民法が採用している立法である（☞図4-2）[4-1]。意思主義にも次の2つの立法が考えられる（ただし，❶は過去の立法）。

図4-2：意思主義による物権変動

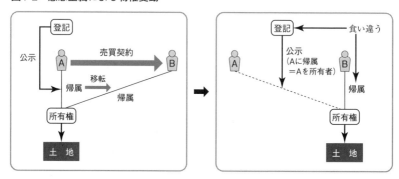

4-3　❶　**意思主義・当然対抗主義**　当初，フランス民法では，契約の効力は相対的効力しか認められないが，物権変動は契約の効果の一つではあるものの，物権関係という対世的関係が問題になるものであるため，絶対効が認められ第三者にも当然に効力が及ぶものと考えられていた。すなわち，絶対権であ

[4-1] ただし，フランスでは，私人間の契約（私署証書）は売買契約そのものではなくその予約にすぎず，その後に，公証人により売買契約書が公正証書により作成されて正式に売買契約が成立するので，わが国の意思主義とはかなり異なる（贈与契約なども同様）。そして，公証人が契約実務と登記実務の両者を行うため，公証人がその作成した公正証書に基づき登記を行うことになる（代金は買主から売主に支払われるのではなく，一旦公証人に支払われ，公証人が登記手続を終了してから売主に渡すことになっている）。ドイツでは，先の契約を売買契約とし，後の契約を物権行為といっているのに等しく，公証人の関与を必要とする制度を採用する限り，実質的には大きな違いはない。同じ意思主義・対抗要件主義でありながら，フランスでは物権変動をめぐって実務上まったくといってもよいほど問題にならないのは，このような慣行が背景にある。
　日本では，公証人の契約書作成・登記手続という関与を不要としたが，実際には，不動産仲介業者がヨーロッパにおける公証人に匹敵する機能を果たしている。①売買契約を締結して手付金を交付し，②その際に残代金の支払と所有権移転登記手続＋引渡しの時期を合意し，後日これらが実現されることになる。売買契約書では，②の時点を基準として固定資産税の負担を分かっており，また，②まで売主は居住等の使用が可能であり，当事者の意識としては，①は予約で，②が本当の契約であり②の時点から買主は所有者になるというものである。176条はあっても，黙示の特約により形骸化していることになる。また，仲介業者の関与下において，必要書類を交付して売買契約が締結されるため，その後に事実上二重譲渡は起こり得ないことになる。

る物権について登記がされていなくても第三者に不動産物権変動の効力が及び，当事者間だけの効力といった債権のような相対的な法律関係は認められないのが原則である。つまり，第三者への対抗という観点からは，公示を問題にするまでもなく当然に物権変動を対抗できるのが原則である（**対抗可能性の原則**）。図 4-2 では，B は第三者に自分が買った土地であるということを，登記をしていなくても主張できることになる。

4-4　❷　**意思主義・対抗要件主義（フランス民法）**　　しかし，それでは登記という公示を信頼することができず，登記という公示制度が取引のために寄与する制度であることが無視されてしまう。そのため，既に債権譲渡に採用されていた**対抗要件制度**を不動産物権変動に採用し（1855 年の改正），登記をしないと第三者に対抗できないことにしたのである。このような立法主義を，登記を対抗要件として位置づけることから**対抗要件主義**という。図 4-2 の場合，B が登記をしていない以上，A の登記を信じて A の土地だと思って買った第三者に対して，B は所有権の取得（A の無権利）を主張しえず，第三者は有効に土地所有権を A から承継取得しうることになる。取引安全保護制度なので第三者の善意が必要と考えられ，2016 年の改正で善意が要件として明記された（先に登記した者が優先するという制度に変更された）。日本民法もこの立法に倣い（177 条），動産についても対抗要件主義を貫徹している（178 条）。しかし，第三者の善意を要件とせず，取引安全保護制度ではない変則的制度となっていることは注意を要する（☞ 6-24 以下）。

4-5　**(b)　形式主義・成立要件主義（ドイツ民法）**　　意思主義では，意思表示，たとえば売買契約だけで所有権移転といった物権変動が生じることを認めるため，不動産物権の現状と登記との間に食い違いが生じることを避けられず[4-2]，登記を対抗要件とすることによって取引の安全保護を図らざるをえない。これに対して，そもそもそのような食い違いが発生しない立法もある

4-2　しかし，前注のように，フランスでも公証人が売買契約書を作成して売買契約が初めて成立するので，それ以前の予約をしたがその後の手続きがされないのは未だ対抗問題とはならない。そして，公正証書が作成されれば，代金の振込みがされない場合は別として登記手続は確実に行われるのである。そのため，対抗問題をめぐって実際に問題が生じることはほとんど考えられない。

（ドイツ民法）。それは，不動産に関しては登記を<u>物権変動の成立要件とする立法</u>である（☞図4-5）。所有権の移転を売買契約の効力とはせず，売買契約とは別個の物権行為の効力とし，その物権行為の成立要件として登記を要求するのである。登記を物権変動の成立要件とするため**成立要件主義**，また，物権変動がそれを欲する意思表示だけでは生ぜず，登記という形式が必要であることから，**形式主義**といわれている[4-3]。

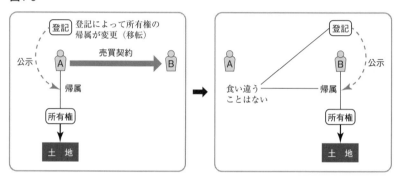

図4-5

［3］ 物権行為と第三者２──動産について

4-6　(a) **意思主義による立法**　動産については，登記手続がないので公正証書も問題にならず，不動産とは大きく状況が異なっている。しかし，意思主義，形式主義のいずれの立法によっても，有因・無因の点を除いて，結論的には大きな差はないといってよい。まず，意思主義を採用する民法について述べると，動産についても意思主義を貫くが，その後の第三者保護については，フランスは即時取得的制度による一方で，日本は対抗要件主義を徹底しており，大きな差が生じている。

4-7　❶ **即時取得的制度によるもの**　まず，フランス民法は，２つの相矛盾する物権変動につき，先に現実に引渡しを受けたほうが優先されるが（2016年

[4-3] 形式主義は明確であり，制度としては意思主義よりも優れているといえよう。そのため，日本民法を基本的に継受した韓国民法も不動産物権変動は意思主義によらず形式主義に修正し，また，近時物権法を制定した中国でも，かなりの議論の結果，形式主義が採用された。

改正で不動産にも登記に拡大☞4-4)，ただし第二譲受人は第一譲渡につき<u>善意でなければならない</u>と，即時取得とは別の構成によりながら，<u>第二譲受人の権利取得については即時取得とほぼ同様の処理をしている</u>。すなわち，第二譲受人は，①善意無過失が必要で，かつ，②現実の引渡しが必要である。抵触する物権変動相互の優劣決定という形で規定されており，この規定は，動産については1804年の制定時から存在している。対抗可能性の原則（☞4-3）があるので，第二譲受人は即時取得で保護されるのであり，実質的に規定されているのは即時取得制度と同じである。

4-8　❷　**対抗要件主義によるもの**　旧民法はフランス民法の方式に従ったが，現行民法では，対抗要件主義を動産にまで徹底している（178条）。そのため，①第三者の善意を要求せず，また，②現実の引渡しを要求していない。その結果，解釈で制限しなければ，第一譲受人が占有改定をしているか否かで，第二譲受人の保護がまったく変わってきてしまう。①占有改定がある場合には，第三者の保護は即時取得（192条）により，②占有改定がない場合には，第三者の保護は対抗要件主義（178条）によるため，悪意でもよくまた占有改定でもよいことになる。しかし，それが合理的なのかは疑問となろう。

4-9　(b)　**形式主義による立法**　ドイツ民法では，動産についても形式主義を貫き，売買契約といった意思表示により所有権移転という効力は生ぜず，引渡しという物権行為により所有権が移転することになっている。しかし，引渡しについては，占有改定でもよいと解されており，公示としては不完全であるといわざるをえない。結局，動産についての取引安全保護は，即時取得制度によって担われることになり，実質的にはフランス民法と差はないといってよい。

2　売買契約などの原因行為（債権行為）と物権行為
——所有権の移転時期

[1]　所有権の移転は売買契約の効力か

4-10　売買契約において，目的物の所有権が売主から買主に移転するのは，①売買契約自体の効果なのか，それとも，②売買契約の履行としてなされる別の

4-11~4-12

所有権の移転を目的とした物権行為の効果なのであろうか。この解答は先に述べた立法主義により異なる。日本民法はフランス法的な対抗要件制度を採用したので，所有権移転のために別個に物権行為をすることは必要ではなく――必要とするのがドイツ民法の形式主義――，売買契約により所有権が移転することになる。以下に敷衍しよう。

4-11 ◆ WORD　処 分 行 為 ▶

物権行為は，物権を移転したり設定したりする行為であるが，物権以外の財産権を処分する行為も考えられる（103条で問題とされる処分行為と異なり，管理行為に対する概念ではなく，債権行為に対する概念）。たとえば，債権や無体財産権を譲渡する行為が考えられる。この場合，物の売買と債権や無体財産権の売買の間には目的の対象が物か権利かという差があるだけで，行為の性質としては異なることはない。そのため，物権行為と他の財産権の処分行為をひっくるめて，その上位概念として**処分行為**という観念が認められている。物権以外の財産権の処分行為は，**準物権行為**ともよばれる。財産管理においては，物の処分は法律的処分（売却など）だけではなく，事実的処分（廃棄など）も含まれる。

4-12　(a)　**立法主義による差**

㋐　**形式主義（ドイツ民法）**　まず，形式主義の立法では（☞ 4-5），売買契約によってではなく，売買契約の履行として別個に不動産の場合には移転登記，動産の場合には引渡しという物権行為により，所有権が移転する。したがって，所有権移転は，移転登記や引渡しといった公示を実現する物権行為が必要になり，所有権の移転時期が明確になる。また，公示が伴って初めて所有権が移転するため，公示のない所有権の移転ということが起こらない（対抗問題は生じない）。

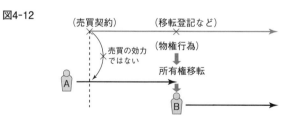

図4-12

このように形式主義では，売買契約という債権行為と，移転登記，引渡しといった物権行為とが区別され，さらに，ドイツ民法では，物権行為は原因である売買契約の効力からも独立して認められている。すなわち，売買契約が無効であったり，取消しないし解除により効力を失っても，売買契約の履行としてなされた物権行為の効力は影響を受けないで，所有権は売主に移転したままである（物権行為の**無因性**という[4-4]）。絶対権である物権については，絶対的法律関係が貫かれ，対抗不能といった法制度は認められない。

　こうして，形式主義は，①物権関係と登記・占有といった公示との齟齬を生じさせないというほかに，②物権行為の無因性を認め取引の安全を図るという利点がある[4-5]（すべての物権変動が無因ではなく，詐欺・強迫による取消しなどは有因である）。

4-13　（イ）**意思主義（フランス民法）**　これに対して，意思主義の立法では（☞4-2），不動産売買において登記は対抗要件にすぎず，所有権の移転は売買契約の効力として——移転時期についての特約がされない限り（☞図4-13②）——売買契約によりただちに生じることになる。また，債権行為・物権行為

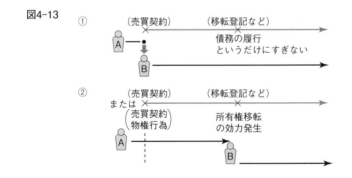

図4-13

[4-4]　この場合，買主は売主から所有権を不当利得していることになり，売主に対して，不当利得返還義務として所有権を返還する物権行為をすることを義務づけられる。つまり，売買契約の解消で自動的に所有権が売主に復帰するわけではないのである。

[4-5]　無効や取消しの第三者への対抗不能という形での取引安全保護をする必要はない。虚偽表示についても第三者保護規定はなく，当初は第三者保護規定を用意することも考えられたが，物権行為の無因性を導入することにより取引の安全保護が実現されるので，それによることとされ規定は置かれなかったのである。さらに，登記に公信力を認める一般規定も導入され，ほぼこれで取引安全保護は尽くされることになる。

を区別せず，両者が売買契約の中に混在し，売買契約の効力として所有権の移転も代金債権などの債権債務を発生させる効果も生じることになる[4-6]。そのため，登記に先行して所有権が移転し，公示と権利関係との齟齬が生じるため，登記を対抗要件とする処理を取引安全保護のためにもう1つ加えざるをえないことになる。また，所有権の移転時期も特約で自由に決められることもあり，移転時期が不明瞭になる嫌いがある。

4-14 **(b) 日本民法の解釈** わが国の民法は，176条において，「物権の設定及び移転は，当事者の意思表示のみによって，その効力を生ずる」と規定して，登記や引渡しを物権変動の要件とする形式主義を採用しないことを明記し，続く177条，178条で対抗要件主義を採用することを宣言する。この3つの規定から基本的にはフランス民法に従ったことは明らかである。ところが，民法施行後の一時期，ドイツ法一辺倒の研究がされた時代があり，176条の意思表示は売買契約とは別個の物権行為のことであるとして，ドイツ民法的に解釈する学説も現れるが，批判を受けて消えていく。その後，末弘厳太郎博士が，わが国の取引通念を根拠として，所有権の移転時期を売買契約時とはずらす提案をし，未だ議論は終焉していない。

4-15 **(ア) 物権行為の独自性肯定説（過去の学説）**

❶ **日本独自の物権行為の独自性** ドイツ民法学の影響を受け，物権行為という概念を認めこれを売買契約とは別個独立の行為としてなされなければならないという考えもあった。**物権行為の独自性肯定説**という[4-7]（現在では支持者はいない）。しかし，この立場は，物権行為をドイツ民法のように不動産

[4-6] その結果，たとえば売買契約が無効ならば，所有権も移転しないことになる。フランス民法では登記に公信力は認められていないので，動産では即時取得という万能の制度があるからよいが，不動産については取引安全保護は無効の対抗不能によるか（なお，フランスでは取消しという概念がなく，相対的「無効」とされている），または，無効訴権の消滅時効（かつては30年であったが，現在は5年）によるしかない。

[4-7] 物権行為の独自性を認めて，また物権行為を移転登記に限定すれば，売買契約だけで既に所有権が移転しその対抗問題が生じるということはなくなり，対抗問題が生じる余地さえなくなり，形式主義に等しくなってしまう。しかし，日本の独自性肯定説はそのような形式主義に等しい解釈まではしておらず，移転登記のみならず引渡しや代金の授受といったさまざまな段階を物権行為として肯定するので，引渡しや代金支払がされ所有権が移転したが，登記がされていないという対抗問題の余地が残されるのである。

では登記・動産では引渡しに限定せず，何を物権行為と考えるかについては取引通念を基準として考えようとしている。すなわち，わが国では，登記，引渡し，代金支払のいずれかがされたときに所有権が移転すると意識されており，したがってこれらを物権行為と考えるのである。この立場では，555条の<u>「移転することを約し」</u>とは，所有権を移転する合意自体ではなく，所有権を移転する物権行為をすることを，債権契約である売買において約束するものと解することになる。

4-16　❷　**無因性までは認めない**　物権行為を売買契約とは別個に認めるとしても，ドイツ民法のように明文規定がないので，物権行為の独自性については，これを認める少数説もあったものの，独自性肯定説はこれを否定し，いわゆる有因性を認めている。無因性を認めないことを当然の前提として，94条2項や96条3項が規定されているのであり，民法の取引安全保護の構造全体から，無因性は予定されていないからである。

4-17　❸　**独自性肯定説への疑問**　しかし，売買契約と同時ではなく，登記などの時点で所有権移転があるということは，その時点で所有権を移転する物権行為があると構成しなければ説明できないわけではない。所有権の移転の合意（＝物権行為）は売買契約に含まれているが，登記などの時に<u>その効力が生じる</u>と合意されているといえばよく，移転時期に物権行為があるといわなくても説明可能なのである。買主が代金を支払うことによっても所有権が移転するが，買主の代金の支払を売主の物権行為とみるのは無理であろう。また，物権行為という意思表示が必要だとすると，履行の強制には，動産でいえば執行官が動産を取り上げて買主に引き渡すのでは足りず，売主の引渡しという物権的意思表示に代わる判決も必要になる。

4-18　(イ)　**物権行為の独自性否定説（判例・通説）**　物権行為というものを認め，かつこれを売買契約と別個に<u>しなければならないということを否定する</u>考えを，**物権行為の独自性否定説**という。物権行為の独自性——売買契約とは別に物権行為がされる必要性——を否定するだけであり，物権行為という概念まで否定するものではない（物を捨てる所有権の放棄や無主物先占は，債権行為ではない）。

4-19　❶　**あくまでも1つの行為とする学説（融合行為説）**　19世紀の法学の成

果を取り入れた概念のピラミッド，法学の自動計算機（現代風にいえばコンピュータ）と特徴づけられるドイツのパンデクテン法学とは異なり，フランス民法は，1804年（日本ではまだ江戸時代）のかなりアバウトな法律学により構築されており，物権行為ということを問題にしない。売買契約の効力として（債権の効力として），所有権が移転すると考えるだけである[4-8]。❷の学説が，売買契約が，債権行為と物権行為の2つの行為により構成されていると考えるのに対し，あくまでも1つの売買契約という行為に2つの内容が融合していると考えるものといえようか（説明の差にすぎない）。

4-20　❷　**売買契約に債権行為と物権行為の2つを認める学説**　しかし，物権の放棄のように，物権行為という概念は否定できない。売買契約のように債権行為と競合する場合にも，所有権の移転は売買契約における物権行為の部分の効果として生じるものと承認した上で，これを売買契約と別個にさせる必要はなく，特定物では同時になされていると考えれば十分である[4-9]。すなわち，売買契約には債権行為と物権行為の2つの合意が含まれていると考えるのである。この立場では，売買契約の定義規定である555条にいう「<u>移転することを約し</u>」とは，まさに所有権の移転自体が売買契約で合意されることになる。ただし，不特定物売買では，売買契約の目的物が特定していないので，売買契約後に売主が特定の物を提供し引き渡すことによりその所有権を移転する物権行為が必要なのであり，売買契約と物権行為が分かれることを認めざるをえない（所有権移転義務を観念することができる）。

[2]　特定物売買における所有権の移転時期

4-21　物権行為の独自性の問題と関連させて，特定物売買において所有権がいつ移転するのかが議論されている。そこで，今までの説明との関係に注意しながら，特定物の売買契約を例として[4-10]，いつ所有権が移転するのかを考えて

4-8　ただし，売買契約における，債権・債務の発生と所有権移転という2つの効果の性質が異なることは認める。債権的効力は相対的であり，物権的効力は絶対的であり本来的には第三者にもその効力が及ぶことを認める（対抗要件主義により「第三者」に対しては制限しただけ）。

4-9　履行の強制も，物権的意思表示の強制は不要であり，引渡し，移転登記を履行強制するだけでよく，それにより売買契約の所有権移転という効果が発生することになる。

いこう（☞図4-21）。

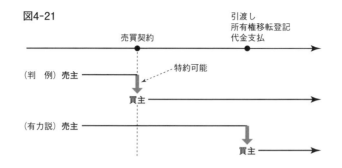

4-22　**(a)　判例の状況（契約時移転説）——原則として売買契約のときに移転する**　判例は，物権行為の独自性否定説に基づき，売買契約または売買契約と同時にされる物権行為の効果として所有権が移転するものと考えるため，特定物売買では売買契約と同時に所有権が移転することを認めている（大判大2・10・25民録19輯857頁[4-11]，最判昭33・6・20民集12巻10号1585頁）。すなわち，判例によれば，特定物の売買契約では，①原則として売買契約と同時に所有権が移転し，②例外として，ⓐ所有権移転時期についての特約がある場合にはその合意に従い[4-12]，ⓑまたは，他人の不動産を売却したといったような，

[4-10] 不特定物売買では，目的物を特定した上での引渡しまたは提供などによる特定が，必ず所有権移転のためには必要となる。その上で，特定だけで当然に所有権が移転するのか，特定物売買と同じ問題を生じる。この点，判例は，「不特定物の売買においては原則として目的物が特定した時（民法401条2項参照）に所有権は当然に買主に移転するものと解すべきである」と，特定物同様の即時移転を原則としている（最判昭35・6・24民集14巻8号1528頁）。

[4-11] 「物権の設定及び移転は当事者の意思表示のみに因りて其効力を生ずることは民法第176条の規定する所なるを以て，<u>物権の移転を目的とする意思表示は単に其意思表示のみに因りて直に物権移転の効力を生ずることは民法一般の原則とする所なりや明かなり</u>。而して特定物を目的とする売買は特に将来其物の所有権を移転すべき約旨に出でざる限りは，即時に其物の所有権を移転する意思表示に外ならざるを以て，前示法条の規定に依りただちに所有権移転の効力を生ずるものとす」と明言する。555条の財産権の移転を約するというのは，将来において財産権の移転を約束する場合だけでなく，売買により財産権を移転することも含むものという。

[4-12] 倉庫に寄託中のハンカチーフを売却したが，契約から2日後の午後4時までに代金が支払われないと売買は失効するという解除条件付きであった事例で，他に特段の事情が存しない本件では，ハンカチーフの所有権は契約により当然に買主に移転することはなかったとされている（最判昭35・3・22民集14巻4号501頁）。

ただちに移転できない事情がある場合については、その障害がなくなった時（他人物売買では、売主が不動産の所有者から所有権を取得した時）に、改めて何らの意思表示も必要とせず所有権が買主に移転することになる[4-13]。

4-23　(b)　**学説の状況**

　(ア)　**判例を支持する学説**　まず、判例を支持する学説も依然として残っている。ただし、この立場でも特約により売買契約時とは別の時点に所有権移転時期をずらすことができるので、必要ならば黙示の特約、慣習により所有権移転時を柔軟に修正でき、運用によっては結果的に次の学説と変わらないことになる[4-14]。要するに、事実認定の問題に解消され、民法は危険負担の規定などから、<u>全体としては原則的に売買契約と同時に移転する合意がされているものと推定している</u>と考えるにすぎない（これを争う者が証明責任を負うという点で、次説と異なる）。実際の仲介業者を介した不動産取引では、**注4-1**に述べたように、売買契約締結が仮契約、その後の代金支払と引渡し・移転登記手続が本契約に匹敵するもの、すなわち、後者の時点で買主が所有者になったと意識されているといってよい。

4-24　(イ)　**移転登記、引渡し、代金支払のいずれかの時とする学説**　現在の多くの学説は、所有権の移転時期を移転登記、引渡し、代金支払のいずれかがあった時と考えている（事実上の推定。争う者が反証しなければならない）。その説明は、先の4-14以下の理解により異なる。①まず、独自性肯定説では、移転登記、引渡し、代金支払のいずれかの時に物権行為がされていると説明することになる。②他方で、独自性否定説では、売買契約と同時に物権行為がされているが、当事者がその効力発生時期を約束することは自由であり、4-25以下に述べるような理由から移転登記等の時と合意していると解釈することもできる。結局、両説とも当事者の合意によって自由に決められると

4-13　他人物売買につき、売主が目的物（汽船）の所有権を取得すると同時に買主に所有権が移転し、また、売主が目的物の占有を取得すると同時に、占有改定の方法により買主が目的物の占有を取得するものと考えられている（最判昭40・11・19民集19巻8号2003頁）。
4-14　(ア)説でも、契約時移転を原則としつつも柔軟に反証を認めるならば、(イ)説は、代金支払等があった時とするのが当事者の通常の意思であるとするのが原則なので、原則が逆転するだけで、実際の運用としては大差がなくなる可能性がある。

考えるので，いずれを原則として推定するかという問題にすぎない。(ア)説は176条により売買と同時に所有権移転の同意があったとの法定の推定を認めるにすぎない。(イ)説は事実上の推定の力を借りてこれを覆すことを主張しているに等しく，両説は矛盾するものではないと評価することができる。そう考えれば，(イ)説を支持してもよいであろう[4-15]。

4-25 【STEP UP ──移転登記などの時に所有権の移転時期をずらす根拠】
　　所有権の移転時期を売買契約後の一定の時期にずらすことには，以下のような根拠が考えられる。

4-26 　❶ **当事者の通常の意思に合致すること**　まず社会通念からして通常の当事者の意思に合致するといえる。契約をしただけでは，特定物でも自分の物になったとは思ってはおらず，自分の物になる可能性が確保されただけくらいにしか意識していないのである。なぜそう考えられるのかというと，次のような事情があるからである。

4-27 　❷ **代金と所有権が対価関係にあること**　まず，代金を支払えば，目的物は自分の物と買主は考え，売主ももはや自分の物ではないと考えるものといえる。なぜかというと，売買契約では代金と所有権とが交換関係にあるので，代金が払われれば対価である所有権も当然に取得したものと扱うべきであるからである。

4-28 　❸ **先履行としての引渡しまたは移転登記──信用付与**　また，本来代金の支払と所有権の移転が交換的になされるのが原則であるのに，売主が期限の利益を買主に与えた場合には，所有権の移転を先に履行することを約束しているものと考えてよいことになり，引渡しまたは不動産では移転登記により，先に所有権の移転が履行されたということになる。

[4-15] 今や独自性肯定説は皆無に等しくなっているが，移転登記等の時に所有権が移転するという学説が通説ないし多数説である。つまり，独自性否定説によりつつ所有権移転の効果の発生時期だけをずらすだけの学説が多い。

5-1~5-3

■第5章■
不動産物権変動1
──対抗要件制度──

第1部 物権法総論

5-1　不動産についての物権また物権変動の公示方法は登記であり，そして，民法では，登記を物権変動についての対抗要件として位置づけている（177条）。以下には，まず登記について説明した上で（☞5-2以下），177条の対抗要件主義をめぐる諸問題について説明をしていこう（☞5-13以下）。

1　登記制度について

[1]　登記と登記簿──登記簿の種類

5-2　登記は当初は「登記簿」という法務局（登記所）の管理する帳簿への記載によりすべて行われていたが，2004（平成16）年の不動産登記法の改正により[5-1]，現在では電子記録化が進められている。電子化されている登記所では，登記事項はコンピュータに電子的に情報として管理され，紙媒体による閲覧はできず，発行される証書も「登記簿謄本」ではなく「登記事項証明書」である。また，司法書士によるインターネットによる登記申請も可能となり，インターネットによる登記簿の閲覧も可能になっている（有料）[5-2]。**登記簿は以下のように分類でき，177条の対抗力を与える「登記」は5-6の権利の登記をすることである。**

5-3　**(a)　客体による区別──建物登記簿・土地登記簿**　　まず，登記簿は，そ

[5-1] 明治初年の地租改正により地券制度が採用され地券が交付され，その後，1886（明治19）年に旧登記法が公布・施行され（旧民法よりも先），地券制度は廃止される。その後，1898（明治31）年の民法施行に伴い，1899（明治32）年に旧不動産登記法が公布・施行され，2004（平成16）年には不動産登記法の大改正がなされている。

[5-2] この結果，登記所には，磁気ディスクをもって登記簿を調製し，コンピュータ・システムにより登記事務を行っている登記所（「コンピュータ庁」）と，土地・建物の登記用紙をつづって編成したバインダー式の登記簿を備え登記事務を行っている登記所（「ブック庁」）があることになる。

の目的物により土地登記簿と建物登記簿に分けられる。これは，土地に対して建物を独立した物としたわが国特有の制度である。建物が区分所有の対象になる場合には，区分所有のための特別の登記簿が作成される。

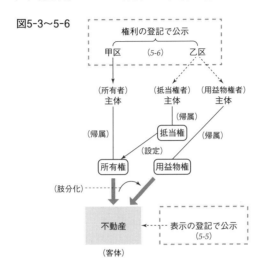

図5-3〜5-6

5-4　(b)　**公示の内容による区別——物自体の登記・物の上の権利の登記**　次に，各登記簿の構造をみると，登記簿は大きく2つの部分に分かれている。権利の客体である**物そのもの**について表示をする登記部分と，その物の上の**権利関係**について表示をする登記部分とに分けられる。

5-5　❶　**表題部＝表示の登記**　土地，建物そのものの登記については，かつて固定資産税の課税の基礎とされていた台帳が（古代からある租税徴収のための帳簿の類），現在では登記簿と一体化され，登記簿の不動産を表示する部分（これを**表題部**といい，この登記を**表示の登記**という）となっている。ここには，不動産の図面とともに土地建物の状況についての表示がされ[5-3]，課税の基礎とな

5-3　土地に関する登記記録の場合，表題部には所在，地番，地目（土地の現況），地積（土地の面積），「原因」，所有者が記載され（不登34条），建物に関する登記記録の場合，表題部には主たる建物の所在，家屋番号，種類，構造，床面積，原因，所有者が記載される（同法44条）。なお，表題部の新設等に関連する業務は土地家屋調査士，甲区・乙区については司法書士の業務範囲となる。

5-5

図5-6：登記事項証明書の見本

【土 地】

表　題　部	（土地の表示）		調製	余　白		不動産番号	0000000000000
地図番号	余　白		筆界特定	余　白			
所　　在	渋谷区千駄ヶ谷九丁目				余　白		
① 地 番	② 地 目	③ 　地　　積　　㎡			原因及びその日付〔登記の日付〕		
9番	宅地	300:00			不詳〔平成30年10月14日〕		
所 有 者	渋谷区千駄ヶ谷九丁目9番9号　　中　野　一　郎						

権　利　部　（甲　区）　（所　有　権　に　関　す　る　事　項）			
順位番号	登　記　の　目　的	受付年月日・受付番号	権　利　者　そ　の　他　の　事　項
1	所有権保存	平成30年10月15日 第100号	所有者　渋谷区千駄ヶ谷九丁目9番9号 　　　　中　野　一　郎
2	所有権移転	平成30年10月27日 第150号	原因　平成30年10月26日売買 所有者　渋谷区千駄ヶ谷七丁目7番7号 　　　　神　田　次　郎

権　利　部　（乙　区）　（所　有　権　以　外　の　権　利　に　関　す　る　事　項）			
順位番号	登　記　の　目　的	受付年月日・受付番号	権　利　者　そ　の　他　の　事　項
1	抵当権設定	平成30年11月12日 第400号	原因　平成30年11月4日金銭消費貸借同日設定 債権額　金4,000万円 利息　年2・60％（年365日日割計算） 損害金　年14・5％（年365日日割計算） 債務者　渋谷区千駄ヶ谷七丁目7番7号 　　　　神　田　次　郎 抵当権者　渋谷区千駄ヶ谷八丁目8番8号 　　　　株　式　会　社　数　理　銀　行 　　　　（取扱店　千駄ヶ谷支店）

【建　物】

表　題　部	（主である建物の表示）		調製	余　白		不動産番号	0000000000000
所在図番号	余　白						
所　　在	渋谷区千駄ヶ谷九丁目　9番地				余　白		
家屋番号	101番				余　白		
① 種類	② 　構　　造	③ 　床　　面　　積　　㎡			原因及びその日付〔登記の日付〕		
居宅	木造かわらぶき2階建	1階　　80:00 　　　　2階　　70:00			平成30年11月1日新築 〔平成30年11月12日〕		

表　題　部	（付属建物の表示）						
符　号	①種　類	② 　構　　造	③ 　床　　面　　積　　㎡		原因及びその日付〔登記の日付〕		
1	物置	木造かわらぶき平家建	30:00		〔平成30年11月12日〕		
所 有 者	渋谷区千駄ヶ谷七丁目7番7号　　神　田　次　郎						

権　利　部　（甲　区）　（所　有　権　に　関　す　る　事　項）			
順位番号	登　記　の　目　的	受付年月日・受付番号	権　利　者　そ　の　他　の　事　項
1	所有権保存	平成30年11月12日 第399号	所有者　渋谷区千駄ヶ谷七丁目7番7号 　　　　神　田　次　郎

るため、所有者には申請義務があり（不登36条、47条）、申請に対しては職権調査がされまた職権で登記をすることが可能とされている（同法28条、29条）。

5-6　❷　**権利部＝権利の登記**　　物自体は目でみてわかるが、目にみえない権利関係を公示するという登記制度の本来の目的に合致するのは、不動産についての権利関係の公示部分であり、かつては登記簿とよばれるのはこの部分のみであった。これを**権利の登記**といい、177条の意味での「登記」とは、この権利関係を公示する本来の登記の部分を意味している。

　不動産の上の権利には所有権とそれ以外の制限物権とがあり、それに対応して、権利の部分の登記簿も分かれていた。①所有権についての登記簿の部分を**甲区**、②所有権以外の権利に関する登記簿の部分を**乙区**という。建物を建築しても、抵当権を設定する必要がなければ権利の登記をする必要はなく、表題部だけの登記で十分である。歴史的建造物は権利の登記がされていない例が多いが、東京タワーや東京スカイツリーなどは、権利の登記がされ抵当権設定登記がなされている。

[2]　登記の種類

5-7　(a)　**本　登　記**　　177条にいう「登記」は、不動産につき物権変動があったことを権利の登記（☞5-6）部分に記載する登記であり、これを**本登記**という。177条の意味の「登記」として物権変動に対抗力を付与するのは、本登記のことである。本登記には、独立の順位番号が付される**主登記**の他に、独立の順位番号が付されず主登記に付記され、その順位番号が付される**付記登記**がある。付記登記の順位は主登記の順位により、同一の主登記に関する付記登記相互間の順位はその前後による（不登4条2項）。付記登記によるべき登記は不動産登記規則に規定されており（不登規3条）、変更登記、更正登記、制限物権の移転登記、抵当権の代位の登記、買戻しの特約の登記などがこれにあたる。

5-8　(b)　**仮　登　記**　　177条の意味での「登記」以外にも、**仮登記**といわれる登記がある（不登105条以下）[5-4]。仮登記とは、後日される可能性のある本登記に

[5-4]　かつては予告登記という制度があり、予告登記と仮登記をあわせて予備登記といっていた。

つき，本来ならば先に第三者に本登記されてしまえば対抗できないところ，仮登記に基づいて本登記がされると，「当該本登記の順位は，当該仮登記の順位による」という**順位保全的効力**（順位保全効）が与えられる登記である（同法106条）。仮登記が認められるのは2つの場合である（同法105条）[5-5]。対抗力自体は，本登記の時から将来に向かって生じるにすぎない。仮登記後に保全された物権変動と抵触する物権変動が覆滅されるのは，仮登記の順位保全効という法定の効果による[5-6]。仮登記者に，それ以降の登記の抹消登記請求

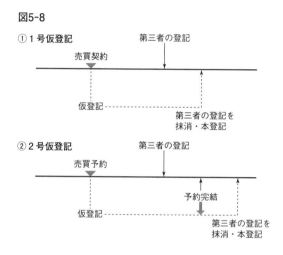

図5-8
① 1号仮登記
② 2号仮登記

現在では予告登記は廃止され，仮登記のみが残されている。

5-5 ＊**2つの仮登記** ①土地を購入したが，代金と引換えに登記をする約束であるため，未だ代金の支払ができず移転登記を受けられないが，その間に第三者に売却され先に移転登記されては困るので，自分の所有権取得を確保するためにすることができる（不登105条1号のいわゆる「**1号仮登記**」）。②また，売買契約の予約をしたものの完結するか否か未定だが，将来予約完結をして契約を成立させることになった場合に，予約後になされた物権変動を覆すことができるように，予約と同時に仮登記をすることもできる（同法105条2号のいわゆる「**2号仮登記**」）。

5-6 判例も，代物弁済予約の仮登記につき，「債権者が所有権を取得するのは予約完結の意思表示をしたときであって，仮登記を経由したときに遡るのではないこと勿論であるが，本登記の順位は仮登記の順位による（不動産登記法7条2項〔現行106条〕）のであるから，仮登記権利者は，本登記を経由し，または本登記をなすに必要な要件を具備するに至ったときは，仮登記によって保全された権利に牴触する仮登記後の物権変動を，それが仮登記権利者の所有権取得の時期の前であっても，すべて否認し，その登記の抹消を請求しうる」，しかし，「仮登記は本登記の順位を保全する効力があるに止まり仮登記のままで本登記を経由したのと同一の効力があるとはいえない」と判示する（最判昭38・10・8民集17巻9号1182頁）。覆滅される物権変動の当事者も，

権が法律により付与されているといってもよい。なお，仮登記にも共同申請主義が適用され，単独で申請ができるわけではない[5-7]。

5-9　FOLLOW UP ——不動産登記の効力

❶ **対 抗 力**　177条の規定する登記の効力は対抗力であり，登記の効力として第三者に物権変動を対抗できるようになる。これが登記制度の中心的な効力である。借地借家法10条1項の登記は，有効な登記であることが必要かどうか，すなわち，登記の効力かどうかは議論がある（☞『民法Ⅴ』11-9以下）。

5-10　❷ **推 定 力**　登記は一応真実の権利関係を公示しているものと事実上推定される（最判昭34・1・8民集13巻1号1頁）。確かに虚偽の登記は避けられないが，確率的には圧倒的に真実の登記が多いため，経験則上そのような真実性の推定が認められるのである。動産についての188条と同様に，この推定力のおかげで，登記を有する者と取引をした者はその取引につき善意無過失と推定され，取引安全に資することになる。

5-11　❸ **権利保全的効力**　順位の保全的効力が仮登記により認められることは5-8に述べたが，それとは別の問題である。不動産の取得時効が進行中に移転登記をして新しくその不動産の所有者は自分であることを公示した以上，取得時効と矛盾する証拠が出されたにも等しいことになり，その不動産についての取得時効が中断されると考える学説がある。このような効力を権利保全的効力というが，これを認めるかは議論がある（☞7-26）。

5-12　❹ **公 信 力**　物権というものは思考の創造物でありそれ自体を確認することは不可能であり，何か目にみえる手がかり（権利外観）により調べるしかないことは既に述べた。登記の内容が真実ではなく無効だとしても，それを信頼して取引がされた場合（形式主義だと登記もしていることが必要），登記への信頼を保護し，その信頼通りの効力を認める立法がされた場合，この登記の効力を登記の**公信力**という。登記に公信力を認めるか否かは政策的な判断によるものであり，わが国では真の権利者の保護を取引の安全保護に優先させ，登記に公信力を認める立法を採用していない（戦後の94条2項の類推適用についての判例法がこれを補完していることにつき☞『民法Ⅰ』4-18以下）。

仮登記に基づく本登記がされるまでは登記欠缺を主張しうる「第三者」に該当する。

5-7　仮登記に基づいて本登記をするには，仮登記後に移転登記等を受けた第三者がいる場合，その者の承諾（具体的には，承諾書を添付すること）が必要である（不登109条1項）。この第三者が承諾しない場合には，承諾を求める訴訟を提起し，判決書を添付して本登記の申請をしなければならない。そして，仮登記に基づき本登記がされたならば，これと矛盾する第三者の登記は職権で抹消される（同法109条2項）。

2　177条の対抗要件主義
　　——177条の理論的説明

5-13　たとえば、Aがその所有の土地をBに売却する売買契約を締結し代金を受領したが、Aが、その直後にこの土地をCに売却してCへの所有権移転登記がされたとしよう。176条の意思主義によれば、AB間の売買契約だけで（4-25の学説でも代金の支払により）、所有権はAからBに移転するため、登記がA名義になっていてもAはもはや所有者ではない。そのため、その後にCがこの土地をAから買い所有権移転登記を受けても、無権利者から買ったことになり、所有権をAから承継取得できないはずである。

　しかし、民法は、「不動産に関する物権の得喪及び変更は、……その登記をしなければ、第三者に対抗することができない」と規定しており（177条）、結論としては、先の例ではBではなくCがその土地の所有者になる。ところが、この結論は動かし難いとしても、次のような素朴な疑問が生じてこよう。

> ①　176条により、AはBとの売買契約により（代金支払を要求する学説では、代金支払により）所有権がBに移転していて、Aは無権利になっているはずなのに、どうしてCはAから所有権を取得できるのか。
> ②　177条では「第三者」に善意が要求されていないが、第三者の善意は要件と考えなくてよいのか。
> ③　177条の「第三者」として、どのような者が保護されるのか。

　②③については後述するとして、ここでは①の点を検討していこう。①の疑問に対して何とか理論的な説明をしようとして諸説が主張されている。しかし、譲渡により所有権を失い無権利になった者から所有権を取得することができないのを修正し、法律が例外を認めたのである。法が不可能な第三者の権利取得を可能としていることを、どのような法的構成で説明すべきであろうか。ここでの議論がまったく無意味なわけではなく、登記をする前の法律関係をどう考えるかは、対抗関係が絡む法律関係についての解決をめぐって有益な視座を提供するのである。

5-14　(a)　**判例の状況**　判例はこのような問題を抽象的に論じることはなく，判例の立場は必ずしも明確ではない。たとえば，「本件土地の元所有者亡Aが本件土地をBに贈与しても，その旨の登記手続をしない間は<u>完全に排他性ある権利変動を生ぜず，Aも完全な無権利者とはならない</u>」と説明している（最判昭33・10・14民集12巻14号3111頁。7-38も同様）。したがって，承継取得を認めることは明らかであるが，「完全な無権利者」ではないというくだりからして，5-16の不完全物権変動説の影響を受けているといえようか。

5-15　(b)　**学説の状況**

　(ア)　**AからCへの所有権移転を認める学説（承継取得説）**　AからCへの<u>承継取得を可能としたのが177条である</u>と考えるのが一般的な理解であるが，この承継取得説もさらに諸説に分かれる。

5-16　❶　**不完全物権変動説（多数説？）**　AからBへの所有権の移転は，登記を伴わない限り不完全であり，Aも完全には所有権を失わず不完全ながらも所有権を有しており，不完全な所有権をCにも移転できるという説明をする学説がある（図5-16参照）。しかし，物権変動が不完全であるという内容が不明確であり，<u>対抗力がないということを不完全と言い換えたにすぎず，問いに対して問いで答えたに等しい</u>，と批判されている。登記で優劣が決定するまで，不法行為者や不法占有者などとの関係で誰が所有者と扱われるのか疑問が残される。

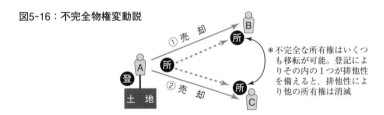

図5-16：不完全物権変動説

＊不完全な所有権はいくつも移転が可能。登記によりその内の1つが排他性を備えると，排他性により他の所有権は消滅

5-17　❷　**法定制度説**　条文がなければ理論的に不可能なことを，立法により可能にしたのが177条であり，立法により不可能なことを可能にしたと考えれば十分であり，どう理論的に可能なものと説明するかを考えるのは本末転倒であると考える学説もある。不可能なものが可能となっているのは，それを可能とする制度を導入したからだといえば十分であると考えるわけである。

確かに177条の法定の効果だといえるが，しかし，対抗問題の法構造＝法定の効果の内容を明らかにすることは，177条をめぐる議論を考える上で無益ではない。192条も法定の効果であるが，「原始取得」と分析されているのである。

5-18 ❸ **法定取得・失権説**　そこで，確かに本来不可能なことを177条が特に可能とした法定の効果として，AからCへの所有権移転を位置づけるが，その法定の効果の構造を理論的に解明しようとする点で，前説を修正する学説がある。Cが登記をすることにより，AからBへの所有権移転の効力は消滅し（177条の法定の効果であり，Cの主張を要しない），Cの登記後の法律関係についてそれ以前からAが所有者であったことに擬制され，Cが有効にAから所有権を取得していたことになる，と177条の法定効果の内容を解明しようとする（本書はこれを支持）。

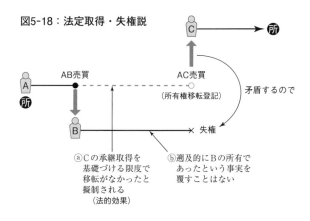

図5-18：法定取得・失権説

5-19 **FOLLOW UP**━━━その他の承継取得説（現在は支持者なし）

❶ **CにBへの所有権移転を取り消す権限を認める構成（否認権説）**　177条は，一旦Bに所有権が移っても第三者にこれを否定する権限（物権的効力についてのみの取消権）を認めるものと理解する考えがあった。この学説も，①第三者が登記なしに否認することを認めるものと，②登記をした第三者のみに否認権を認めるものとに分かれる（☞図5-19）。いわば177条は，第三者（登記をした第三者）に，424条（債権者取消権）を彷彿とさせるような既に生じた物権変動のみを取り消す権利を認める考えである。遡及効はないので，Cが所有権移転登記をし否認がされるまでは，Bが所有者であった

と扱われることになる。物権については絶対的法律関係として整理し，相対的ないし不完全な法律関係を認めない立場である。

図5-19：否認権説

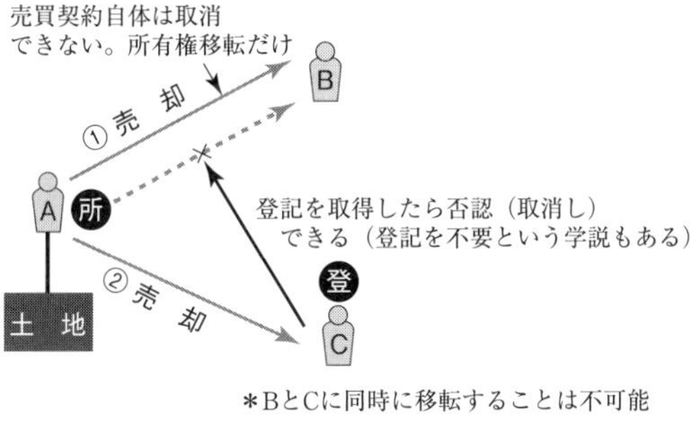

売買契約自体は取消できない。所有権移転だけ

登記を取得したら否認（取消し）できる（登記を不要という学説もある）

＊BとCに同時に移転することは不可能

5-20　**❷　相対的無効説**　次に，94条2項などと同じく対抗不能の規定ということから，相対的法律関係により説明しようとする考えがある（☞図5-20）。AからBへの所有権の移転は原則としてはすべての人との関係でその効力が認められるが，177条の第三者に対する関係では，その効力は生じていないものとして扱われるということになる（AB間の法律関係を相対的に捉える）。

これによれば，Cとの関係ではAからBへの所有権の移転は生じていないことになり，CはAから有効に所有権の移転を受けられることになる。そして，いずれの関係が相手方にも対抗できる絶対的関係になるかは登記で決することになる。5-16同様，この構成では，登記で優劣が決定するまで，不法行為者や不法占有者などとの関係では誰が所有者と扱われるのかという疑問が残される。

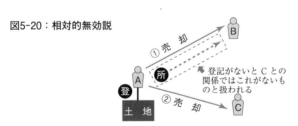

図5-20：相対的無効説

登記がないとCとの関係ではこれがないものと扱われる

5-21　**❸　観念的所有権説**　所有権は，登記を備えない間は観念的にいくつでも存在しうるのであり，BCに観念的な所有権を二重に移転することは可能であり，その観念的な所有権の中からどれが排他的なものになるかは登記により決定されるという，かなり大胆な考えも提唱されている（ただし公信力説を別にして学説は実質的にはいずれも同じ考えともいえる）。しかし，所有権の観念性は排他性とは関係がなく，排他性を否定する

根拠にはならないという批判がされている。

5-22 **(イ) Cによる所有権の原始取得を認める学説（公信力説）** 対抗要件制度を承継取得を認める制度として理解する以上の考え方に対して、大胆に異論を唱えて、177条は登記に信頼した者に対して無から有を生じさせる公信制度の規定と理解する学説がある（**公信力説**といわれる[5-8]）。これによれば、AからBに所有権が移転した以上、Aは無権利でありCに所有権を移転することはできないが、しかし、Aが所有者という登記のままになっており、また所有者Bにも移転登記をしなかったという帰責事由もあるため、登記を信頼したCを保護したと理解するのである。したがって、Cの所有権取得は即時取得（192条）同様に原始取得であり、その反射としてBが一度取得した所有権が消滅する——移転しなかったことになるというのではない——と理解するのである（☞図5-22）。第三者は善意であり、かつ、登記を取得していることが必要になる[5-9]。

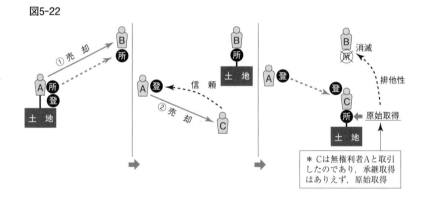

図5-22

* Cは無権利者Aと取引したのであり、承継取得はありえず、原始取得

[5-8] 公信力説とはいっても、登記に広く公信力を認めるものではなく、177条により対抗関係において「第三者」に権利取得を認める限度での公信力、いわば消極的公信力を認めるにすぎない。対抗問題を生じない他人が勝手に移転登記をして不動産を処分したような177条の適用領域外についてまで、登記を信頼した者を公信力で保護するということを認めるものではない。

[5-9] この考えによれば、BとCの所有権が競合することはなく、常に所有者は1人だけということになる。ただし、取引だけで原始取得を認める、つまりBCの所有権取得の競合を認めて、登記で優劣を決める考えもある。

5-23 **FOLLOW UP ── 公信力説と 177 条における善意必要説との差**

　公信力説によれば，C は公信制度による保護であるから，善意無過失が要求されることになる (☞ 3-29)。では，逆に公信力説でなければ，177 条の「第三者」に善意を要件とすることはできないのであろうか。この点については，そのように考える必要はないと思われる。本書の 177 条の法定効果という説明も (☞ 5-18)，法定効果として不可能なはずの所有権の移転を認めるのは，第三者の取引安全保護のためであると考えれば，177 条自体の趣旨の理解は公信力説と共通することになる。違うところは，第三者の権利取得の法的構成の点だけであり，177 条は登記に公信力を認めたと構成するのではなく，対抗不能という形式を採用して取引の安全を保護し，善意の「第三者」に承継取得を可能としたものと構成する点だけである。実際に，承継取得説でも第三者の善意を要求する学説がある。確かに，177 条が取引安全保護制度と考えればそうなるが，177 条の立法趣旨の理解については議論のあるところである (☞ 6-24 以下)。

5-24 **FOLLOW UP ── 177 条適用の効果及び第一譲受人による取得時効の起算点**

　177 条が適用されると，第三者が登記をする前にされた物権変動を「第三者に対抗することができない」ことになる。あくまでも無効 (有効要件欠缺) ではなく，第三者への対抗不能にすぎないので，第三者からその物権変動を認めることは可能である。無効行為の追認とは異なるが，対抗を容認することも一つの意思表示と考えてよい。

　ところで，二重譲渡の場合に第一譲受人が目的不動産の引渡しを受け占有をしている場合に，177 条の適用により第二譲受人に自己の所有権取得を対抗できなくなったとしても，時効取得をその後に主張する余地があるが，その取得時効の起算点はいつと考えるべきであろうか。この点については，7-32 以下に説明する。

■第 6 章■
不動産物権変動 2
──「第三者」の要件──

[1] 第三者の要件（総論）
── いかなる要件を満たす者が 177 条の「第三者」に該当するか

6-1　177 条により保護される「第三者」は，物権変動における対抗可能性の原則（☞4-3）に対して例外的な保護が与えられる者であり，第一譲受人らを犠牲にしてでも保護されるに値する者でなければならない。177 条の「第三者」の要件として問題となるのは，下記の 2 つである。177 条には 94 条 2 項などとは異なり「第三者」という客観的要件しかないが，後述のように判例は背信的悪意者を排除しており，解釈により「第三者」という客観的要件とは別に主観的要件を認めるかのようであるが，「第三者」という要件に一元化して運用をしている。それを可能にしたのは，177 条の「第三者」についての 94 条 2 項などとは異なる理解ないし定義である（☞6-4 以下）。

① 客観的要件　問題となる不動産について正当な利害関係を有していること。どのような利害関係を有していればよいのかが議論されている。
② 主観的要件　物権変動について善意であり，登記を信頼している者であることが必要かは議論のあるところである。

[2] 第三者の客観的要件について

6-2　「第三者」とは，最も広い意味では，当事者──ここでは売主・買主など物権変動の当事者──以外のすべての者を意味しているが，それぞれの規定の趣旨により合理的に制限解釈がされるべきである。では，177 条の「第三者」についてはどう考えるべきであろうか（☞図 6-2）。94 条 2 項や 96 条 3 項のように，「第三者」の取引安全保護の規定であるとすると，登記を信頼して取引関係に入った者に限定され，新たな独立した利害関係の取得が必要とされ

るかのようである。しかし，177条をそのように限定すべきかは議論がある。まずは客観的要件から考察していこう。

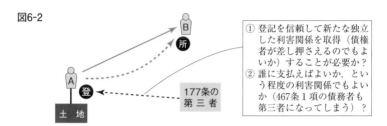

図6-2

6-3　**(a) 当初の理解——無制限説**　当初は，当事者以外の者が広く177条の第三者と考えられていた。そうすると不法占有者や不法行為者までもが，177条の第三者として保護されてしまうことになる。確かに，誰に占有物を返還すべきか，あるいは損害賠償をすべきかが登記を基準にして明らかになるという利益については，これらの者も有するであろう。しかし，そのような保護は供託や表見受領権者への弁済（478条）により図れば十分であり，あくまでも登記制度への信頼を保護する例外的制度（対抗可能性の原則に対する例外☞4-3）としての177条に，このような者まで保護する広い機能をもたせる必要はない。現在ではこのような広い理解を支持する考えはなくなっている。

6-4　**(b) 制限説への変更**　現在では，177条による特別の保護が与えられるにふさわしい者に，「第三者」を制限解釈するのが判例そして学説である。ところが，いかなる基準によってどの範囲まで「第三者」とするのかという点については，その理解は必ずしも一致していない（☞図6-2）。学説・判例により差が生じるのは，不動産賃借人や2-11②の事例における物権的請求権の相手方を第三者に含めるか否かの考えの差に由来する。判例は，下記のように賃借人を含めるために，94条2項の「第三者」のように新たな利害関係取得者に限定しない177条独自の基準を設定し，この曖昧な基準設定のため，後述のように背信的悪意者排除という本来主観的要件の問題も，「第三者」の議論に組み入れて一元的に解決がされるのである。

6-5　　❶　**登記欠缺を主張する正当な利益を有する者という理解（判例）**　判例は，

当初，無制限説を採用していたが，連合部判決により制限説へ判例変更をしている。すなわち，「本条に所謂第三者とは，当事者若くは其包括承継人に非ずして不動産に関する物権の得喪及び変更の<u>登記欠缺を主張する正当の利益を有する者</u>を指称すと論定するを得べし[6-1]」と判示した（大連判明41・12・15民録14輯1276頁[6-2]）。この立場では，「正当」か否かが基準となり，目的不動産の差押債権者や既存の賃借人も177条の第三者に含まれるが，他方で，不法行為者や不法占有者は含まれないことになる。学説も通説ないし多数説は，判例を支持しているものといえよう[6-3]。

図6-5

①94条2項の第三者

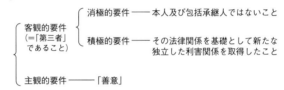

②177条の第三者（判例）

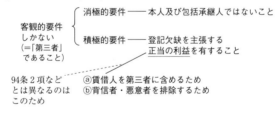

6-1 さらに続けて，「即ち同一の不動産に関する所有権抵当権等の物権又は賃借権を<u>正当の権原に因りて取得したる者</u>の如き，又同一の不動産を<u>差押へたる債権者若くは其差押に付て配当加入を申立てたる債権者</u>の如き皆均しく所謂第三者なり。之に反して同一の不動産に関し<u>正当の権原に因らずして権利を主張</u>し或は<u>不法行為に因りて損害を加へたる者</u>の類は皆第三者と称することを得ず」と述べる。

6-2 本判決は，177条の趣旨について，「本条の規定は，同一の不動産に関して正当の権利若くは利益を有する第三者をして登記に依りて物権の得喪及び変更の事状を知悉し，以て<u>不慮の損害を免るる</u>ことを得せしめんが為めに存するもの」と説明し，この趣旨から「其条文には特に第三者の意義を制限する文詞なしと雖も其自ら多少の制限あるべきことは」当然として，本文に説明した制限説を導いている。

6-3 判例の基準は明確ではないと批判して，「当該不動産に関し有効な取引関係に立つ者」という基準を提唱する学説もあるが，賃借人も「有効な取引関係に立つ」ので（94条2項等のように，

94条2項などと異なり・新・た・な・利害関係の取得を第三者の客観的要件とせず，「登記欠缺を主張する正当の利益を有する者」と広く理解するのかは，177条特有の事情による。①まず，登記により所有者である賃貸人を確認して，賃料を支払う利益を有する<u>不動産賃借人も「第三者」に含める</u>ためである。②また，背信的悪意者排除を主観的要件を独立させずに，この客観的要件だけで運用するためである。

6-6 ❷ **物的支配を相争う者に限定する理解（本書の立場）**　これに対し，少数説として，177条の「第三者」に，物的支配を相争うないし「食うか食われるか」の関係に立つことを要求する学説がある。177条を登記を信頼して新たな利害関係を取得した者を保護する制度として位置づけるならば，94条2項や96条3項の「第三者」とパラレルに理解される必要がある（☞図6-6）。すなわち（善意の点は次に述べるが）その登記を信頼して新たな利害関係を取得した者，たとえば不動産を買い取ったり，制限物権の設定を受けた者に限定され，<u>不動産賃借人は「第三者」に含まれない</u>ことになる[6-4]。前説ではそのように限定しないため，94条2項や96条3項の第三者より177条の第三者の範囲は広いことになる（差押債権者を含むかは，94条2項や96条3項でも議論あり☞『民法Ⅰ』注4-11）。本書はこの立場を支持し，94条2項，96条3項及び177条のいずれの第三者についても，192条と同様に<u>取引に基づいて新

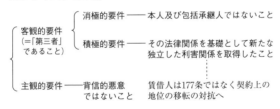

図6-6（本書の立場）

客観的要件（=「第三者」であること）｛消極的要件――本人及び包括承継人ではないこと／積極的要件――その法律関係を基礎として新たな独立した利害関係を取得したこと

主観的要件――背信的悪意ではないこと

賃借人は177条ではなく契約上の地位の移転の対抗へ

物権変動後に新たな取引関係に入ったことを要しない</u>），賃借人を第三者に含める結論では異ならない。

6-4　物的支配を相争う関係を要求する学説と判例とで差が出る者は（前者では「第三者」性否定，判例では「第三者」性肯定），賃貸中の不動産が譲渡された場合の賃借人，及び，違法に建築された建物が譲渡された場合の土地所有者（「第三者」性を認める判例では，譲受人の所有権取得ではなく，譲渡人についての所有権が移転し所有者ではなくなったことの対抗不能を問題にする）である。

たな独立した利害関係を取得したことを必要とし，差押債権者を除外する。

6-7　FOLLOW UP ── 177 条の第三者に該当しない者

①不法行為者と不法占有者は，177 条の第三者に該当しないことについて，現在では異論がないといってよい（大判大 10・12・10 民録 27 輯 2103 頁，最判昭 25・12・19 民集 4 巻 12 号 660 頁）。たとえば，A から B に土地の売買がされたところ，この土地を C が不法に占有している場合，B は所有権を取得して現在は自分が所有者であることを登記なくして C に対抗でき，C に対して所有権に基づいて明渡しを請求できる。また，たとえば，A から B に売却された建物を，C が過失により壊してしまった場合，B は登記なくして自分が建物の所有者であることを主張して，建物の毀損による損害賠償を請求できる。②転々譲渡された場合の前主・後主，たとえば不動産が A から B，さらに B から C へと譲渡されたが，A に依然として登記がある場合に，AC は物権変動の当事者ではないが，C は A に登記なくして所有権取得を対抗できる（最判昭 43・11・19 民集 22 巻 12 号 2692 頁）。③また，譲渡人の一般債権者[6-5]も同様である（大判大 4・7・12 民録 21 輯 1126 頁）。

6-8　FOLLOW UP ── 177 条の第三者に該当する者

たとえば，A から B に土地が売買された場合についていうと，以下の者は，B が移転登記をしなければ売買による所有権取得を対抗できない第三者に該当することは，いずれの制限説でも異論はないところである。

6-9　❶ 所有権の取得者　

その後，さらに A からその土地を購入した C が第三者に該当し，C が先に移転登記を受ければ，B への所有権移転を否定して A から所有権を取得して自分がその土地の所有者であることを，B に対しても主張できる。売買契約ではなく，贈与を受けた場合についても同様である[6-6]。

[6-5] 差押債権者については 6-11 以下に述べる。一般債権者のままで「第三者」性が問題になるのは，債務者が無資力になる前に不動産を譲渡していたが，移転登記をしていなかったので，十分な責任財産があると思って取引をし債権を取得した債権者が，無資力になった後に移転登記をした債務者に対して詐害行為取消しを主張する場合である。登記をしていなかったので責任財産に含まれないことを債権者に対抗できず，移転登記により初めて対抗できるようになるとすれば，登記時には無資力なので，その時点で譲渡がされたことになって無資力時の行為とされ，取消しの対象になるからである。しかし，判例・通説は一般債権者の第三者性を否定し，無資力になる前の行為であるとして詐害行為にならないものと考えている（異説がある）。

[6-6] 包括受遺者も「第三者」として肯定してよい。大阪高判平 18・8・29 判タ 1228 号 257 頁は，不動産の贈与を受けたが移転登記をしていなかった事例で，贈与者より包括遺贈を受けた包括受遺者は 177 条の「第三者」に該当し，受贈者は登記をしなければ贈与をもって対抗できないとしている。

6-10　❷ **制限物権の取得者**　また，Aからその後その土地につき地上権の設定を受けたD（賃借権の設定も同様），抵当権の設定を受けたEといった者も，Bへの所有権の移転がないことにすればAが所有者であり，所有者からこれらの権利の設定を有効に受けられることになる。したがって，物的支配を相争う者ということになり，第三者に該当する。その結果，もし先にDやEが地上権や抵当権の設定登記を取得した場合，BはAが無権利になっていたことを対抗できず，これらの制限物権による制約を受けた所有権しか取得できないことになる。

6-11　**【STEP UP ── 177条の第三者に該当するかが争われる者1　譲渡人の差押債権者】**

たとえば，AからBに土地が売られたが，Aの債権者CがこのとちをAの土地として差し押さえてきた場合，Bは登記がなくてももはやAの土地ではなく自分の土地であるということを主張できるであろうか。差押債権者を177条の「第三者」と認めるかどうかにかかっており，この点，肯定・否定に学説は分かれる。

6-12　❶ **肯定説（判例・通説）**　判例は登記欠缺を主張する正当な利害関係を差押債権者に認め，これを177条の第三者と認めている（大判昭14・5・24民集18巻623頁，最判昭39・3・6民集18巻3号437頁）。制限説のいずれの立場でも，すなわちたとえ物的支配の取得を必要とする学説でも，差押債権者は不動産について物的支配を新たに取得した者であるとして，177条の第三者に該当するものと考えており，肯定説が通説である。差押債権者に法定質権を認めるドイツ，法定抵当権を認めるフランスでも同様である。

6-13　❷ **否定説（少数説）**　しかし，Cは差押えをしたからといって登記を信頼して新たな利害関係を取得したわけではなく，詐害行為に該当しない限り債務者のなしたBへの売却を甘受しなければならないのであり（比較法的にここまで平等主義を貫徹する立法は極めて異例），このようなCに詐害行為取消し（424条）以上の保護を与える必要があるかは疑問である。また，差押えをしたからといって何も物権的には変わっていないはずである（スイスのように一定時期までに差押えをした債権者を優先させる群団優先主義という立法もあるが，これも採用していない）。そこで，本書としては，差押債権者は177条の第三者には該当せず，Bは所有者として第三者異議が可能であり，ただ競売までされてしまえば買受人は177条の第三者として保護されると考える少数説を支持したい。

6-14 【STEP UP ── 177条の第三者に該当するかが争われる者2
既存の不動産賃借人】

たとえば，AがBに土地を賃貸していて，AがこのをCに売却したとしよう（☞図6-14）。この場合に，CがBの賃借権を否定するならば，制限されない土地所有権の取得の主張とそれを制限しようとする賃借人の主張とが対立することになり，BCが対抗関係に立つ。問題は，CがBの賃借権を認め，それだからこそ賃料の支払を請求する場合である。

2017年改正法は，「<u>賃貸人たる地位の移転は，賃貸物である不動産について所有権の移転の登記をしなければ，賃借人に対抗することができない</u>」と規定し（605条の2第3項），次の判例の結論を確認した。判例であれば解釈論として異論が提起できたが，反対説は抹殺されたことになる。ただし，この規定の位置づけについては解釈に任される。

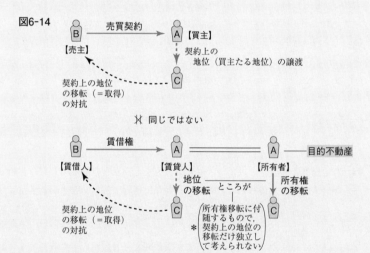

6-15 **(1) 判例の状況──第三者性肯定説**　判例は，登記なくして新所有者が賃料の請求ができるとすると，「①他物権者との関係に於ては所有権の<u>移転登記は挙げて無用に帰し去らむとす是豈登記制度の精神ならむや</u>，②<u>加之所有者が不動産を甲にも移転し又乙にも移転し而も孰も未登記なる場合の如き原判示の趣旨に従ふときは</u>〔注──原判決は第三者性否定〕，<u>甲乙両者は共に賃借人に対し賃貸権を主張するを得と云はざる可からず，而も斯かる不合理の存す可き筈無きを以て，或は其の早く所有権の移転を受けたる者のみ独爾るなりとす可きか抑又孰も爾らずとす</u>

可きか，要するに頗難解なる問題を生ず」（①②を追加）るという理由で，賃借人を第三者と認めている（大判昭8・5・9民集12巻1123頁。最判昭49・3・19民集28巻2号325頁も同様であり，賃貸人による解除を否定）。

6-16　(2) 学説の状況
　(a) 177条の問題と考え，第三者性を問題にする学説（177条直接適用説）

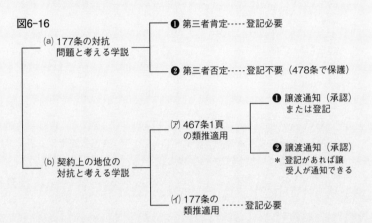

図6-16

❶ 第三者性肯定説（判例支持説）——登記必要説1　まず，登記欠缺を主張する正当な利益を有する者を広く第三者として認める学説は判例を支持して，Cは登記をしなければ，Bに対して賃料の請求はできないと考える。すなわち，誰に支払ったらよいのか賃借人が登記で確認するというのも，正当な利益と考えるのである。このように177条の問題として考え，判例を支持するのがかつての通説であった。しかし，現在でも登記必要説は依然として通説といえようが，177条そのものの問題と理解する立場は少数になっているといってよい。

6-17　❷ 物的支配を相争う者に限定する学説　6-5のような第三者の理解では，賃借人は登記を信頼して新たな利害関係を取得したわけではないし，また，物的な支配を相争う関係にないから，177条の第三者に該当しないと主張されている。そして，単に誰に支払えばよいのか登記で明確になっていることが好ましいというのは不法行為者にも該当することであり，賃借人を特別扱いする必要はなく478条の保護だけで十分であるというのである。賃借人の第三者性を否定するため，Bへの賃料の支払請求のためには，Cには登記は不要とされ，478条の保護だけしか考えないことになる。改正後は解釈論としては認められないことになる。

6-18　(b) 契約当事者たる地位の移転の問題であるとする学説　しかし，そもそも

177条の物権変動の対抗の問題ではないことをまず確認する必要がある。ここでは，賃貸人という契約当事者たる地位の譲渡の対抗が問題となっているのであり，それが所有権とワンセットになっているという特殊性があるにすぎないのである。すなわち，純粋な契約当事者たる地位の対抗ではなく，土地所有権の従たる法律関係として賃貸人たる地位があり，土地所有権の所在と運命をともにするのである。では，このような不動産所有権と一体化した契約上の地位の移転についての対抗要件はどのように処理されるべきであろうか（図6-14参照）。

6-19　**(ア) 467条1項類推適用説（少数説）**　①まず，賃貸人たる地位の譲渡の対抗であり，467条が類推適用されるべきであり，賃借人への譲渡人による通知，または，賃借人の承諾が必要であるが，しかし，既に登記による公示があれば通知は不要と考える学説がある。登記がなくても通知により対抗を認めることになるが，改正法では解釈論としては認められないことになった。②本書としては，契約上の地位の譲渡であるので，債権譲渡に準じて467条1項を類推適用し，債務者たる賃借人に譲渡の事実を知らしめる必要があると考える。賃借人の知らないところで登記されていただけで対抗されるのは適切ではない。登記を知らずに賃料を譲渡人に支払った場合に，478条により保護するのではなく，対抗不能により救済すべきである。改正法は（☞6-14），登記を必要とするというだけで，登記＋通知または承諾により賃借人に対抗できるようになると制限解釈すべきである[6-7]。

6-20　**(イ) 177条類推適用説（多数説）**　学説の多数説というべき立場は，土地所有権と一体化していることから（1つの法律関係と理解する状態債務説という学説もある），確かに契約当事者たる地位の譲渡の対抗問題であるが，177条を類推適用して登記を467条1項の債務者に対する対抗要件と同列の要件と理解している。177条直接適用説では対抗力は遡及しないため登記後の賃料しか請求できないが（賃料が供託されていたり，滞納されている場合に問題になる），この説では，467条1項の債権譲渡の通知同様に権利行使のための要件にすぎないことになるので，登記すれば対抗力が遡及し，未払いの登記前の賃料も含めて行使ができるようになる。

[6-7] 賃貸不動産の二重譲渡の問題については（6-14の事例で，Aが土地をさらにDに譲渡したとする），賃貸人たる地位は不動産の所有権に対して従たる法律関係であり，主たる法律関係である不動産の対抗関係の決定に従うことになり，先に登記したDが賃貸人たる地位の取得についても優先すると考えればよい。Cが先に通知を受けていた場合には，Cは賃借人Bに賃貸人たる地位を対抗できるが，他の譲受人DがCよりも先に移転登記を取得すればCの賃貸人たる地位の取得が賃借人Bとの関係でも否定されるが，登記の対抗力は遡及しないのでDはCに対して受け取った賃料の引渡しを請求できない。

6-21 【STEP UP ── 177条の第三者に該当するかが争われる者3】
賃料債権の譲受人

(1) 賃料債権の譲渡・差押えが先の場合

(a) 解除されるリスクは負担しなければならない　6-14 の問題の応用として，一方で賃貸不動産が譲渡されたが，他方で，譲渡人がその不動産の賃料債権を民事執行法151条により包括的に差し押さえられたり，包括的に譲渡した場合には，賃料債権の部分についてのみ対抗関係が発生する。このような対抗関係は，どう処理されるべきであろうか。賃料は法定果実であり賃貸物の所有者に帰属するものであり，賃貸不動産が譲渡されたら譲受人が賃料債権を取得するはずである。①差押えの場合には譲受人が取得する賃料債権に差押えの効力が及ぶかが問題となり，②他方で，債権譲渡ではいずれが賃料債権を取得するのかが問題になる。

譲渡や差押後に賃貸借契約が解除されれば，そもそもそれ以降の賃料債権は発生せず，譲受人が債権を取得したり，差押債権者が賃料の請求をすることはできない（差押えの事例につき最判平24・9・4金判1413号46頁）。労働者の賃金債権もそうであり，譲受人や差押債権者は解除により発生しなくなるリスクを引き受けなければならないのである。では，賃貸物が譲渡されるリスクも譲受人や差押債権者は甘受しなければならないのであろうか。

6-22 (b) 賃貸不動産の譲渡はどうか　①「建物所有者の債権者が賃料債権を差し押さえ，その効力が発生した後に，右所有者が建物を他に譲渡し賃貸人の地位が譲受人に移転した場合には，右譲受人は，建物の賃料債権を取得したことを差押債権者に対抗することができない」というのが判例である（最判平10・3・24民集52巻2号399頁［図6-22①参照］）。差押えの効力は，「建物所有者が将来収受すべき賃料に及んでいるから（民執151条），右建物を譲渡する行為は，賃料債権の帰属の変更を伴う限りにおいて，将来における賃料債権の処分を禁止する差押えの効力に抵触する」というのが理由である。

②債権譲渡後に賃貸不動産が譲渡された事例につき最高裁判例はない。「将来発生する賃料債権の譲渡は，譲渡の対象となった賃料債権を譲渡人が将来取得することを前提としてなされるものである。したがって，賃料債権の譲渡人がその譲渡後に目的物の所有権を失うと，譲渡人はそれ以後の賃料債権を取得できないため，その譲渡は効力を生じないこととなる」とする下級審判決がある（東京地裁執行処分平4・4・22金法1320号65頁［図6-22②参照］）。

6-23 (2) 賃貸不動産の譲渡が先の場合　これに対して，賃貸不動産の譲渡が先の場合には，その後の賃料債権の譲渡や差押えに対抗するためには，移転登記・賃

借人への譲渡通知のいずれが必要なのであろうか。債権についての対抗が問題になっている、つまり、債権取引については債務者がインフォメーションセンターとして機能することから、債務者に照会をすべきだということも考えられる。そうすると、不動産の登記ではなく、債務者＝賃借人に通知がされ譲渡の情報がインフォメーションセンターに伝えられる必要があるのではないか、といった疑問が生じる（この考えでは、467条2項の債権譲渡の通知よりも先に賃貸人たる地位譲渡の通知が賃借人にされる必要がある）。ところが、賃料債権は債権とはいいながら、賃貸人たる地位と結びついているという特殊性があり、賃料債権をしかも将来分を包括的に譲り受けるのであれば[6-8]、登記を調査せよということも不当でないであろう。

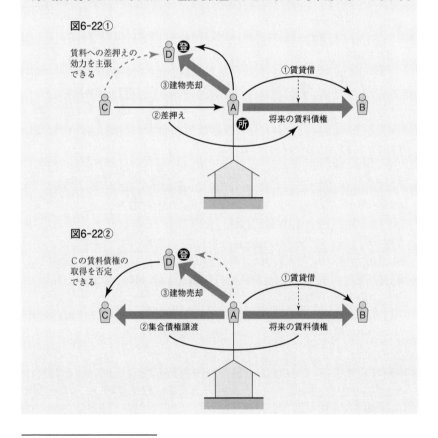

図6-22①

図6-22②

6-8　賃料債権を奪われた賃貸人たる地位は、賃貸人としての負担だけしか残らない。実質的に、賃貸人たる地位の経済的実体は賃料収受権であり将来のそれを奪う行為は、賃貸人たる地位を

したがって，債権譲渡の通知よりも先に目的不動産について移転登記がされれば，賃貸人たる地位の譲受人が優先し，別個に467条2項の類推適用による賃貸人たる地位の譲渡通知は不要と考えるべきである。

[3] 第三者の主観的要件

6-24　たとえば，AからBに土地が売却され，代金は支払われたものの移転登記が未だされていない場合，177条によれば，CがさらにAからその土地を購入し先に登記をすれば，Cがその土地の所有者になれる。では，CがAB間で売買が既にされていることを知っていた，すなわち登記を信頼して取引をしたのではなくても，Cは177条によって保護されるのであろうか。ただし，実際には，仲介業者の仲介で必要書類を交付して売買契約が締結されれば，その後に二重譲渡がなされることは考えられない（☞注4-1）。

　177条の「第三者」には，94条2項などとは異なり善意が要件とはされておらず，また，不動産登記法5条では，「詐欺又は強迫によって登記の申請を妨げた第三者は，その登記がないことを主張することができない」（同条1項），「他人のために登記を申請する義務を負う第三者は，その登記がないことを主張することができない」（同条2項本文）と，単なる悪意は177条で保護されることを当然の前提とした例外規定が置かれている。

6-25　**(a) 起草者は悪意者包含説**　契約の効力は相対効であるが，所有権の移転など物権的効果は絶対効であり第三者に対抗できるという**対抗可能性の原則**が出発点であり，1804年の当初のフランス民法はこの原則通りであった。その後，取引安全保護のために，1855年により登記しなければ対抗できないという**対抗不能制度**が導入されたが，主観的要件について規定がなかった。しかし，取引安全保護制度なので，解釈により善意が必要と考えられた。2016年の民法改正により動産の事例と不動産の事例とをあわせて規定し，もいずれも善意を要件とすることが明記された（☞4-2以下）。

　日本では，旧民法は明文で第三者の善意を要求した。対抗要件制度を取引安全保護制度としたのである。ところが，現行民法は，善意を不要とする積

奪うのに匹敵する行為であるといえる。

極的意図で177条の「第三者」に善意を要求しなかったのである。起草者も本来，公示また対抗要件制度が取引安全保護制度であり善意者のみが保護されるべきことは承知していた。それなのになぜ善意悪意を問わないことにしたのかというと，それは不動産取引をめぐる争いを登記の有無で形式的・画一的に解決し紛争を防止するということにあった。こうして不動産取引を活発化しようとしたのである。

この結果，177条は取引安全保護制度ではなく，不動産取引をめぐる紛争を登記により形式的・画一的に解決をし紛争を防止する制度になり，あえて善意悪意を不問とし，本来保護に値しない悪意の第三者が保護されてしまうがやむを得ないと政策的な決定をしたのである。その是非を立法論として問題にすれば，善意が要件とはされていないが解釈によりこれを要求することも不可能ではない（☞6-30）。

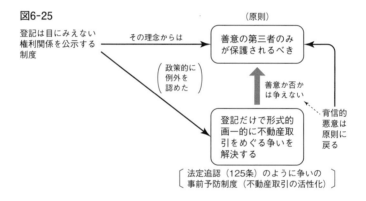

図6-25

6-26　(b)　判例の状況

❶　**悪意者包含説——悪質な事例は公序良俗違反無効**　判例は，「本件不動産がX先代に贈与された事実をY会社代表者が<u>知っていたとしてもそのことだけでY会社が登記の欠缺を主張し得る第三者でないとはいえない。民法177条は第三者の善意を要求してはいない</u>」と明言する（最判昭32・9・19民集11巻9号1574頁）。ただし，山林を買い受けた譲受人Xが20年しても未だ移転登記を受けていないのを奇貨として，譲受人Xに復讐するために譲渡人Aと通謀したYが，低廉な価格でこの山林をAから買い受けた事例で，「<u>本件</u>

山林につきYとAとの間に締結された売買契約は，公の秩序，善良の風俗に反する行為であって無効たるを免れない旨，並びに，従って，Yは，民法177条にいわゆる『第三者』に該当しない旨の原判決の判断は，いずれもこれを正当として是認することができる」とされていた（最判昭36・4・27民集15巻4号901頁）。また，第一売買について悪意の第二買主の，第一買主に対する不法行為責任も否定されている（最判昭30・5・31民集9巻6号774頁[6-9]）。

6-27　❷　背信的悪意者排除説へ　不動産取引を登記だけで形式的画一的に処理をするといっても，正義の観点から許されない第三者は排除されるべきである。そのため，「民法177条にいう第三者については，一般的にはその善意・悪意を問わないものであるが，不動産登記法4条または5条〔＝現行の5条1項，2項〕のような明文に該当する事由がなくても，少なくともこれに類する程度の背信的悪意者は民法177条の第三者から除外さるべきである」と，不動産登記法4条，5条（現行の5条1項，2項）を例示列挙として，そこに規定されている以外の悪意者も背信的悪意者として保護が否定されうることが宣言された（最判昭40・12・21民集19巻9号2221頁）。この判決は傍論であったが，その後，実際に背信的悪意を認定する判決が出されている（最判昭43・8・2民集22巻8号1571頁[6-10]）。後者の判決では，「実体上物権変動があった事実を

[6-9] Y_1が不動産をAに売却し，AはこれをさらにXに転売したが登記はY_1のままであり，AからY_2が事情を知りながら本件不動産を買い受け，Y_1から中間省略登記（☞ 8-5）により所有権移転登記を受けて，本件不動産をY_3に転売したため，XがY_2Y_3に対しては所有権移転登記の抹消登記手続，Y_1に対しては所有権移転登記手続を求めて訴訟を提起し，また，予備的にY_2に対して，Y_2がY_3に転売し移転登記をしてXが所有権取得をY_3に対抗できないようにした不法行為を理由とした損害賠償請求を主張した事案である。本判決は，「一般に不動産の二重売買における第二の買主は，たとい悪意であっても，登記をなすときは完全に所有権を取得し，第一の買主はその所有権取得をもって第二の買主に対抗することができないものと解すべきであるから，本件建物の第二の買主で登記を経たY_2は，たとい悪意ではあっても，完全に右建物の所有権を取得し，第一の買主たるXはその所有権取得をもってY_2および同人から更に所有権の移転を受けその登記を経たY_3に対抗することができないことは，当然の筋合というべきである。したがって，Y_2が悪意で本件建物を買受けその登記を経由しこれを更にY_3に売り渡してその登記をなしたというだけでは，たといこれがためXがその所有権取得をY_3に対抗することができなくなったにしても，いまだもってY_2に不法行為の責任を認めるには足らない」と理由を述べて，Xの予備的請求を認めた原審の判決を破棄した。

[6-10] 事案は，YがAから山林を買い受けて23年あまりの間これを占有している事実を知っているXが，Yの所有権取得登記がされていないことに乗じて，Yに高値で売りつけて利益を得る目

6-28

知る者において右物権変動についての登記の欠缺を主張することが信義に反するものと認められる事情がある場合には，かかる背信的悪意者は，登記の欠缺を主張するについて正当な利益を有しない」とされ，前者の判例のように不動産登記法4条，5条（現行5条1項，2項）に類する程度の背信的悪意者（「少なくとも」とはいわれているが）という制限はなくなり端的に「信義に反する」か否かが基準とされるに至っている[6-11]。その上で，この信義に反する者は登記欠缺を主張する正当な利益を有しないと，177条の「第三者」の要件に結びつけるのである。

6-28

【STEP UP──未登記通行地役権と背信的第三者】

通行地役権（通行を目的とする地役権）の承役地が譲渡された場合，「譲渡の時に，右承役地が要役地の所有者によって継続的に通路として使用されていることがその位置，形状，構造等の物理的状況から客観的に明らかであり，かつ，譲受人がそのことを認識していたか又は認識することが可能であったときは，譲受人は，通行地役権が設定されていることを知らなかったとしても，特段の事情がない限り[6-12]，地役権設定登記の欠缺を主張するについて正当な利益を有する第三者に当

的でこの山林をAから買い受けて所有権移転登記を経て，Yに買い取るよう求めた。ところが，それを拒絶されたのでCに転売し，その後再び買い戻した事例であり，Xは背信的悪意者と認定されている。なお，善意転得者は177条により保護されるので，CがXと通じた背信的悪意者でなかった場合に，一旦177条により法律関係が確定した後に背信的悪意者が買い戻したらどうなるのか問題になる。

6-11　その後，背信的悪意者と認められた事例として，未登記の不動産物権変動について和解がされた際に立会人になった者が，譲渡人に対する強制執行として当該不動産を差し押さえた事例（最判昭43・11・15民集22巻12号2671頁），根抵当権を放棄する交渉に関与した債務者である法人の代表者が，放棄された根抵当権を被担保債権とともに譲り受けた事例（最判昭44・1・16民集23巻1号18頁），建物の譲渡につき未登記であることを知りつつ，建物賃借人が譲受人の登記具備を妨げようとする譲渡人に協力した上で，当該建物を譲り受けた事例（最判昭44・4・25民集23巻4号904頁）などがある。また，背信的悪意者排除説への批判が強くなった後においても，不動産譲渡担保において，弁済により被担保債務が消滅して所有権が設定者に復帰した後に，（元）譲渡担保権者が当該不動産を第三者に譲渡した事例で，背信的悪意者排除説が依然として維持されている（最判昭62・11・12判時1261号71頁）。

6-12　ただし，例外として，「例えば，承役地の譲受人が通路としての使用は無権原でされているものと認識しており，かつ，そのように認識するについては地役権者の言動がその原因の一半を成しているといった特段の事情がある場合には，地役権設定登記の欠缺を主張することが信義に反するものということはできない」とされている。

たらない」とされている[6-13]。その理由として,「譲受人は,要役地の所有者が承役地について通行地役権その他の何らかの通行権を有していることを容易に推認することができ,また,要役地の所有者に照会するなどして通行権の有無,内容を容易に調査することができる。したがって,右の譲受人は,通行地役権が設定されていることを知らないで承役地を譲り受けた場合であっても,何らかの通行権の負担のあるものとしてこれを譲り受けたものというべきであ」る,と説明されている(最判平10・2・13民集52巻1号65頁)。この結果,「客観的に明らか」な通行地役権は,登記がなくても対抗できるに等しいことになる。地役権者は,登記なくして承役地の譲受人に地役権を対抗できるので,地役権に基づいて地役権設定登記手続を請求することができる(最判平10・12・18民集52巻9号1975頁)。

6-29　(c)　学説の状況

❶　背信的悪意者排除説(通説)　　学説は,起草者の登記により画一的解決をすることにより本来保護に値しない第三者も保護されるのはやむを得ないが,あまりにもひどい悪意者についてはさすがに目をつぶることはできず,177条の第三者から除外することを認めるべきであると主張した。

その根拠として,177条は自由競争を認める規定であり,信義則に反する者は自由競争の下で保護されないものとして,自由競争原理に対する限界づけとしての説明がされることもある(☞図6-29)。しかし,177条は上記のように紛争の画一的確定を図るため善意悪意を「不問」に付する——悪意者もやむを得ず保護されるがそれは目的としていない——規定であり,自由競

6-13　＊悪意さえも不要　　本判決では,「背信的悪意者であることを理由とするものではないから,右の譲受人が承役地を譲り受けた時に地役権の設定されていることを知っていたことを要するものではない」とされており,悪意者であることさえ必要ではないことになる。この前提として,「登記の欠缺を主張するについて正当な利益を有しない者は,民法177条にいう『第三者』(登記をしなければ物権の得喪又は変更を対抗することのできない第三者)に当たるものではなく,当該第三者に,不動産登記法4条又は5条に規定する事由のある場合のほか,登記の欠缺を主張することが信義に反すると認められる事由がある場合には,当該第三者は,登記の欠缺を主張するについて正当な利益を有する第三者に当たらない」と述べており,177条の「第三者」から排除される者につき「悪意」が絶対的な要件ではないという拡大がされている。いずれにせよ,判例は,客観的要件と主観的要件とを区別せず,一元的に「第三者」の要件を登記欠缺を主張する正当な利益を有することとし,「登記の欠缺を主張することが信義に反する」者にこの利益を否定する。登記欠缺を主張する利益の正当性がないということと信義に反することとはトートロジー(同意語反復)のようである。

争だから悪意でよいという理由で悪意者を積極的に保護する規定ではない。そもそも交渉段階ならば自由競争であるが，契約がされ決着がついたのに登記までが自由競争だというのは不合理である（自由競争の神話とやゆされる）。

　結局，起草者の考えた登記による画一的確定という趣旨からは，善意悪意不問として政策的に紛争を防止するが，公示また対抗要件制度は善意者を保護する取引安全保護制度というのが本来の姿であり，あまりにも目に余る事例は争うことを例外的に認める考えが背信的悪意者排除論であると考えるべきである。そうでなければ，上記の制度趣旨自体を疑問視して，解釈により善意という主観的要件を認めるべきである。

　不動産登記法5条1項及び2項はその現れであり，もし悪意者が排除されるのであればあえてこのような規定は不要であり，177条では悪意でもよいことを前提とした規定である。紛争の形式的画一的確定と取引安全保護というジレンマの中で，この法理は運用されることになる。背信的悪意者排除が紛争の形式的確定による紛争の防止に対する例外であることを考えれば，例外にふさわしい程度の事例に限定されるべきである。

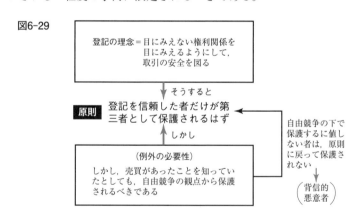

図6-29

6-30　❷　**悪意者排除説（少数説）**　公信力説（☞ 5-22）では，第三者の善意が要求されるのは当然であるが，公信力説以外でも，177条の「第三者」に善意を要求する学説がある。その理由は，登記制度はその趣旨から，目にみえない権利関係を目で確認できるようにしそれを信頼して取引ができるようにし

たものであり，登記を信頼して取引をした者のみが保護されるべきだという公示制度の原則論にある。本来，公示にかかわる対抗要件制度は取引安全保護制度であることは，起草者も認めていたのである。

あくまでも公示，対抗要件制度の理念からは善意の第三者のみが保護されるはずである。先の立法者の政策的決定を立法過誤と考えて，解釈により第三者の善意を要件とすることは不可能ではない。難問であるが，本書としては，判例の背信的悪意者排除を依然として維持してよいのではないかと考えている（ただし，主観的要件として独立させる☞図6-6）。

6-31 【STEP UP ——転得者の問題】

(1) **背信的悪意者からの転得者**　たとえば，AがBに土地を売却した後，さらにAがCにその土地を売却し移転登記がされ，CからDがこの土地を転得したとする。Cが背信的悪意（悪意者排除説では単純悪意でもよい）であり，DはAB間の売買につき善意であるとして，Dは土地を取得できるであろうか。この問題は，177条の「第三者」は，譲渡人からの第三者に限られるのか，それとも転得者も含まれるのかという問題であり，これを否定すると，Dの保護は177条以外によらざるをえなくなる。

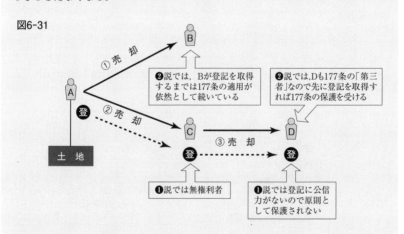

図6-31

6-32 ❶ **94条2項類推適用説（少数説）**　まず，Cは177条の第三者に該当せずに所有権を取得できないので，Dは無権利者のCと契約をしたことになり，登記に公信力がない以上原則としてDは土地所有権を取得できないという考えがある

（少数説）。これによると，登記の公信力を補完する94条2項の類推適用によりDが保護される余地があるにすぎず，そのためにはBがCの登記を放置した帰責事由が必要になるため，次説よりも転得者の保護の範囲が狭まることになる。

6-33 ❷ **177条適用説（判例・通説）**　判例は，①「Cが背信的悪意者であるがゆえに登記の欠缺を主張する正当な利益を有する第三者に当たらないとされる場合であっても」，「AC間の売買自体の無効を来すものではなく，したがって，Dは無権利者から当該不動産を買い受けたことにはならない」，また，②「登記を経由した者がこの法理によって『第三者』から排除されるかどうかは，その者と第一譲受人との間で相対的に判断されるべき事柄である」（甲乙丙丁をABCDに変更）として，Dが背信的悪意でなければ177条により有効に所有権を取得できるとしている（最判平8・10・29民集29巻5号1272頁）。通説も同様である。

94条2項の第三者において，直接の取得者が悪意で保護されないとしても，虚偽表示による法律関係が解消されない限り，転得者も「第三者」として保護される（96条3項なども同様）。177条の「第三者」も，Cが背信的悪意であっても，Bが所有権移転登記をするまでは177条の対抗問題は存続し，Cからの転得者が背信的悪意でなければ「第三者」として保護されるのである。Cは背信的悪意であっても，主観的要件を満たさないだけで対抗関係に立つという客観的要件は満たしているのである。Aからまったく無権限で所有権移転登記をしてDに売却した者とは異なる。

6-34 **(2) 善意者からの背信的悪意の転得者**　上記判決は「第三者から排除されるかどうかは，「その者と第一譲受人との間で相対的に判断されるべき」であると説明しているため，この部分だけを取り出して**背信的悪意者排除論の相対的適用**とい

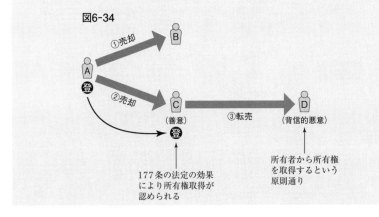

図6-34

われることがある。①すべての「第三者」について背信的悪意かどうかを判断することを認める考えを相対的構成というが，この判決がそこまで認める趣旨とは思われない。**相対的構成**では，Ｃが善意で転得者Ｄが背信的悪意の場合，ＢはＤには対抗できてしまい，所有権移転登記を求めることができてしまう。②しかし，上記判決のいいたいことは，対抗関係はＣからＤに引き継がれており「第三者」には転得者も含まれるということにすぎない。Ｃが善意であれば，177条の問題は終了し，Ｃからの転得者Ｄは177条の法定の効果によることなく，所有者から買ったので所有権を取得できるというだけである[6-14]。Ｄは177条を援用して所有権を取得できるのではなく──Ｃの177条の適用を援用すればよい──，177条の第三者の主観的要件の具備は必要ではない。

6-14 ただ，信義則上，Ｃを藁人形に使ってＤが転得したような場合には，例外的に相対的構成を認め，Ｃのところで177条の問題が未だ解決されていないと考えるべきである。背信的悪意者Ｄが善意者Ｃに売却した後に，さらにＣから買い取ったように，はじめから藁人形に使用した場合でなくても，ＢはＣに対して所有権侵害の不法行為を理由に損害賠償請求ができるのであり，現実賠償として177条の第三者性を否定して土地を取り戻すことを認めるべきである。

■第7章■
不動産物権変動3
── 177条が適用になる物権変動──

7-1　177条が適用されるのは、「不動産に関する物権の得喪及び変更[7-1]」（要するに不動産物権変動）であり、意思表示に基づく物権変動に限定されていない。当初の判例は、177条は176条を受けた規定であるとして、意思表示に基づく物権変動にその適用を限定していたが、現在の判例・学説は、物権変動があればそれを公示する必要があるのは意思表示による物権変動に限られないため、177条の「不動産に関する物権の得喪及び変更」を意思表示に基づく物権変動に限定しようという考えはみられなくなっている[7-2]。では、177条

[7-1] 「得喪」の取得には、所有権が新たに発生する**絶対的取得**（原始取得。無主物先占や建物の建築）、喪失だけの**絶対的喪失**（目的物の滅失、所有権の放棄など）のほか、取得と喪失が同時に生じる**承継取得**とがある。承継取得は、当事者の合意に基づく譲渡と合意によらない相続などに分けられる。譲渡についていうと、譲渡人の喪失は**相対的喪失**、譲受人の取得は**相対的取得**といわれ、判例によれば譲受人の取得のみならず、譲渡人の喪失についても177条が適用される（☞2-13）。取得時効や即時取得は、旧所有権の絶対的喪失と新所有権の絶対的取得とが同時に生じるが、実質的には1つの所有権の承継取得に等しい。94条2項やその類推適用は、所有権を失ったことの対抗不能により承継取得と構成されているが、実質的には原始取得に等しいといえる。

　「変更」は、抵当権の内容の変更など当事者の合意によるもの、永小作権の地代の減額のように合意によらないが意思表示によるもの、抵当権の順位上昇のように意思表示によらないものに分けられる。抵当権の順位上昇は、先順位の抵当権の消滅の派生的効果にすぎず、順位上昇自体について対抗要件は不要であるが、先順位の抵当権の消滅が対抗できなくなった結果（消滅したのに登記せず、転抵当権設定するなど）、順位上昇を主張できなくなることはある。

　物権の消滅としては、物権の放棄、目的物の滅失による絶対的消滅があり（用益物権については、期間満了による終了、担保物権については被担保債権の消滅により消滅、またいずれについても所有権とは異なり消滅時効がある）、所有権の移転は所有権自体の消滅ではない。即時取得や取得時効が成立すると、所有者の所有権は消滅し、新たな所有権が原始取得されるが、実質的に承継取得であること上記の通りである。

[7-2] 6-5の「第三者」について無制限説から制限説に変更した判決と同じ日に、大連判明41・12・15民録14輯1301頁（隠居による家督相続の事例）は、それ以前の意思表示に基づく物権変動に177条の適用を制限する制限説を変更し、一切の物権変動に適用するという無制限説を採用した。176条と177条の「両条は全く別異の関係を規定したるものなり。……故に偶第177条の規定即ち物権の得喪及び変更に付ての対抗条件の規定が前顕第176条の規定の次条に在るとの一事を以て、第177条の規定は独り第176条の意思表示のみに因る物権の設定及び移転の場

は一切の物権変動に適用されるのであろうか。

　まず，そもそも第三者が登場する余地のない物権変動については（たとえば相続），第三者が登場しえないので，必然的にすべての者に登記なくして対抗できることになり，177条を問題にする必要すらない。したがって，問題は，第三者が登場する余地のある物権変動である（取得時効など）。以下には問題となる，いくつかの物権変動を取り上げる。

[1]　契約の取消し[7-3]

7-2　たとえば，AがBに土地をBの詐欺または強迫により売却をしたとしよう。この売買契約をAが取り消したが，①取消し前にBがこの土地をCに売却していた場合，及び，②取消し後にBがCに売却した場合とに分けて，AC間の法律関係を考えていくことにしたい。

7-3　(a)　**判例の状況**

　❶　**取消し前の第三者——登記不要**　取消し前の第三者については，詐欺の事例では96条3項により保護することになるが（☞図7-3①），第三者について登記は不要とされている。すなわち，「民法96条第1項，3項は，詐欺による意思表示をした者に対し，その意思表示の取消権を与えることによって詐欺被害者の救済をはかるとともに，他方その取消の効果を『善意の第三者』との関係において制限することにより，<u>当該意思表示の有効なことを信頼して新たに利害関係を有するに至った者の地位を保護しようとする趣旨</u>の規定であるから，右の第三者の範囲は，……必ずしも，所有権その他の物権

合のみに限り之を適用すべきものにして，其他の場合即ち意思表示に因らずして物権を移転する場合に於て之を適用すべからざるものとするを得ず。何となれば第177条の規定は同一の不動産に関して正当の権利若くは利益を有する第三者をして，登記に依りて物権の得喪及び変更の事状を知悉し以て不慮の損害を免るることを得せしめんが為めに存するものにして，畢竟第三者保護の規定なることは其法意に徴して毫も疑を容れず」と宣言している。学説は，相続などには177条を適用しない制限説が通説であるが，判例も6-5の「第三者」を制限する判決を同時に出しているため，実際上の不都合は回避されている。

7-3　契約解除については，解除前の第三者については545条1項但書によって第三者を保護しつつ対抗要件を必要とし，解除後の第三者については，取消しと同様に177条により対処するのが判例である（☞『民法V』7-54以下）。合意解除がされた場合についても，合意解除前の第三者について177条により処理している（最判昭33・6・14民集12巻9号1449頁）。

の転得者で、かつ、これにつき対抗要件を備えた者に限定しなければならない理由は、見出し難い」とされている（最判昭49・9・26民集28巻6号1213頁。ただし、仮登記がされていた事例）[7-4]。

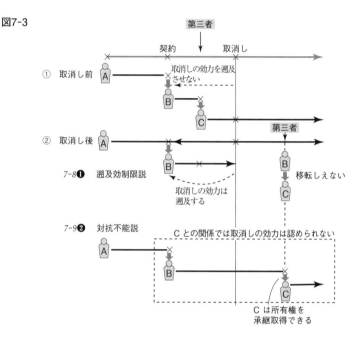

図7-3

7-4 **❷ 取消し後の第三者——登記必要（177条適用）** これに対して、BがAを欺罔してA所有の不動産の売買契約を締結させ、言葉巧みに登記まで移転させ、さらにCに転売した事件で、判例は次のように判断している（大判昭17・9・30民集21巻911頁）。取消し後の第三者については、①まず、96条3項は「取消に因り其の行為が初より無効なりしものと看做さるる効果、即ち取消の遡及効を制限する趣旨なれば、茲に所謂第三者とは取消の遡及効に因り影響を受くべき第三者即ち取消前より既に其の行為の効力に付利害関係を有せる第三者に限定して解すべく、取消以後に於て始めて利害関係を有する

[7-4] 強迫や制限行為能力取消しについての判例はないが、判例の121条に対して取消しによる無効の遡及効を96条3項で制限しているという論理からは、96条3項の反対解釈により、121条の取消しによる無効の遡及効が適用されるので、第三者は保護されないということになろう。

に至りたる第三者は仮令其の利害関係発生当時詐欺及取消の事実を知らざりしとするも」96条3項の適用を受けないとしつつ，②詐欺取消しにより土地所有権はAに復帰し初めからCに移転しなかったものとなるが，「此の物権変動は民法第177条に依り登記を為すに非ざれば，之を以て第三者に対抗することを得ざるを本則と為す」とされている[7-5]。

7-5 **(b) 学説の状況**

(ア) 取消し前の第三者　121条の規定により，取消権者と第三者の保護が対立する場合には，民法は取消権者の保護を優先しているのであり，第三者が例外的に保護されるためには特別規定が必要になる。そうすると，制限行為能力取消しと強迫による取消しについては特則が規定されておらず121条の原則通りになり，詐欺取消しについてのみ96条3項で例外が規定されていることになる[7-6]。96条3項の第三者に登記が必要かは，177条を離れて権利保護資格要件として問題になるだけである。

7-6　【STEP UP──96条3項は強迫に類推適用する余地はまったくないか】
96条3項の第三者保護は詐欺の事例のみに限定され，反対解釈として強迫については取消権者が取引の安全を犠牲にしても保護されている。どうしてそのような差が設けられたかというと，AとCのいずれを保護するかという利益衡量の観点からは，①だまされた落ち度のある被害者は取引の安全を犠牲にしてまで保護されるに値しないが，②強迫の被害者は取引の安全を犠牲にしてでも保護すべきであるという評価がその根底にある。しかし，強迫されたことを帰責事由にはできないとしても，強迫を理由に取消しがいつでもできるのに放置していた場合には，それにより帰責事由が補完され96条3項を類推適用することが可能になると考えることもできる。取消し前に94条2項を類推適用する学説があるが，取消し

7-5　本判決は，このように判示して，取消し後Bとの契約によって権利取得の登記をしたCに取消し（AからCへの登記抹消請求訴訟）を対抗できるためには取消しの登記がされていることが必要であるのに，「原判決は此の点に付何等説示する所なくして取消に因る右権利変動を当然Cに対抗し得るものの如く解しCがBとの契約に因り登記したる権利を取得せざりしものと為し，登記は原因を欠くを以て之が抹消登記を為すべき義務ある旨判示したるは理由不備の違法あり」とした。事例は詐欺取消しの事例であるが，強迫や制限行為能力取消しの事例にも射程は及ぶところである。

7-6　ただし，学説には取消し前の第三者にも177条を適用したり，または，取り消しうる時から94条2項の類推適用を認める少数説もある（☞7-6, 7-12）。

前は無権利の法理を修正する原理を問題にできず，取消しによる無効（通説では無効の遡及効）の制限だけでよいのであり，取消し前については96条3項の類推適用のほうが妥当であろう。

7-7 **【STEP UP ── 96条3項の法的位置づけ】**
　　取消しをめぐる諸問題の考察には，96条3項の位置づけをめぐる理解が大きく影を落とすことになるので，121条と96条3項の関係を，ここで確認しておこう。

7-8 　❶ **無効の遡及効制限説──取消し前の第三者に限定（通説）**　　通説は，96条3項は121条の無効の遡及効を制限し，詐欺取消し前の第三者が，一度自分が取得した権利を取消しにより失われることを制限した規定，すなわち，取消しによる無効の遡及効を制限して一度取得した権利が喪失しないようにした規定と理解している（☞図7-3①。判例につき☞7-4）。その結果，この理解では，96条3項の適用は，遡及効の制限が問題となる第三者に限定され，取消し後の第三者は96条3項の第三者は含まれないことになる（☞図7-3②）。

7-9 　❷ **無効の遡及効制限＋取消しによる無効の対抗不能説──取消し後の第三者も包含（少数説）**　　しかし，民法は詐欺取消しを対抗できないといっているだけであり，取り消された契約の無効の対抗不能として広く理解する少数説もある（☞図7-3②）。すなわち，7-3の当事者AB間では，AB間の売買契約は無効と扱われるが，96条3項は，その取消しの結果としての「無効」を善意の第三者に対抗できないことを規定しているのであり，取消し後に取り消された売買などの無効の対抗不能もカバーされることになる。詐欺の被害者よりも取引の安全保護を優先するという価値判断は，取消し前の第三者か取消し後の第三者かを問わずに当てはまるのであり，96条3項は①取消し前は取消しによる無効の遡及効の制限，②取消し後は，94条2項と同様に（取消しの結果としての）無効の対抗不能の両者をカバーするものと考えるべきである（本書の立場）。取消し後の第三者は，取消しの事実を知らなくても，詐欺の事実を知っていれば悪意と扱われることになる[7-7]。

[7-7] 94条2項類推適用説では，詐欺の被害にあったことを知っていても，詐欺取消しがあったことを知っていなければ，取消しについて悪意とはならないことになる。ただし，詐欺にあったことを知っていながら取消しの有無を調査しなかったことは過失になるであろうから，第三者が保護されないという結論に変わりはない。

7-10 　(イ)　**取消し後の第三者**　　取消し後の第三者Ｃについては，7-7以下に述べたように，96条3項の法的な位置づけによりその保護の説明が異なってくる（図7-3参照）。学説としては，❶説と❸説が拮抗している状態である。

　　❶　**遡及効制限説（無権利説）**　　通説的な理解により，96条3項は121条の取消しによる無効の遡及効を制限したものであると考えると（☞ 7-8），①取消し前の第三者は一度有効に所有権を取得しており，詐欺取消しの場合だけ無効の遡及効を制限するだけでよいが，②取消し後の第三者Ｃについては状況がまったく違ってくる。取消しによりＢは無権利になりＢに登記が残っていても，登記には公信力がないため，いくらＣが登記を信頼してＢと契約をしても，Ｃは保護されないことになってしまうのである。しかし，この立場の学説も第三者Ｃの保護を図ろうとしている（☞ 7-11以下）。

7-11 　　【STEP UP──遡及効制限説（無権利説）における第三者保護の構成】
　　(1)　**96条3項類推適用説**　　まず，取消しの前か後かという，第三者のかかわり知らない事情によりその保護が異なることは不合理であるため，取消し後についても96条3項を類推適用する考えがある。しかし，96条3項は取消しによる無効の遡及効を制限したものと考える以上は，類推適用できる構造にはないはずであり，結果の妥当性だけで類推適用するのは無理であろう。

7-12 　　(2)　**94条2項類推適用説**　　そこで，94条2項（☞『民法Ⅰ』4-18）の類推適用を利用することが考えられている。ただし，その適用の**起算点**については諸説がある（騙されたという帰責事由をここでも評価すべきかという問題）。①取消しと同時に94条2項の類推適用を可能とする学説，②取消しだけでは所有権を失う者の帰責事由としては十分ではなく，取消し後の放置を要求し，放置があった後に94条2項を類推適用する学説がある。なお，7-6に述べたように，強迫の場合には，取消し前にも取消し可能時から94条2項を類推適用することが考えられるが，①説を②説が修正した趣旨を考慮して，取り消しうるときから放置があったと認められる時点から（取消しがあってもその時からの放置ではなく）94条2項の類推適用を肯定することも可能であろう。

7-13 　　❷　**96条3項を取消し後の第三者にも適用する学説（本書の立場）**　　これに対して，96条3項を，①取消しにより売買などの物権変動が遡及的に無効となるのを対抗できないだけでなく，②取消しにより売買などの物権変動が無

効になったことについても，善意の第三者に対抗できないことを規定しているものと考えると（☞7-9），取消し後の第三者も96条3項により保護されることになる[7-8]。本書はこの立場であり，また，強迫にも，取消し可能になったのに放置した場合には，詐欺の被害者に匹敵する帰責性を認めて，その時点から96条3項を類推適用すべきであると考えている。

7-14　❸　**復帰的物権変動を認める学説（対抗問題説）**　取消しによる無効の遡及効は法的擬制にすぎず，実質的には取消しによりBからAへの所有権の復帰的物権変動があるという学説もある（かつての通説。古い判例がこの立場☞7-4）。取消しによりBからAに所有権が復帰するとすれば，その後のBからCへの売買により，AとCは二重譲渡の場合と同様の対抗関係に立つことになり，177条により登記を先に取得した者が所有者となる[7-9]（☞図7-14）。

しかし，これは，取消しによる無効の遡及効により，その後の第三者が登記に公信力がないために保護されないことになるのを修正しようとする意図に基づくものであり，その趣旨はむしろ無権利の法理の修正にあるといえる。

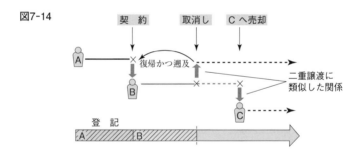

図7-14

7-8　取消し後の第三者について，何らかの事由で取消しがあったことは知っているが，売主が詐欺の被害者であり詐欺を理由とした取消しであることまでは知らない場合について，177条適用説では背信的悪意ではないので第三者が保護されるであろうが（94条2項類推適用説では取消しについて悪意なので保護されない），96条3項適用説では，取消しにより無効（＝買主は無権利）になったことを知っている以上，無権利の法理が適用され，詐欺について悪意でなくても96条3項の保護を与える必要はない。

7-9　なお，4-25以下に述べたように所有権の移転時期をずらすと，所有権の移転がある前に取消しがされた場合には，債権契約の効力が取り消されるだけで，物権変動の効力が取消しにより復帰するということは考えられない。ただし，移転登記があれば代金未払いでも所有権の移転を認めるので，取消し後に移転登記が勝手にされた場合が問題になろうが，それは登記の公信力の問題であり，94条2項の類推適用によるしかないであろう。

現在ではそのような修正は94条2項の類推適用により可能になっている。また、詐欺を知っていても取消しを知らない第三者については、悪意を問題にできなくなってしまう。❶説との差につき**表7-10～7-14**参照。

表7-10～7-14

	適用条文	客観的要件	主観的要件	登記の要否	保護される第三者
対抗問題説	177条	登記欠缺を主張する正当な利益を有する者	背信的悪意でないこと	必要	取消後の第三者
無権利説（94条2項類推適用説）	94条2項の類推適用	独立した新たな利害関係を取得した者	善意無過失	不要 or 権利保護要件として必要	取消後放置があった後の第三者

＊既存の賃借人が問題になる

7-15 【STEP UP ──詐欺取消し以外の取消し】

遡及効制限説（☞7-8）では、遡及効を制限する規定がない限り、取消し前の第三者は保護できないことになる。そして、取消し後の第三者については、94条2項の類推適用は、強迫、制限行為能力（放置は法定代理人を基準に考える）についても適用可能となる。また、本書の無効の対抗不能説（☞7-9）でも、第三者保護規定がないと第三者は保護されないが、強迫を免れたのに取消しをせず放置したことを詐欺の被害者に匹敵する帰責事由と考えれば、その時点から96条3項の類推適用を考えることができる（☞7-13。制限行為能力者については、法定代理人の放置をもって96条3項を類推適用してよいかは微妙）。

他方で、対抗問題説では、取消し前の第三者に対しても、取消しによる実質的な物権変動を認めるのであれば、やはり対抗関係になる。しかし、取消し前にAに登記を要求することはできず、登記できたのにしなかったという177条の適用のための帰責事由がAにはないため、対抗関係だが177条は適用されずAは登記なくして所有権取得をCに対抗できると考えられている。ただし、<u>取り消しうるということは取り消して登記を取り戻すことができるということ</u>なので、強迫については、取消し前の第三者についても177条により保護を図ろうとする考えもある。以上の点につき、判例はない。

[2] 取得時効

7-16 　たとえば，Aの土地と隣接する土地を購入したBが，境界を誤認して自分の土地のみならずAの土地の一部まで占有を開始したとしよう。この場合に，Bが時効に必要な期間（過失を認定して162条1項の20年としておく）占有を続けたが，①時効期間が経過する前にAが土地をCに売却した場合と，②時効期間が経過した後にAがCに土地を売却した場合とを分けて，BC間の関係を考えていきたい。

7-17 　(a)　**判例の採用する5つの原則**

❶　**第1原則——時効完成時の土地所有者に対しては登記なくして，時効による所有権の取得を対抗できる**　　時効により，<u>土地所有者から時効取得者に所有権が移転するのに等しいため</u>（時効取得は原始取得であるので，厳密には所有権の移転ではない），時効完成当時の所有者と時効取得者は，<u>物権変動の当事者であり</u>，土地所有者は時効取得による物権変動につき「第三者」ではなく，時効取得者は登記なくして所有権の時効による取得を対抗できる（最判昭41・11・22民集20巻9号1901頁。☞図7-17）。取得時効の要件として登記は要求されていない。それなのに，所有者との関係で登記を要求したら不動産の取得時効制度はまったく意味のない制度になってしまうことも理由である。

図7-17　第1原則

7-18 　❷　**第2原則——時効完成前に土地が譲渡されても第1原則による**　　「<u>第三者のなした登記後に時効が完成した場合</u>においてはその第三者に対しては，<u>登記を経由しなくとも</u>時効取得をもってこれに対抗しうる」（最判昭35・7・27民集14巻10号1871頁）。AがBの占有開始後にCに売却した場合，時効完成前に土地所有者が変わっても，時効完成により所有権が実質的に移転するため（それが遡及するだけ），時効完成当時の所有者CからBに，取得時効による実質的物権変動が生じることになり，第1原則が適用されるのである。<u>CBは物権変動の当事者であり，CはBの取得時効につき177条の「第三者」</u>と

はならない（☞図7-18）。

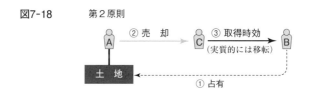

図7-18　第2原則

❸　第3原則──時効完成後の第三者に対しては登記が必要である　「取得時効による不動産の所有権の取得についても，登記なくしては，時効完成後当該不動産につき旧所有者から所有権を取得し登記を経た第三者に対して，その善意たると否とを問わず，時効による所有権の取得を対抗し得ない」というのが判例である（最判昭33・8・28民集12巻12号1936頁。☞図7-19）。Bの取得時効によりAからBへの実質的な所有権の移転があり，その後に，AがCに同一の土地を売却したということによって，BCは二重譲渡類似の対抗関係に立つからである。したがって，Bは登記をしなければCに取得時効による所有権取得を対抗することができない[7-10]。

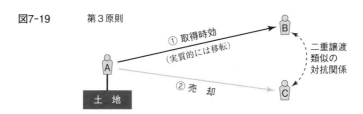

図7-19　第3原則

[7-10] ただし，第三者Cが背信的悪意者であれば，177条は適用されず取得時効を登記なくして対抗できるのは，取得時効においても同様である。この点，取得時効の完成を知っていたかどうかは容易に判断できないので，悪意の点について，判例は緩和をしようとしている。すなわち，「甲が時効取得した不動産について，その取得時効完成後に乙が当該不動産の譲渡を受けて所有権移転登記を了した場合において，乙が，当該不動産の譲渡を受けた時点において，甲が多年にわたり当該不動産を占有している事実を認識しており，甲の登記の欠缺を主張することが信義に反するものと認められる事情が存在するときは，乙は背信的悪意者に当たる」とし，「乙において，甲が取得時効の成立要件を充足していることをすべて具体的に認識していなくても，背信的悪意者と認められる場合があるというべきであるが，その場合であっても，少なくとも，乙が甲による多年にわたる占有継続の事実を認識している必要がある」と判示している（最判平18・1・17民集60巻1号27頁）。いずれにせよ，悪意だけでは足りず，さらに信義に反する事情

7-20　❹ **第4原則——時効の起算点を動かすことはできない**　第2及び第3原則の結果，時効完成前か後かで，第三者の扱いが天と地のように結論が異なってくるため，Bが任意に起算点を選択できるとすると，Bは第2原則が適用される都合のよい時点を起算点に選択できてしまい，第3原則は無に等しくなる。そのため，「必ず時効の基礎たる事実の開始した時を起算点として時効完成の時期を決定すべきものであって，取得時効を援用する者において任意にその起算点を選択し，時効完成の時期を或いは早め或いは遅らせることはできない」（最判昭35・7・27民集14巻10号1871頁）[7-11]。

7-21　❺ **第5原則——第3原則後の新たな取得時効は可能**　Bは，第3原則によりCが先に登記をしてCの土地とされたとしても，Cの登記の時からBがさらに時効に必要な期間占有すれば，今度はCの土地について新たに取得時効が成立する。すなわち，CB間に新たに取得時効による物権変動が成立し第1原則が適用されることになる。

7-21-1　**【STEP UP ——抵当権者に対する所有権または賃借権の取得時効の対抗】**
　本文の5つの原則は所有権を取得した者との関係についての判例法理であるが，177条は所有権取得だけでなくすべての物権変動に適用されるため，判例では，①所有権の取得時効の抵当権者への対抗，さらには，②賃借権の取得時効の抵当権者への対抗（所有権を取得した者への対抗は5つの原則を適用してよい）までパラレルに問題とされている。しかし，少なくとも第5原則まで認めることには疑問がある。

7-21-2　**(1) 所有権の取得時効の抵当権への対抗**　所有権の取得時効と抵当権者との関係は，原則②③④がそのまま適用されることは明らかである。②については，時

が必要である。また，6-28の通行地役権については利用という客観的事実から登記なくして対抗を認めるという例外法理があるが，これは地役権が時効により取得された場合にも，上記の判例と併せてあてはまるであろう。

7-11　これに対して，前主の占有を合わせるか否かにより時効完成時点が変わってくる可能性があるが，そのような選択を認める以上は容認されていると考えるべきであろう。たとえば，Aの土地をBが建物を建てて占有を開始したがBは悪意であり，Bから土地建物を譲り受けたCは善意無過失であるとして，Bは5年間占有し，Cが15年占有しているとする。Cの占有開始から12年目にAからこの土地をDが譲り受け移転登記を具備した場合，①Cが自己の善意無過失の占有だけを主張するとDは時効完成後の第三者になるが，②Bの占有を合わせるとBの悪意を承継するので，Dは時効完成前の第三者になる。

効完成前に抵当権が設定され，その後に取得時効が完成すると抵当権の消滅を主張できることになる。原則①については，占有開始時に既に抵当権が設定されていた場合に，占有が抵当権を容認するものであれば，取得時効は原始取得であるが抵当権の負担のついた所有権を取得する。

原則⑤が問題とされた事例は2つの事例があり，結論が分かれる。ⓐ取得時効完成後に設定された抵当権があるため，時効取得者が抵当権つきで所有権移転登記を受けていた事例で，それからさらに取得時効に必要な期間を経過しても，再度取得時効（自己物の）を援用して抵当権を消滅させることはできないとされた（最判平15・10・31判時1846号7頁）。ⓑ他方で，不動産の取得時効の完成後，第三者が原所有者から抵当権の設定を受けて抵当権設定登記を了した場合には「<u>占有者が，その後引き続き時効取得に必要な期間占有を継続したときは</u>」（その後にはじめて取得時効が援用される），「<u>占有者が上記**抵当権の存在を**容認していたなど抵当権の消滅を妨げる特段の事情がない限り，上記占有者は，上記不動産を時効取得し，その結果，上記抵当権は消滅する</u>」とされた（最判平24・3・16民集66巻5号2321頁）。第5原則の適用を肯定した上で，新たな取得時効につき，抵当権を容認していたか否かで，抵当権つきの所有権の取得時効になるかを分けるのである。しかし，抵当権には第5原則を適用する必要はなく，被担保債権または抵当権の消滅時効（396条）を問題にすべきである。

(2) 賃借権の取得時効と抵当権 土地の賃貸借契約をして土地上に建物を建築したが建物の所有権保存登記がされず，その間に土地に抵当権が設定され——その後に建物の所有権保存登記がされる——，土地が競売され買受人がこれを買い受けた事例で，賃借権が抵当権に対抗できず買受人に主張できないため，賃借人により賃借権の取得時効が主張された。自己の所有物の取得時効を認めることの賃借権版である。第1審判決は，この主張を認め，賃借権の取得時効後に抵当権が設定されたため，賃借権を抵当権に対抗できないが，さらにそれから賃借権の取得時効に必要な使用を続けたとして第5原則を適用し，借地権の抵当権者そして買受人への対抗を認めた。

しかし，控訴審判決は第5原則の適用を否定し，もはや賃借権の取得時効は認められないとした。最高裁（最判平23・1・21判時2105号9頁）は，「抵当権の目的不動産につき賃借権を有する者は，当該抵当権の設定登記に先立って対抗要件を具備しなければ，当該抵当権を消滅させる競売や公売により目的不動産を買い受けた者に対し，賃借権を対抗することができないのが原則である。このことは，抵当権の設定登記後にその目的不動産について賃借権を時効により取得した者があったとしても，異なるところはない」という解決をした。第5原則どころか第2

原則さえ否定されることになる。やはりここでも，被担保債権の消滅時効及び396条の抵当権の消滅時効の問題により解決されるべきである（そもそも賃借権の取得時効を否定すべきである☞『民法Ⅰ』17-18）。

7-22　**(b) 学説の状況**　これらの判例の原則に対しては，それぞれまったく異なる見地から批判がされている。多様な学説があり，いずれが通説ないし多数説かさえ断定できない状況にある。これをまとめると**表7-22**のようになる。

㋐　**占有尊重説**——時効取得者保護優先の価値判断　民法では，不動産の取得時効であっても，占有だけを要求し登記＝公示を伴うことを要求していない（ドイツ民法は取得時効に占有と登記を要求）。そのため，この点を重視する学説（**占有尊重説**）は，公示を伴わない占有に所有権取得の効果を肯定するのに，ひとたび時効が完成したら登記をしなければならないというのは，占有のみを要件とするわが国の取得時効制度の趣旨に反すると批判をする（批判の矛先を，登記を取得時効の要件にしなかったほうには向けないのである）。この立場では，取得時効は登記なくして第三者に対抗を認めるべきであり，第1及び第2原則は妥当なものとされ，第3原則を批判することになるが，第3の原則をどう修正するかで，学説がさらに分かれる。

表7-22

		a 時効完成	b	c 時効認識	d 時効援用
占有尊重説	177条不適用説等	○	177条適用なし ○	○	○
	修正①	○	○	○	94条2項類推適用放置　または →
	修正②	○	○	△ 94条2項類推適用	△ →
登記尊重説	判例	○	177条 ×	×	×
	修正①	○	○	×	177条 × →
	修正②	○	○	177条 ×	× →

○＝登記なくして対抗できる
×＝登記がないと対抗できない
△＝外観法理により第三者が保護される

7-23　❶ **177条不適用説**　まず，取得時効を不動産であっても登記なくして認める以上は，取得時効による物権の取得には177条の適用はなく，登記なくして第三者に対抗することができるという学説がある（☞表7-22）。しかし，いつまでも登記なしに対抗できるというのでは，公示制度を乱すこと甚だしいと批判がされている。そのため，修正説が主張され，一定の時期から94条2項の類推適用が認められている（☞7-28）。

7-24　❷ **逆算説**　177条はすべての物権変動に適用されるという建前だけは認めながら，取得時効の運用により事実上177条の適用を否定する学説がある。時効は長く続いた占有を保護するものであり，長く続けば続くほどより保護に値するはずであり，現時点から逆算して取得時効に必要な期間が経過していればよいという学説である。この考えでは，すべての第三者は時効完成前の第三者になり，常に第2原則が適用されることになる。

7-25　❸ **起算点自由選択説**　前説に似たものとして，時効援用者が起算点を自由に選択できるという学説もある。結局は，第三者がいる場合には，この者を時効完成前の第三者にするような起算点を選択することになり，第3原則は適用の余地がなくなることは，❷説と同じである（表7-22にはあげていないが，時効完成前だけを考えればよいことになる）。

7-26　（イ）**登記尊重説——第三者保護優先の価値判断**　前説と正反対の考えとして，不動産についての物権変動はすべて登記による公示を要求して取引の安全を図るべきであり（不動産の取得時効に登記を要件としなかったことを疑問視する），第3原則（☞7-19）を評価し容認する学説（**登記尊重説**）がある。この説では，不動産取引は登記を信頼して行えるはずであり，Cが登記をみてAの登記になっているのを信頼して購入したのに，BがCの取得以前の占有を含めて時効を主張できるのはCにとって酷であるとして，第2原則を批判することになる[7-12]。第1原則（☞7-17）では，権利を失うAが時効の完成に必要な期間中，権利行使ができたのにしなかったという事情があるのに対し，第2原則（☞7-18）では，権利を失うCは自分が所有者になってから時効に

7-12　しかし，占有尊重説からは，登記だけみて取引をする者はおらず，必ず現地をみるはずだ（現地検分主義）と反論される。注7-10の判例も現地検分が前提である。

必要な期間を自ら放置したのではなく，取得時効を甘受しなければならない立場にはないのである。

そこで，この学説は，第2原則を排除するために，旧147条の時効中断事由を例示列挙にすぎないと考え，Cによる登記をBの取得時効の中断事由として構成しようとする。2017年改正後は，取得時効では自然中断（164条）が残されるので，その類推適用ということになろうか。

7-27　(ウ)　**中間的解決を志向する学説**　占有尊重説と登記尊重説とは水と油で両極端な結論の学説かのようであるが，それぞれ修正版が提案され結論として相互に歩み寄っているというのが現状である（いずれの学説も両極端であり，判例がその中庸でよいという評価もある）。この中間的解決を図る学説も次のように分けられる（**表7-22**参照）。

7-28　❶　**占有尊重説の修正説**　まず，取得時効への177条の適用を否定する占有尊重説をベースにしつつ，時効により自分が所有者になったことを認識しながら，登記の移転を求めないで放置した場合には（**表7-22**の修正②），または，時効援用後ないしは時効援用後に放置後には（**表7-22**の修正①），94条2項の類推適用により，第三者Cが土地の所有権を取得する可能性を認める学説がある。この場合，①第三者の善意無過失が必要になるが，②他方で登記は不要になり（権利保護要件として要求する余地はある），また，③時効完成後放置が認められるまでの間（**表7-22**のbのゾーン）の第三者は保護されないことになる。

7-29　❷　**登記尊重説の修正説**　次に，取得時効への177条の適用を肯定しながら，判例のように時効完成時から177条を適用するのではなく，177条の適用の起算点をずらすことにより，妥当な結論を実現しようとする学説がある。177条の適用の基準時をいつとするかで，この学説も次のように分かれている。

7-30　ⓐ　**時効援用時を基準とする学説——物権変動時期を変更**　時効についての停止条件説（☞『民法Ⅰ』18-8）によれば，時効取得という物権変動が生じるのは，時効の完成時ではなく，時効の援用時ということになる（援用によって生じた時効の効果が起算点まで遡る）。そうすれば，物権変動が生じるのは援用時であり，177条の適用時期は時効完成時ではなく援用時ということにな

るはずである（**表7-22の修正①**）[7-13]。なお，時効をいつ援用するかという援用権者の恣意で物権変動の時期が決まることになるが，時効を知りながら援用しないで，第三者Cの登場後に援用することは権利濫用として退ける可能性はある。

7-31　ⓑ　**援用可能時を基準**　時効の援用を基準とすると，占有者がいつ援用するかという恣意により基準となる時点が決められてしまうことになる弊害が指摘される（権利濫用で対処することもできる）。そこで，物権変動は時効完成で認められるが（確定効果説が前提），177条の適用の前提として先に所有権を取得した者が登記できるのに放置をしたという帰責事由が必要であり，時効完成を知らない善意の占有者には完成があってもこの前提がないため177条は適用されず，時効を認識した時から177条を適用するという修正をする学説もある（**表7-22の修正②**）。なお，さらに，援用でもまだ足りず，判決により時効取得が確定することを要求する学説もある。

7-32　【**STEP UP ――二重譲渡事例について**】

取得時効と登記の問題については，類型に応じて妥当な解決をそれぞれ図るべきであることが主張されており，妥当である[7-14]。ここでは，無権利者と取引をして占有をしている事例とは別の，二重譲渡の事例を考えていこう。

たとえば，Aが土地をBに売却し引き渡したが，Bが移転登記をしないでいたところ，AがBにただで貸している土地などと偽ってCにさらにこの土地を売却し移転登記をしたとしよう。この場合に，BC間はまず177条の二重譲渡の関係であり，Cが先に登記することによりCが177条により所有権の取得を認められるはずである。その後，BがCの登記具備から取得時効に必要な期間占有をし続ければ取得時効が可能なことはよいとして，最初の占有から取得時効に必要な期間（本問では所有者からBは買ったのであり，10年の時効によるものとして考える）を経過す

7-13　本書は，解除条件説を採用するので（☞『民法Ⅰ』18-10），解除条件説をベースにすることが許され，177条においては権利を失う所有者の帰責事由を考慮すべきであり，7-31の学説を採用したい。ただし，停止条件説でも，援用を停止条件とする物権変動が時効完成時に成立していると考えて，判例を正当化することは不可能ではない。

7-14　判例の分析により，取得時効と登記が問題となっている事例には，越境型という無権利者が取得時効により所有権を取得する事例と，二重譲渡型という移転登記をしていないが占有を取得していた譲受人が取得時効を主張する場合とがあり，この2つを統一的に議論するのではなく（判例は区別しない），それぞれに応じた解釈をすべきことが提案されている。

ることで，取得時効が認められるのか問題になる。177条の対抗関係で負けたBが今度は時効を主張し，そして判例の先の第2原則により，登記なくしてCに時効による所有権の取得を主張しうるのであろうか。

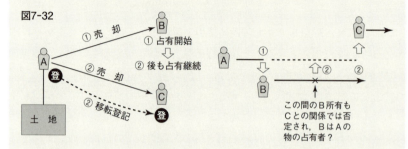

図7-32

7-33　**(1) 最初の占有から時効を起算する考え（判例）**　判例は類型による区別をせず初めのBの占有時からCとの関係でも，取得時効を起算している。取得時効の趣旨を永続した占有という事実状態をそのまま尊重するという趣旨は，占有取得原因を問わないと考えるのである。ただし，Cに177条で負けるまでは自己の物であり他人の物ではないのではないかという疑問が残ることになる。これに対処するために，判例は，①自己の物の時効取得も可能と説明したり，②第三者Cとの関係では，自分の物ではなくAの物を占有していたことになるという説明をする（☞『民法Ⅰ』17-3）。

7-34　**(2) Cの登記時から時効を起算する考え**　しかし，BC間は本来177条の二重譲渡の関係でありCが先に登記をしたことによりC所有で決着がついたはずなのを，極端な例でいえばそれから数日占有することによりBの時効の完成を認められるのは不合理である。BC間は二重譲渡の対抗関係であり本来177条により規律されるべきで，それがいずれかの登記により解決した後に，他人の物についての取得時効が別個の問題として初めて進行すると考えるべきである。C所有と認められて初めて「他人の物」として取得時効が進行することになるが，その時効期間を10年と20年のいずれと考えるかは問題が残される[7-15]。

[7-15] この問題は177条と取得時効の規範抵触の問題である。①177条の考慮を無にしてでも取得時効の占有継続により権利関係にまで高めるということを貫くか（判例），それとも，②取得時効が問題となる占有継続という事実関係があっても177条と抵触する限りで，取得時効の適用を排除するか（☞7-34），という問題である。取得時効においては権利を失う権利者の権利保障に配慮して，**図7-32**でいうとCが登記取得後のBの占有についてのみBの取得時効を起算すべきである。

[3] 相続と登記をめぐる諸問題

(a) **共同相続と登記**　たとえば，Aが死亡しBとCが不動産を共同相続したとしよう。相続それ自体は，Aから相続による物権変動と相反する物権変動がありえないため，その対抗は問題にならない。第三者に既存賃借人を含める判例も，相続は問題にしない。ところが，たとえば，Cが共同相続した不動産について勝手に遺産分割協議書を偽造して自分への所有権移転登記をし，この土地をDに売却した場合ないしCの債権者Dが差し押さえた場合には，Bが共同相続によりその不動産について持分を取得していることをDに対抗できるか，が議論されている（☞図7-36）。

❶ **177条適用否定説——無権利説（判例・通説）**　判例は，BとDは対抗関係ではないと考えている。すなわち，Cは持分しか有さず所有権全体を有していないので，所有権を有しているとして売却しても，<u>自分の相続分を超える分は無権利者</u>であり，登記に公信力がないわが国では第三者Dは保護されないとしている（最判昭38・2・22民集17巻1号235頁）。ただし，DはCの持分は有効に取得しているので（その限りで登記は実体関係に合致している），BはDの所有権移転登記の全部抹消登記手続は請求できず，Bの持分についてのみの<u>一部抹消（更正）</u>登記しか請求できないとされている（☞図7-36）。通説も判例を支持しており，第三者の保護を補完するために，BがCの勝手な移転登記を知りながら放置・容認していた場合には，94条2項の類推適用によるDの保護の可能性を認める。

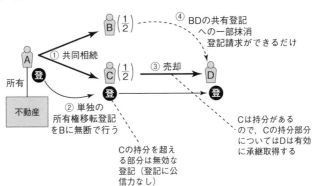

図7-36

7-37 ❷ **177条適用肯定説——対抗関係説(少数説)**　学説には，BC間の共有をCからみるとBの持分により制限された所有権であり(その反対も同じ)，Bの持分がなければCの所有権(持分権)は何らの制約のない所有権になるとして，Bの持分を制限物権的に扱って，登記しなければDの所有権はBの持分により制限されていることを対抗しえないという学説もある。これは，共有持分についての特異な理解に基づくものであり(☞16-8)，その共有理論自体が異説である。ただ，その背景には，相続人間の身内の不手際で第三者が害されるのは適切ではなく，身内の相続人が不利益を負担すべきであるといった価値判断がある。しかし，そのような価値判断は，次に述べるように94条2項の類推適用で十分に実現できるので，判例を支持したい。

7-38 【STEP UP ── 遺贈および相続させる旨の遺言】
　遺贈による相続財産の取得については177条の適用が肯定されている(最判昭39・3・6民集18巻3号437頁[7-16])。すなわち，「不動産の所有者が右不動産を他人に贈与しても，その旨の登記手続をしない間は<u>完全に排他性ある権利変動を生ぜず，所有者は全くの無権利者とはならない</u>と解すべきところ……，遺贈は遺言によって受遺者に財産権を与える遺言者の意思表示にほかならず，……，意思表示によって物権変動の効果を生ずる点においては贈与と異なるところはないのであるから，<u>遺贈が効力を生じた場合においても，遺贈を原因とする所有権移転登記のなされない間は，完全に排他的な権利変動を生じない</u>ものと解すべきである。そして，民法177条が広く物権の得喪変更について登記をもって対抗要件としているところから見れば，遺贈をもってその例外とする理由はないから，<u>遺贈の場合においても不動産の二重譲渡等における場合と同様，登記をもって物権変動の対抗要件とする</u>」(相続人の1人の債権者がその相続分について差押えをした事例で，受遺者の対抗を否定)と考えている(☞図7-38①)。

　他方，特定の遺産を特定の相続人に「相続させる」趣旨の遺言は，「何らの行為を要せずに，被相続人の死亡の時にただちに当該遺産が当該相続人に相続により承継され」，「法定相続分又は指定相続分の相続の場合と本質において異なるとこ

7-16　被相続人Aがその所有の不動産を生前にBに贈与したが，移転登記がされない間に，Aがその不動産をCに遺贈する遺言を作成した後に死亡し，遺贈の効力が発生した場合の法律関係は，177条の対抗関係でありその優劣は登記の具備でもって判断される(最判昭46・11・16民集25巻8号1182頁)。

ろはな」く,「法定相続分又は指定相続分の相続による不動産の権利の取得については,登記なくしてその権利を第三者に対抗することができる」のと同様に,登記は不要とされている(最判平14・6・10判時1791号59頁［**図7-38②**］)。

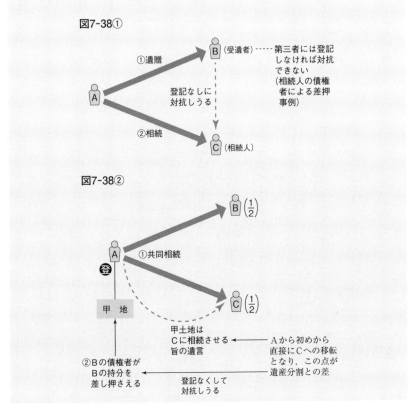

7-39 (b) **遺産分割と登記**　遺産分割は遡及効を有するため(909条),Aの土地をBCが共同相続し,Bが甲地,Cが乙地を分割により取得した場合に(☞**図7-39**),相続によりAからBCへの所有権の移転・共有関係,そして分割による持分の譲渡があるというのではなく,甲地についていえばAからBへの所有権の移転があったと扱われることになる。しかし,これはあくまでも法律関係の単純化のための便宜にすぎず(税法等との関係もある),「遺産の分割は,相続開始の時にさかのぼってその効力を生ずるものではあるが,第三

7-40

者に対する関係においては，相続人が相続によりいったん取得した権利につき分割時に新たな変更を生ずるのと実質上異ならないものであるから，不動産に対する相続人の共有持分の遺産分割による得喪変更については，民法177条の適用があり，分割により相続分と異なる権利を取得した相続人は，その旨の登記を経なければ，分割後に当該不動産につき権利を取得した第三者に対し，自己の権利の取得を対抗することができない」とされている（最判昭46・1・26民集25巻1号90頁）。通説は判例を支持している。Cの持分に関する限り，CからB，CからDという二重譲渡の関係になる。

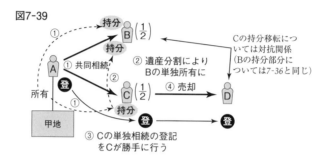

図7-39

7-40　(c)　**相続放棄と登記**　Aの土地をBCが共同相続したが，Cは相続放棄を家庭裁判所にしたにもかかわらず放棄していないと偽って土地の持分をDに譲渡した場合（ないし，Cの債権者DがCの持分を差し押さえた場合），BDの法律関係はどうなるのであろうか（☞図7-40）。相続放棄も遡及効を有し（939条），一旦BC共有になった後に，Cの放棄によりAからBに土地の所有権が移転していたことになる。相続放棄により「相続人は相続開始時に遡ぼって相続開始がなかったと同じ地位におかれることとなり，この効力は絶対的で，何人に対しても，登記等なくしてその効力を生ずると解すべきである」とされている（最判昭42・1・20民集21巻1号16頁）[7-17]。

[7-17] ＊**遺産分割と相続放棄の差異**　同じく遡及効がある遺産分割と結論に差が生じた根拠については，判例は放棄の効力は絶対的であるとしかいわないが，次のような点を指摘できる。①放棄の場合には，BC間でCからBへの持分の譲渡がありDに譲渡がされて二重譲渡になるわけではなく，Cは初めから相続人でなくなること，及び，②放棄は3ヵ月以内にしなければならないのであり，期限のない遺産分割と比べて取引安全を害することが少ないことである。

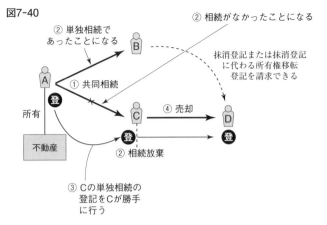

図7-40

表7-40:登記の要否についての判例の結論

	登記の要否(判例)
共同相続そのもの	不要
遺贈	必要
特定の不動産を相続させる旨の遺言	不要
遺産分割	必要
相続放棄	不要

■第8章■
登記の有効要件及び登記請求権

8-1　177条の登記が対抗力をもつためには，物権変動について登記が有効になされたことが必要である。以下には，登記の有効要件として問題となる点について考察していこう。

1　登記の有効要件

[1] 登記申請の手続的要件が欠けていた場合

8-2　登記の申請は，不動産登記法の定める手続上の要件を満たしてなされる必要がある。では，手続的要件を欠いており（必要な添付書面の不備，記載が不十分など），申請が受理されえないものであったのに，登記官がそれを見落として受理し登記がされてしまった場合に，その登記は有効であろうか。手続的要件は申請受理の要件にすぎず，なされた登記は実体的要件を満たしている限り原則として有効と考えてよい。ただし，登記の無効を主張する利益がある場合，たとえば，買主が，売主の登記委任状を偽造して登記申請し受理され移転登記がされた場合には，売主に同時履行の抗弁権を復活させるために，その登記の抹消請求を許してよい。ただし，代金が支払われなければ，売主は解除ができるので，それで十分だとも考えられる。

[2] 登記の実体的要件が欠ける場合

8-3　(a) **公示される権利関係への合致——有効要件**　登記は現在の権利関係を公示するためのものであるから，現在の権利関係を公示していなければならない。したがって，現在の権利関係を正確に公示していない登記は原則として無効である。たとえば，所有権の移転がないのにもかかわらず，所有権の移転登記がされた場合，また，抵当権を設定したのに所有権の移転登記を

してもその登記は無効である[8-1]。しかし，更正登記により更正が可能な場合（たとえば，抵当権の設定をし，その登記をしたものの被担保債権額を間違えた場合），抵当権設定登記を全部無効にする必要はなく，抵当権の対抗力を登記の時から認めてよい（ただし，増額された債権額の部分については，更正登記までに登記をした後順位抵当権者には対抗できない）。

8-4　(b)　**物権変動の態様への合致――有効要件ではない**　たとえば，所有権を取得しており現在の権利関係の公示としては間違いがないが，その原因についての記載が間違っている場合，その登記は無効であろうか（贈与なのに売買が原因と記載されたような場合）。確かに物権変動の態様まで正確に公示することが望ましいが，登記の一番の役割は現在の権利関係を公示して取引の安全に寄与するということにあるので，この場合，現在の権利関係を公示している点で登記の機能を果たしている以上，あえて無効にする必要はない（大決大5・12・13民録22輯2411頁。更正登記はできる）[8-2]。

8-5　(c)　**物権変動の過程への合致――中間省略登記**　たとえば，AからBに土地が売却され，移転登記がされないままになっていたが，BがCにこの土地を贈与したため，AからCに売却がされたことにしてAC間の売買契約書を作成の上，AからCへの所有権移転登記が申請され，その旨の登記がされたとしよう[8-3]。このような登記を**中間省略登記**というが[8-4]，このような登記

8-1　＊**無効登記の追完**　実体が存在しないため無効な登記でも，その後に実体が備われば（8-12の無効登記の流用はあくまでも別の実体），その時から登記を有効としてよい。「所有権移転登記は，仮装の売買契約に基くもので登記当時には実体的権利関係が欠けているから無効であったが」，その後に真実有効に所有者から不動産を買い受けその所有権を取得した事例で，「その時以後右登記は現在の実体的権利状態と合致するに至ったのであるから，その時以後Xは，右所有権の取得を第三者に対抗することを得る」ものとされている（最判昭29・1・28民集8巻1号276頁）。

8-2　それ以外に，本来は所有権移転登記の抹消登記がされるべきであるのに，所有権移転登記がされた場合も，現在の権利関係を正確に公示しているため有効である（大判明37・6・15民録10輯847頁等）。

8-3　なお，AB間の売買契約書とBC間の売買契約書を添付して，直接AからCへの移転登記をするよう申請しても，これは認められない。必ずAからBへの所有権移転登記と，BからCへの所有権移転登記が申請されなければならない。

8-4　類似の登記として，建物を新築して所有権を取得した者が，保存登記をせずにこれを譲渡し，譲受人の名で直接保存登記をするという**冒頭省略登記**というものもある。また，登記請求権で問題になるが，不動産の譲渡を受けたが，その移転登記前に背信的悪意者が譲り受け移転登記

は有効であろうか。

　ちなみに，2004（平成16）年の不動産登記法改正前は，「登記原因を証する書面」に代えて「申請書副本」（登記申請書の写し）を登記義務者A，登記権利者Cと記載された添付書面で登記申請ができ，これを利用して中間省略登記が行われていた。しかし，改正により「登記原因証明情報」の提供が必須となるに及び，上記の「申請書副本」による便法は使えなくなった。ACで虚偽の売買契約書を作成して，これを登記原因証明情報としてAからCへの移転登記申請をするしかなくなったのである。

8-6 　(ア) **全面的無効説（旧判例）**　　177条は物権変動を登記で公示することを要求しており，AC間に物権変動はないので——AC間の売買契約は94条1項により効力を認められない——，AC間の無効な契約を公示する登記は無効ではないか，という素朴な疑問がある。また，現在の登記に至るまでの物権変動に無効や取消原因があると，現在の登記が無効になる可能性があるため，その不動産についての過去の取引をすべて調査できるよう過去の物権変動が全部公示されていることが好ましい（登記簿はいわば不動産の履歴書である）。そのため，当初の判例は，中間取得者を省略してなした仮登記を無効としていた（大判明44・5・4民録17輯260頁）。

8-7 　(イ) **制限的無効説（現判例）**　　しかし，①もし中間省略登記を無効としてしまうと，登記官には実質的審査権がないため事前にこれを予防できず無効な登記が溢れてしまうことになる。②また，現在の権利関係の公示が登記の中心的機能であり，中間省略登記といえども現在の権利関係は正確に公示している。

　そのため，当然には中間省略登記を無効とは考えるべきではない。しかし，私的利益の保護が問題として残されることになる。というのは，もしCがAと交渉して中間省略登記をしてしまうと，Bが移転登記との同時履行の抗弁権によりCに対して代金の支払を促せたのに，同時履行の抗弁権という代金支払を促す手段をいわれなく失うことになるからである（☞図8-7①）。それ

を受けたり，無効な移転登記がされた場合に，第一譲受人が登記名義人に対して，抹消登記に代えて自分への移転登記を請求することができるかという問題もある。

ゆえ，中間者Bの私的利益の保護という観点から，Bに一定の場合には中間省略登記を無効として抹消請求を認める必要がある[8-5]。

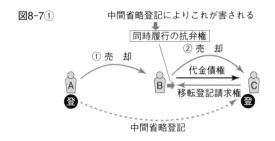

図8-7①

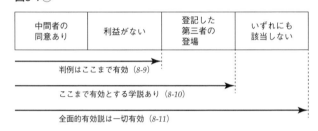

図8-7②

8-8 ❶ **中間者の同意がある場合——判例の認める有効事例1**　まず，中間者の同意があれば，中間省略登記は有効になる。判例は，「当事者間の特約に基きAより直接にCに不動産を譲渡したる旨の所有権移転の登記を為すも，其登記は真実の事実に適合せざる登記なりとして之を無効なりと云ふことを得ず。蓋し斯る登記と雖も不動産に関する現在の真実なる権利状態を公示し登記の

[8-5] 中間者の同意がないと中間省略登記は無効だといっても，中間者が利益がある場合にのみ無効を主張できるものであり取消しに近い。判例も，中間省略登記が中間取得者の同意なしにされたものであるとしても，登記が現在の実体的権利関係に合致するので，中間者が「右中間省略登記の抹消登記を求める正当な利益を有するときにかぎり，同人において右登記の抹消を求めることができる……にとどまり，中間取得者にあたらないYらが右中間省略登記の無効を主張してこの抹消登記を求めることができない」と判示している（最判昭44・5・2民集23巻6号951頁。Yは不法占有者）。AからB，さらにBからCと所有権が移転しAからCへの中間省略登記がされたとして，Aからの譲受人またはBからの譲受人（いずれも二重譲渡の譲受人）もCの登記の無効を主張できない（8-9の判例も参照）。

8-9

立法上の目的を達するに足るを以て，法律の許す所なること明瞭なればなり」としている（大判大 5・9・12 民録 22 輯 1702 頁［甲柄を AC に修正］）。なお，中間省略登記の移転登記をした前々主についても，その抹消登記請求が否定されている（最判昭 46・4・8 判時 631 号 50 頁[8-6]）。

8-9 ❷ **無効主張の利益がない場合――判例の認める有効事例 2** 中間者無効主張の利益を欠く場合には，同意がなくても抹消登記請求が否定されている。未登記の甲建物を A から譲り受けた X は，これを B に譲渡し，B は甲建物を C ついで Y に二重に譲渡し，その後に，それまで未登記であった甲建物は A 名義で所有権保存登記がされ，A から Y への売買契約を原因として A から Y への所有権移転登記がされた（中間省略登記）事例である。X は，本件移転登記は X また B の同意なくして行われた中間省略登記であり無効であると主張して，Y に対してその抹消登記手続を請求したが，請求は退けられている。その理由として，X が「本訴を提起した動機についても，何ら自己自身の利益を守る目的に非らずして，ただ B が二重譲渡したことを聞知し，その譲受人の一人である C をもって正当の権利者と解し，これに責任ありと感じて C 名義の登記を実現するため Y 名義の登記を抹消しよう」としただけであり，「X には本件登記の抹消を訴求するについての法律上の利益を認めがた」いことが説明されている（最判昭 35・4・21 民集 14 巻 6 号 946 頁[8-7]）。

8-6 本件土地は，A 所有の土地であったが X（法人）が競落し，その後，X から B，B から C，C から Y₁ に転々譲渡されたが，登記名義は X のままであった。その後，X から Y₁ への無償譲渡を登記原因として所有権移転登記（中間省略登記）がされ，Y₁ により Y₂ 及び Y₃ のために抵当権設定登記がされた後に，X から Y₁ に対して抹消登記手続が請求され，Y₂ 及び Y₃ には利害関係人としての承諾が請求された事例である。最高裁は，「Y₁ のために経由された右所有権移転登記は，権利移転の経過においては真実と異なるものであるが，結局，現在の実体上の権利関係に合致するものであり」，X の代表者 D が右登記をなすことになかなか同意しようとしなかったとしても，「全く登記申請の意思がなかったということはできないから，X は，右登記を無効として，その抹消を求めることは許されない」と判示する。

8-7 物権変動過程が正確ではない登記として，被相続人から不動産を取得した者に対して，相続人が自己への相続登記をした後に相続人から移転登記がされた場合も，現在の権利関係を正確に公示しているため有効とされている（最判昭 30・9・9 民集 9 巻 10 号 1228 頁）。

8-10 【STEP UP ――登記上利害関係ある第三者が出現したらどうか】
　判例は 8-8 と 8-9 の 2 つの場合にしか中間者が中間省略登記の無効主張ができない場合を認めていないが，さらに，中間省略登記の後，それに基づいて利害関係ある第三者が登場した場合，たとえば，8-5 の事例で C がさらに D に転売し移転登記をした場合にも，中間者の同意がなくかつ無効主張の利益があったとしても，中間者が登記の無効を主張しえなくなると考えるべきであると提案する学説もある。D の取得した登記を無効とすると第三者 D に迷惑をかけることになるため，自ら登記を受けられたのにしなかった中間者 B よりも第三者 D を保護すべきであるとして，第三者の登場により中間者は無効を主張することができなくなるというのである（本書もこれに賛成。B の抹消登記請求権は消滅する）。

8-11 （ウ）　全面的有効説（少数説）　　以上に対して，もはや公益的な観点から無効にはできず，また，私益的観点から中間者の保護ということから現在の権利関係に合致している登記を無効にする必要もないという考えもある（少数説）。中間者は自ら登記を受けられたのにしておらず，これを転売したのは身から出た錆であり，また，中間者は転売先が代金を支払わなければ解除をして，その登記を抹消させることができるため，それで十分であるというわけである。

8-12 【STEP UP ――無効登記の流用】
　実体が伴わない無効な登記がされたが，その実体が後日備わった場合には，その実体が備わった時からその登記は有効になる。たとえば，A の土地を勝手に B が自分名義に贈与を受けたことにして移転登記をしてしまったが（登記は無効），A にその後追認をしてもらった場合，追認の時から実体的要件を具備することになり有効になる（☞図 8-12。無権代理の追認のように追認自体に遡及効があっても，対抗力は遡及しない）。これから説明する無効登記の流用は，これとは異なり，無効な登記

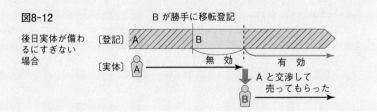

を，別の権利関係の公示のために流用するものであり，その公示する権利関係が後日備わったものではなく，実体に齟齬があり実体的要件はあくまでも具備していないのである。

8-13　**(1) 無効登記の流用の例**　無効登記の流用の例としては，次の2つがある。

(a) **表示登記の流用——登記されている目的物が違う場合**　建物を建築して保存登記をしたが，その建物（甲建物）に重大な欠陥があったため，解体して新たに建物（乙建物）を建築しなおしたとしよう。ところが，本来ならば解体された甲建物の抹消登記をして乙建物の保存登記をすべきところを，同じ設計で同じ建物を建築するので甲建物の保存登記をそのまま乙建物の登記に流用——その登記されている建物（＝甲建物）と称して取引するというのが正確——したとする。乙建物が建てられたことにより，一度無効になった甲建物の登記が有効になるのであろうか（☞図8-13）。

図8-13　無効の登記の流用1

8-14　(b) **権利の登記の流用——登記されている権利が違う場合**　たとえば，AがBのためにある土地に設定した抵当権（甲抵当権）が債務の弁済により消滅したものの，再度Bが融資を受けることになり前回と同じ内容の融資を受け抵当権（乙抵当権）を設定することにし，前回の抵当権登記が抹消されずに残っていたためこの登記を流用したとしよう[8-8]（☞図8-14）。この場合にも，流用後，抵当権者BがCに転抵当権を設定する際に流用された甲抵当権の登記に転抵当権設定登記をすることも考えられる（根抵当権が認められた現在，このような例はなくなっている）。

8-8　公示されている抵当権が消滅し実体がなくなった登記は無効であり，流用する抵当権は別の抵当権であり厳密にいえば公示はなく，流用する旨の付記登記があるわけでもない。確かに，消滅した抵当権そのものを当事者の合意で復活させることができるのであれば，実体要件に欠けるところはなくなる。しかし，そのような合意は第三者を害するものであり，無効というべきである。かつては順位昇進の原則は疑問視され，後順位抵当権者の順位昇進の利益・期待が軽視され，抵当権自体の流用を認める提案もあったが，現在では順位昇進の利益保護の必要性が認められるようになっている。

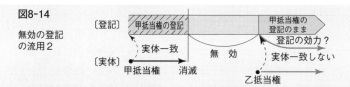

図8-14
無効の登記
の流用2

8-15　(2)　**無効登記の流用の効力**

(a)　表示登記の流用の事例

❶ **登記は無効であり，所有権移転登記を受けても対抗力なし**　流用された登記について代物弁済予約の仮登記，ついで予約完結をして本登記をしたXが，遅れて仮登記をしたYに対して，抹消登記を請求した事例で，「旧建物の既存の登記を新建物の右保存登記に流用することは許されず，かかる流用された登記は，新建物の登記としては無効」とされている。その理由は，「旧建物が滅失した以上，その後の登記は真実に符合しないだけでなく，新建物についてその後新たな保存登記がなされて，一個の不動産に二重の登記が存在するに至るとか，その他登記簿上の権利関係の錯雑・不明確をきたす等不動産登記の公示性をみだすおそれがあり，制度の本質に反するからである」（最判昭40・5・4民集19巻4号797頁）。本判決は，「新建物に関する登記としてはいずれも無効であり，また，右旧登記の流用の際，表示の変更登記により登記簿の表題部が新築建物の構造・坪数と合致するように変更されたとしても，かかる登記の効力は認めがたい」として，Xの所有権取得登記は無効であり本件建物に対する所有権の取得をYに対し有効に主張することができないから，Xの所有権を前提とする上記請求を棄却した原審判決が認容されている（無効とした判決として，大判昭7・6・7新聞3447号11頁等）。

8-16　❷ **禁反言により買受人は有効に所有権を取得できる**　表示登記の流用事例では，いずれも登記の実体的要件が欠けている。8-13の表示登記流用ケースでは物権の客体である物＝建物が異なっており，旧建物の保存登記であり新建物の登記ではない。したがって，8-13の表示登記流用ケースでは，甲建物の登記は無効なままであり，乙建物は未登記のままである。ところが，旧建物に抵当権の設定登記をし，その後債務者が右建物を取り壊して新建物を建築したが，新たな保存登記をせずに旧建物の登記を新建物の登記であるかのように仮装し，第三者が新たに抵当権（旧建物の登記上は後順位抵当権）を設定した事例で，「禁反言の法理」を持ち出し，新建物が，旧建物の登記に基づく抵当権の実行として競売された場合に，競落人（買受人）は競落により新建物の所有権を適法に取得するものとされている（大判昭13・2・16民集17巻613頁）[8-9]。

(b) 権利登記の流用の事例

❶ 流用後の第三者 Aがその所有不動産にBのために抵当権（甲抵当権）を設定しその旨の登記をした後，債務を全額弁済して甲抵当権が消滅したとする。その後，AがBから融資を受け同じ不動産に同じ内容の抵当権（乙抵当権）を設定したが，乙抵当権の設定登記をする「手数と登記料を節約する」目的で，抹消されないで残っていた甲抵当権の設定登記を流用し，Bの債権及び甲抵当権が存在するかのように装ってXに譲渡した附記登記をした事例で，その後に本件不動産を買い受けたYが乙抵当権の対抗力を否定できるかが問題とされた。

判例は，Yが買い受けた当時，<u>抵当権設定登記があり抵当権が実存する</u>という前提の下に締結され，代金も相当時価より被担保債権を控除したものとなっていた，債権と抵当権がBからXに移転したのではなく，「同金額の債権の為の新に設定せられた抵当権」をXが有していたことは知らなかったとしても，Xには当初の予期に反せず「毛頭損益するところ無きは多言を俟たず」，それなのに「登記の欠缺を主張するが如きは恰も始より何等の負担無き所有権を領得したると同一の地位に立ち以て測らざる奇利を博」することになるとして，YによるXの<u>登記欠缺を主張しえない</u>とした（大判大11・1・14民集15巻89頁）[8-10]。

この説明によれば，登記欠缺（＝登記無効）が前提となっているので，抵当権は弁済により消滅していると説明されて買い受けたならば，登記欠缺を主張する可能性があることになる。

[8-9] 旧建物の抵当権は消滅しており，新建物の登記上第二順位の抵当権は有効で，未登記だとしてもその存在は否定されるものではない。第一順位の抵当権は別として，まったく無効な競売ではなかった事例である。

[8-10] 登記を有効としたのではなく，無効だが登記欠缺を主張しえないとしたのである。なお，抵当権以外にこのような事例もある。AがBに金銭を貸与し，担保としてB所有の土地について売買予約を原因とする所有権移転請求権保全仮登記を得た。その後，弁済がされたものの，仮登記は抹消されないままになっていた。さらにその後，BはCから金銭の貸付けを受け，担保についてAの仮登記を抹消するために交付を受けていた権利証等を用いて，CのためにAの仮登記上の権利が譲渡されたことを原因とする付記登記をなした。また，この後BはYから金銭の貸付けを受け，本件土地について担保のために売買予約を原因とする所有権移転請求権保全仮登記をし，結局Bが弁済をしなかったためYは仮登記に基づいて所有権移転の本登記を得た。これに対して，Cの相続人XがCの仮登記が優先するとして，Yに対して先の仮登記および所有権移転登記の抹消を求めた。原審はXの請求を認容し，最高裁も次のようにこれを支持する。すなわち，「このような経緯及び内容をもった事案にあっては，たとえ不動産物権変動の過程を如実に反映していなくとも，仮登記移転の附記登記が現実の状態に符合するかぎり，当事者間における当事者はもちろん，右附記登記後にその不動産上に利害関係を取得した第三者は，特別の事情のないかぎり，右附記登記の無効を主張するにつき正当な利益を有しない」と判示した。

8-18　❷　**流用前の第三者（後順位抵当権者）**　他方で，A所有の不動産にBは第一順位，Xは第二順位の抵当権を有していたが，AがBに債務を完済したものの登記を抹消しない間にさらにまたYから金を借り，Bから返還を受けた借用証書を利用し，その債権及び抵当権をBからYに譲渡した形式を用いて抵当権譲渡の付記登記をした事例で，Yは第一順位の抵当権は有しないが，第二順位の抵当権を有することは妨げず，XはYに第一順位の抵当権を有することの確認を求めればよく，Yが抵当権を有しないことの確認を求めることはできないとされている（大判昭8・11・7民集12巻3691頁）。この判決も登記を有効とはいっておらず，Xの順位上昇は妨げられないことを認めているのである。現在では，抵当権の実行のためにはその存在を登記によって証明しなければならないので，登記が有効とみられるかは重要な問題になる。

8-19　(c)　**本書の立場**　8-13 の表示登記流用ケースも 8-14 の権利登記流用ケースのいずれも実体的要件を満たしていないので，登記は無効なままというべきである。また，対抗が問題になるのは登記の「新しい実体への流用」であるが，「流用」という物権変動は公示できないのである。第三者に思わぬ利益を与える必要はないので，登記は無効であるが，177条の「第三者」として保護されない事例をケースバイケースで認めれば十分であろう。登記欠缺を主張する「正当」な利益の有無の判断により，対抗力否定の認否が決められるべきである。

2　登記の申請と登記請求権

[1]　登記の申請──共同申請主義

8-20　(a)　**共同申請主義の原則**　登記の申請については，虚偽の登記がされないように防止する必要がある。しかし，日本では，公証人による登記強制は採用されておらず[8-11]，また，公証人とは別に登記申請を中心的業務とする司法書士制度を創設しつつも司法書士による登記の強制もしていない[8-12]。では

[8-11]　フランスのように不動産売買契約書は公正証書によらなければ登記ができないとすれば，契約書作成の段階で公証人がチェック機能を果たし，また，登記は公証人によらなければならないため，虚偽の登記は十分予防されることになる。ドイツにおいても，物権行為が公証人による物権行為の契約書の作成・移転登記によって行われるので，公証人がチェック機能を果たし虚偽の登記を予防できる。

どうやって登記の真正を確保しているのかというと，売買契約でいえば売主と買主といったように，登記により不利益を受ける者（登記義務者）と利益を受ける者（登記権利者）との共同申請を要求するという**共同申請主義**によっているのである（不登60条）[8-12][8-13]。これにより登記権利者だけで偽造文書により登記をすることができないようにしたのである[8-14]。なお，登記申請は戸籍関係の届出のように無償ではなく，登録免許税法に基づいて課税される[8-15]。

8-21　(b)　**共同申請主義の例外**　　共同申請主義には次のような例外がある。

❶　**相 続 登 記**　　相続の場合には，元の所有者が死亡しており共同して登記を申請することは不可能であるため，相続人だけで移転登記の申請ができる（不登62条）。共同相続の場合には，相続人全員で申請をするが[8-16]，または，分割により単独所有になった場合には分割協議書を添えて分割によって取得した相続人が相続を原因とした移転登記を申請することになる。

8-22　❷　**判決による登記**　　また，次にみるように，不動産物権変動の登記申請に物権変動の相手方当事者が協力しない場合に，他方には相手方に対する登記請求権が認められ（☞ 8-23），相手方に登記への協力が判決により命じられれば，その勝訴判決を得た者は単独で登記申請ができる（不登63条1項）。登記義務者の登記申請の意思表示に代わる給付判決（確定判決等[8-17]）を得て登記

8-12　2004（平成16）年の不動産登記法の改正により，司法書士は「法務省令で定めるところにより電子情報処理組織……を使用する方法」による申請（インターネットによるオンライン申請）が可能になっている（不登18条1号）。

8-13　＊**登記官の審査権**　　登記申請を受けた登記官は，法定の必要書類がそろっているか，あるいは記載漏れがないかなどの形式的な審査権（形式的審査権）しかなく，申請されている物権変動が真実存在するのかの審査権（実質的審査権）は認められていない。

8-14　しかし，司法書士による登記の強制はないので，実効性は乏しい。登記代理には108条の制限は適用にならず，買主を仮装した者が，売買契約書だけでなく売主側の必要書類を委任状を含めて偽造して移転登記を申請したら，登記官には形式的審査権しかないので登記ができてしまうことになる。

8-15　たとえば，所有権の保存の登記，共有物分割による所有権の移転登記，相続・遺贈による所有権の移転の登記，法人の合併による所有権の移転の登記は，不動産価額の1000分の4。その他の原因による移転の登記は不動産価額の1000分の20である。抵当権の設定登記は，目的物の価額ではなく，債権金額または極度金額の1000分の4となっている。

8-16　登記実務では，共同相続人の1人が，共有物の保存行為ということを根拠に，単独で全員名義の相続登記ができるということになっているが，疑問である。

8-17　単独で登記できる確定判決等として，給付判決，和解調書，調停調書，起訴前の和解調書が

権利者が単独で申請できるというだけであり，形式的には相手方の申請の意思表示を判決等で代替するので共同申請の例外ではないが，実質的には実際に相手方が申請をしなくても登記ができるので共同申請主義に対する例外といえる。

[2] 登記請求権

8-23　(a)　**登記請求権の意義**　登記は当事者が共同して申請しなければならないため，たとえば，Aがその所有の土地をBに売り渡す売買契約をしたが，Aが所有権移転登記に協力してくれない場合，Bは移転登記ができず177条の対抗要件を満たすことができない。①Aが二重譲渡をしてしまうかもしれないし，Aの債権者が差押えをするかもしれないので，Bを保護する必要がある（通説・判例は差押債権者も第三者と認める）。②また，登記をすることは売主Aにとっても必要である。というのは，Aは自分の登記名義になっていると，固定資産税が自分にかかってくるし，また，物権的請求権や土地工作物責任（717条）の追及の相手方とされる危険性もあるからである。

そのため，登記により利益（対抗力の取得など）を受ける買主Bを**登記権利者**，不利益を受ける売主Aを**登記義務者**といい，BからAへの移転登記への協力を求める請求権が認められる。また，Bには受領義務が認められ，AからBへも受領を求めるものとして移転登記に協力を求めることができるのである（登記引取請求権）[8-18]。このように，登記申請に協力を求める請求権を

あげられる。判決に基づき登記申請する場合の登記原因は，判決書等に原因の記載があるときはその原因，その記載がないときは「判決」と記載する（昭和29年5月8日民事甲第938号回答）なお，被相続人が買い受けた不動産につき，「売主は買主の相続人に対し，○○年○○月○○日における売買を原因とする所有権移転登記手続をせよ」との判決があったときは，相続人は判決正本を添付して直接自己名義に所有権移転登記をすることができる（昭和35年2月3日民甲第292号）。

[8-18]　最判昭36・11・24民集15巻10号2573頁は，「真実の権利関係に合致しない登記があるときは，その登記の当事者の一方は他の当事者に対し，いずれも登記をして真実に合致せしめることを内容とする登記請求権を有するとともに，他の当事者は右登記請求に応じて登記を真実に合致せしめることに協力する義務を負う」という一般論を述べた後，不動産の売買契約が売主により解除された場合に，売主による買主に対する所有権移転登記の抹消登記請求につき，買主は抹消登記に協力する義務があるものと判示する。

登記請求権という。

8-24　**(b)　登記請求権の発生原因**　登記請求権は，契約当事者間に契約の履行請求権ないし受領請求権として認められるだけではない。相続以外はすべて共同申請であるため，無断で移転登記や抵当権設定登記がされた場合の所有者の名義人に対する抹消登記申請も共同申請となり，無断で登記した者に対して抹消登記申請への協力を求める必要がある[8-19]。登記請求権の原因としては，次の3つが考えられている[8-20]。それぞれについて説明をしていこう。

①　債権的登記請求権
②　物権的登記請求権
③　物権変動的登記請求権

8-25　❶　**債権的登記請求権**　売買契約では，売主は契約上買主に対して移転登記をする履行義務を負い，また，債権者にも受領義務が認められるので（☞『民法Ⅳ』9-20以下），契約上の義務として，買主の移転登記への協力義務（受領義務）を肯定でき，登記引取義務も契約上の義務として説明することができる。合意があれば中間省略登記請求権が認められるかは，8-34に述べる。

8-26　❷　**物権的登記請求権**　虚偽の登記が勝手にされた場合には，所有権の移転登記ならば所有者，抵当権の抹消登記ならば抵当権者は，それぞれ所有権，抵当権に基づく物権的請求権として，抹消登記，回復登記請求権が認められる。売買契約の当事者間で，買主は契約上の登記請求のほかに，移転した所有権に基づいて売主に対して物権的請求権としての移転登記請求権が認められるかは，債権的登記請求権との請求権競合問題の一種として議論されている（引渡請求権についても同様の問題があり，統一的に解決がされるべき）。

8-27　❸　**物権変動的登記請求権**　さらに，登記法の物権変動を公示するという理念からも，物権変動があればそれに対応した登記請求権を認める余地が

[8-19]　登記官には形式的審査権しかなく有効なのに売主が無効と称して抹消登記を単独で申請することができてしまうので，無効な登記といえども共同申請にする必要があるのである。
[8-20]　登記請求権の根拠については，かつてはこれをすべて一元的に説明しようとする学説もあったが，判例そして現在の通説は，本文のように多元的な根拠により説明をしている。

ある[8-21]。たとえば，AがBの不動産を時効取得した場合に，契約に基づく債権的登記請求権はないが，物権変動を公示するために移転登記請求権が認められる（原始取得であるが，実質的には所有権の移転である）。この場合，所有権に基づく物権的登記請求権が認められるが，時効取得者が他に売却してしまえば，物権変動的登記請求権のみが残される。また，物権変動がないにもかかわらずこれがあるものと登記がされている場合には，登記名義人は真の所有者に対して抹消登記（これも共同申請）を請求できる[8-22]。

8-28　(c) **登記請求権の内容**　登記請求権の内容は，現在の権利関係を正しく公示するものでなければならないが，その点さえクリアーしていればよく，物権変動の内容やプロセスにおいて正確ではない登記請求権も認められるのであろうか。

8-29　㋐　**物権変動の態様と異なる登記請求権**[8-23]　たとえば，贈与なのに，受

[8-21] 逆に物権変動がないのにもかかわらずこれがあるものとして登記がされている場合に，抹消登記請求権が認められるためには，その時点で目的不動産の所有者である必要はなく，既に第三者に目的不動産を譲渡しておりその移転登記のために登記を取得することが必要であるため，無効な登記の名義人に対して抹消登記請求をすることができる（大判昭12・12・28民集16巻2082頁）。

[8-22] 登記上所有者になっていると，所有者として固定資産税を課税されるなどの不利益が考えられるため，このような登記請求権を認める必要がある。AからB，BからCと所有権の移転登記がされているが，AB間，BC間のいずれの所有権移転も無効であった場合に，所有者ではないBのCに対する抹消登記請求権について，「現在においては，不動産の実質的権利者ではないとしても，その登記の是正に関して利害関係を有するかぎり，現在の実質的権利者と同じくその是正について登記名義人に協力を求めるいわゆる登記請求権を有する」として，Bは，Cへの所有権移転登記を抹消の上，実質上の権利者であるAに対して，B名義の所有権取得の登記を抹消する義務を負うため，BはBC間の所有権移転登記の抹消について利害関係を有するとして，BのCに対する抹消登記請求が認められている（最判昭36・4・28民集15巻4号1230頁）。

[8-23] 次のような登記請求権も認められている。Bは妾関係にあったAに，その関係を維持するために借地上の未登記建物（この後，B名義で登記）を贈与した場合，90条より贈与は無効だが，708条で建物の所有権はBに戻らないとした事例で，判例は，708条本文の反射的効果として給付を受けた受贈者Aに所有権が帰属し，贈与者Bがその後に保存登記をしても無効な登記であり，結局Aが改めて保存登記をすることになると考えて，「本件不動産の権利関係を実体に符合させるため，Aが右保存登記の抹消を得たうえ，改めて自己の名で保存登記手続をすることに代え，Bに対し所有権移転登記手続を求める」ことを認めている（最大判昭45・10・21民集24巻11号1560頁）。なお，未登記建物の買主は，所有権確認の判決を得て自ら保存登記をすることもできるが，売主に対して保存登記をした上で移転登記をするよう請求することができるとされている（最判昭31・6・5民集10巻6号643頁）。

贈者が贈与者に対して売買を理由とする所有権移転登記請求をしても，贈与者が贈与であることを証明してこれを拒絶することができる。請求棄却ではなく，贈与を原因とした所有権移転登記が命じられることになる。たとえ，当事者で虚偽の売買契約を締結していても同様である。しかし，相手方が売買契約を争わなければ，請求を認容する判決が出されることになるのは，訴訟法の法理からの帰結である。

8-30 **(イ) 中間省略登記請求権** 不動産がAからBへ，さらにBからCへと転々と譲渡されたものの，A名義の登記になったままの場合に，CはAに直接自分への移転登記をするよう請求できるであろうか。既になされた中間省略登記の効力については，8-5以下に述べたように有効と認められる余地があるが，中間省略登記請求権が認められるかは別に考えることが可能である。AC間に契約がある場合については8-34以下に述べるとして，合意なしに当然に中間省略請求権が認められるか，すなわちCはAに対して，所有権に基づく物権的請求権として中間省略登記請求権が認められるかを考えてみよう。

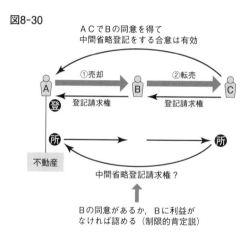

図8-30

8-31 **❶ 否定説（判例）** 判例は，中間省略登記請求権については，「実体的な権利変動の過程と異なる移転登記を請求する権利は，<u>当然には発生しない</u>と解すべきであるから，甲乙丙と順次に所有権が移転したのに登記名義は依然として甲にあるような場合に，現に所有権を有する丙は，甲に対し直接自己

に移転登記すべき旨を請求することは許されないというべきである。ただし，中間省略登記をするについて<u>登記名義人および中間者の同意ある場合は別である</u>」とする（最判昭40・9・21民集19巻6号1560頁☞8-36，最判平22・12・16民集64巻8号2050頁も否定）。しかし，BがAに移転登記を請求しない場合，CはBのAに対する登記請求権を代位行使（代位権の転用）してBに移転登記をさせた上で，BからCは移転登記を受けることができる（423条の7）。

このように，判例は所有権に基づく物権的請求権としての中間省略登記請求権は認めないが，Bの同意を得てするAC間の中間省略登記の合意を有効とし──Bの同意がないと無効──，債権的中間省略登記請求権は認めている。

8-32　❷　**制限的肯定説**　しかし，私的な利益保護しか問題にならず，登記においては現在の権利関係が公示されればよいというのならば，これから登記する場面においても中間者の同意がある場合だけでなく（債権的中間省略登記請求権とは異なりAの同意がなくてもよい），Bに自分が登記を取得する利益がなければ，現在の権利関係を登記で公示するためのCのAに対する直接の登記請求権を認めてよいという考えも可能である。しかし，本書としては，これから登記をする場合には，物権変動の過程を正確に公示させるのが望ましいので，❶説を支持したい（通説は❶説といえようか）。そもそもABCの中間省略登記の合意書をもって中間省略登記の申請をすることはできず，履行不能であり契約の履行強制はできないはずである。

8-33　❸　**全面的肯定説**　他方で，中間省略登記の効力につき全面的有効説を採用する者は，ここでも中間者を保護する必要はなく，登記は現在の権利関係を公示すればよいということで，たとえBの同意がなくまたBに利益があっても，CのAに対する法定の中間省略登記請求権を認めてよいと考えている。Bは自らAから移転登記を受ける機会が保証されているのであり，また，中間省略登記がされても，Cが代金を支払わなければCとの売買契約を解除することができる。この説は，現在の権利関係の速やかな公示という理念を優先してもよいという価値判断に基づいている。

8-34　**【STEP UP ──中間省略登記の合意の効力（債権的中間省登記請求権）】**
　　　AからB，BからCと売買が転々とされたとして，ABC三者でAからCに移

転登記をすることが合意されたとしよう（正確には，AC間に権利関係が発生するので，AC間でBの承諾を得てなされた中間省略登記の合意）。このような契約は有効であろうか。また，もしBの同意を得ていなかったらどうなるであろうか（BはCに対して移転登記との同時履行の抗弁権により，代金の支払を促すことができたのが，有効にCに移転登記がされてしまうことによりできなくなってしまう）。

8-35　❶　**無　効　説**　まず，たとえ中間者Bの同意を得ていても，これを無効とする考えも可能である。しかし，なされた中間省略登記を常に無効とする考える説明に窮しよう。公示の理念に反するという公益的な理由から90条違反無効を考えられるが，そこまで強い公益的要素があるといえるか疑問である。また，中間者の私的利益の保護を理由に無効とするのであれば，中間者の私的利益の有無を考慮せずに，当然に90条違反で無効にするのは難しいといわざるをえない。本書も無効と考える（☞8-32）。

8-36　❷　**有　効　説**　中間省略登記を公益的な見地から無効とはできない以上，私的利益の保護，すなわち中間者が同意しているか否かが決め手になり，①AC間の中間省略登記の合意につき，中間者Bが同意をしている場合に限って判例は有効としているが（最判昭40・9・21民集19巻6号1560頁[8-24]），②中間者Bの同意がなくても，Bに登記を取得する利益がない場合には，AC間の中間省略登記の合意を有効とみてよいであろう。③中間者の同意がなくかつ中間者が中間省略登記によりその利益を害される場合にのみ，AC間の中間省略登記の合意は他人を害する契約となり90条で無効とされるにすぎない。8-33の全面的肯定説では，中間者の同意がなく，かつ，利益が否定できなくても有効と考える余地がある。

[8-24]　この場合にも中間者の登記請求権は消滅しない。「甲から乙，乙から丙へと順次移転登記を経由すべき場合に，中間者乙への登記を省略して，甲から直接丙に対して移転登記を経由すべき旨を三者間において合意するのは，丙に登記を得させる便宜のためのものであって，この合意があったからといって，当然に中間者乙の甲に対する移転登記請求権が失われるものではない」という一般論が肯定されている（最判昭46・11・30民集25巻8号1422頁）。

■第 9 章■
動産物権変動の対抗

9-1 **(a) 動産についても対抗要件主義を採用──引渡しが対抗要件**

(ア) **民法上は「引渡し」が対抗要件**　たとえば，古美術商を営むAが客Bに甲掛軸を売却し代金を受け取り，Bが明日取りに来るというのでそのまま店に甲掛軸を売約済みという札をつけて（またはつけないで）保管していたとする。代金が支払われているので，所有権移転は所有権移転時期についてのどの学説でも認められ（☞4-21以下），Aはもはや所有者ではない。では，Aがその後に甲掛軸を訪れた客Cに売却し，代金を受け取って引き渡した，または，配達を約束して保管している場合，BC間の所有権取得をめぐる権利関係はどのように規律されるべきであろうか（☞図9-1）。

民法は，動産についても不動産同様に対抗要件主義を導入し，「動産に関する物権の譲渡[9-1]は，その動産の引渡しがなければ，第三者に対抗することができない」と規定した（178条）。条文上，Cが先に「引渡し」を受ければ，善

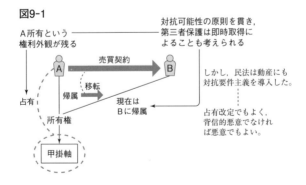

図9-1

[9-1] 178条では，「譲渡」のみに対象が限定されている。動産についての用益物権はなく，動産抵当権も民法上はなく，また，質権設定については引渡しが成立要件であり，占有の継続がその後の対抗要件にすぎないからである（352条，353条）。譲渡担保権や所有権留保については，解釈に任されることになる。

意か否かを問うことなく，その引渡しも現実の引渡しに限定されることはなく，Bに対して自分の所有権取得を主張できるのである。

9-2　**(イ)　第三者の主観的要件**[9-2]　178条でも「第三者」には善意が要求されていないが，177条での議論が（☞ 6-25），動産についてもそのままあてはまるのであろうか。不動産と同様，善意をめぐる争いを禁止し先に引渡しを受けたことにより形式的画一的に解決しようとしたのであろうか。われわれ市民の感覚からして，売却済みと札がついていても引渡しがされていない限り，より有利な代金で買い取ることが自由競争として許されるのであろうか。この点は9-4に述べる立法論を，可能ならば178条の解釈論として実現し，第三者の善意を必要と考えたい。

9-3　**(b)　動産譲渡登記ファイル制度の創設**　2004（平成16）年の債権譲渡特例法の改正により（動産及び債権譲渡特例法に名称変更された），債権だけでなく動産についても譲渡登記ファイルへの譲渡登記による対抗要件具備が可能になった。立法に際しては，民法の引渡しに対して登記を優先すべきとの議論もあったが，結局は，新たな対抗要件を追加しただけであり，民法上の「引渡し」と特例法による登記との効力は先後によってその優劣が決まることになる。そのため，登記前に「引渡し」がされてしまえば，引渡しを受けた譲受人が優先することになる。また，船舶，飛行機，車両など，抵当権の設定を可能とするために動産でも登録制度が用意されている場合がある（商法687条，道路運送車両法5条1項，建設機械抵当法7条1項等がある）[9-3]。

9-2　178条の「第三者」の客観的要件については，177条と同様に考えてよい。不法占有者（大判明43・2・24民録16輯131頁）や不法行為者（大判昭17・2・28法学11巻1183頁）は，第三者として保護されない。動産の賃借人についても，178条の「第三者」性が認められ，ここでは指図による占有移転がない限り，譲受人は所有権取得を賃借人に対抗できないことになる（大判大4・2・2民録21輯61頁）。これに対して，動産の譲渡人に代わって一時保管しているにすぎない者は，譲渡を否認するにつき正当な利害関係を有する者には該当せず，178条の第三者に該当しないと考えられている（最判昭29・8・31民集8巻8号1567頁）。

9-3　いまだ登録されていない動産については，178条が適用され，一方が引渡しを受けた後に，譲渡人が登録をして第二譲受人に名義変更をしてもこれを覆すことはできない。なお，登録された動産は，192条は適用にならないが（☞ 3-7以下），動産譲渡特例法により登記されたにすぎない動産については，すべての動産について登記を確認してから取引をしろという取引慣習は成立していないので，譲渡登記後に，192条の適用は可能と考えられている。特例法の登記の対抗力は，192条の適用を認める結果，ほとんど形骸化してしまうことになる。

9-4 【STEP UP ──即時取得的立法によることも可能】
　フランス民法及び旧民法では，動産について，178条のような対抗要件制度とは幾分異なる規定をおき (☞4-3)，その規定により動産物権変動の問題を処理している。簡単にいえば，"第一譲受人は，現実の占有を取得した善意の第二譲受人に対して自分が先に譲り受けたことを主張しえない"という対抗不能ではなく，相矛盾する売買等は先に引渡し──フランス法では不動産にも2016年の改正で拡大され，不動産では登記──を受けた方が優先し，第二譲受人については善意が要求されるのである。現実の占有及び善意が要件となり，要件についてはほぼ即時取得と同様の規律である。日本の民法178条とは，①現実の占有の取得が要件であること，②第三者の善意が必要なこと，この2点で異なる。立法論としては，動産では，第三者が保護されるためには，占有改定では足りず，さらに第三者の善意を要件とすべきである。

9-5 **FOLLOW UP ── 178条の「引渡し」と「占有権」の移転**
　　　　　　　「占有権」の移転の概説を兼ねて

(1)　**「引渡し」と「占有権」の「譲渡」・「取得」**　　178条は「引渡し」を対抗要件としている。民法は，「引渡し」という用語を現実の引渡しについて用い (182条1項)，182条の条文見出しにも「簡易の引渡し」という言葉が使われている。他方で，民法には，「引渡し」以外に「占有権の譲渡」という概念があり，これは「占有改定」(183条) や「指図による占有移転」(184条) によっても可能である。178条は「占有権の譲渡」ではなく，「引渡し」に限定しているため，現実の引渡しと簡易の引渡しだけが含

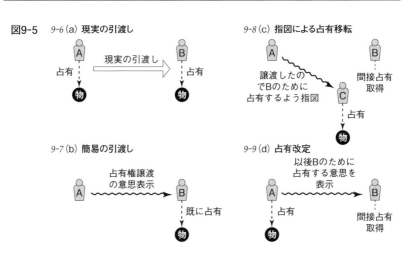

図9-5
9-6 (a) 現実の引渡し
9-7 (b) 簡易の引渡し
9-8 (c) 指図による占有移転
9-9 (d) 占有改定

まれるかのようである。民法は「占有権」の「譲渡」「取得」を認め，占有制度によって「占有権」の譲渡を受けたり取得した者を保護するというだけであり，この者たちが「公示」を備えたといえるかどうかは別であり，動産の公示への信頼を保護する192条の適用のある占有者になる必要があるのではないか，という疑問がある。

以下には，「占有権」が移転する場合として民法が規定している類型の概説をかねて，AがBに甲掛軸を売ったという *9-1* の例によりながら説明をしていこう（☞図9-5）。

9-6　**(2)　「占有権」の移転（占有権の承継[9-4]）原因**

(a)　**現実の引渡し**　「占有権の譲渡は，占有物の引渡しによってする」（182条1項）と規定され，これは「**現実の引渡し**」というタイトルが付されている。現実にAからBに絵画の「所持」を移すことであり[9-5]，常識的に引渡しというとこれだけである。繰り返すが，民法は現実の占有移転がある場合のみを「引渡し」といい（182条1項），同規定以下では引渡しとはいわず「占有権の譲渡」，「占有権を取得」と称しているにすぎない。しかし，学説は，「占有権の譲渡」一切を178条の「引渡し」と認めて——「引渡し」概念を拡大して——対抗要件としての効力を認めており，178条の「引渡し」を現実の引渡しに限定していない。

9-7　(b)　**簡易の引渡し**　レンタル業者AからBが借りて「所持」しているチャイルドシートを，BがAから買い取ったとする。この場合につき，民法は，「譲受人又はその代理人が現に占有物を所持する場合には，占有権の譲渡は，当事者の意思表示のみによってすることができる」（182条2項）と規定している。民法はこれを「**簡易の引渡し**」

9-4　＊**占有権の承継における併合主張（187条）**　占有の承継があった場合に，187条1項により，たとえばAがBから物を譲り受け引渡しを受けたが，それが他人物であり取得時効を問題にする場合には，Bの占有を（さらにその前にCがいれば，CとBの占有）合わせて主張することができる。ただし，その場合には，前占有者の悪意や強暴（平穏でないこと）などの瑕疵も承継しなければならない（187条2項）。代理占有から直接占有になる場合には，間接占有・直接占有と占有態様は変化するが同一人が占有しているので187条の適用を否定するのが判例であるが（大判大11・10・25民集1巻604頁），代理占有について善意・悪意は占有代理人を基準で判断されるため，善意の間接占有者は善意の直接占有だけを選択できる利益があり，またそのような保護の必要性もあるので187条の類推適用を肯定してよいであろう。なお，前占有者が善意無過失で占有を開始した場合に，占有承継人が悪意でも占有を併合主張し10年の取得時効（162条2項）を援用できるかについては『民法Ⅰ』17-7以下に述べた（判例は肯定）。

9-5　建物については，鍵の引渡しが建物の現実の引渡しになる。海底35尋以上の海深にあって引揚困難な沈船船（船舶登記済）について，「一塊の船骸と化し，商法687条にいわゆる船舶たるの性質を失った」として，「これが所有権の移転を第三者に対抗するには民法178条によりその引渡のみを以て足り」，売買契約書など関係書類の授受があった以上，「当事者の一方の実力的支配関係が相手方の実力的支配関係に移属されたものと認めるを相当とする」として，引渡しが認められている（最判昭35・9・1民集14巻11号1991頁）。

と称している。簡易の引渡しの場合には，Bが現実の占有を取得しているので，178条の「引渡し」に含めてよい。現実の引渡しを要求したとしても，一旦返還してすぐに引渡しを受けるだけであり，公示として何ら意味はなく，このような引渡し類型を認めてよいのである。

9-8　(c)　**指図による占有移転**　Aが絵画をCに保管してもらっている場合，「本人〔＝A〕がその代理人〔＝C〕に対して以後第三者〔＝B〕のためにその物を占有することを命じ，その第三者〔＝B〕がこれを承諾したときは，その第三者〔＝B〕は，占有権を取得する」(184条)。これは**指図による占有移転**といわれている。確かに，買主が現実に占有していないが，第三者としては占有者（占有代理人）に確認ができるので――占有者がインフォメーションセンター（その物がどういう状況におかれているかを知っている）――，178条の対抗力を認めても不都合はない。また，178条の引渡しのために現実の引渡しを必要としても，一旦BがCから現実の引渡しを受け，即座にCに預けるだけであり，公示として何の意味もない。

9-9　(d)　**占有改定**　「代理人が自己の占有物を以後本人のために占有する意思を表示したときは，本人は，これによって占有権を取得する」(183条)。これを占有改定という。たとえば，AがBに子牛を販売したが，BがAにその子牛の飼育そして出荷に適した状態になった時の出荷を依頼して，そのまま育ててもらう場合がその例である。売買等と同時に，譲受人から譲渡人に対する他主占有の取得原因たる権原となる契約（賃貸や寄託等）がされている場合である。一旦，AからBに自主占有が移転せられ，同時にBからAに賃貸借等の権原により他主占有が設定されることになる。占有改定が認められるためには，新たな他主占有の「権原」が必要になる。単に引渡しを先に延ばすので足りない。この点，現在では受寄者にも占有（他主占有）を認めるために（☞12-4-1），現実の引渡しまで「保管」してもらうのも寄託であると考えて，他主占有となる可能性があり，占有改定の限界づけが不明瞭になっている。

　通説・判例は占有改定も178条の「引渡し」に含めている。判例は「民法第178条に所謂引渡は必ずしも物の現実の授受ある場合にのみ限るものにあらずして，占有の改定に因り物の現実の授受と同視すべき場合をも包含する」とし，国税滞納処分により差し押さえた国への対抗を認める（大判明43・2・25民録16輯153頁）。現実の引渡しを要求しても，すぐに他主占有させることになり公示として意味がないからである。結局は第三者の取引の安全保護は，即時取得（192条）により図られ，本書は178条と即時取得による規律に差を認めないため（☞9-2），占有改定を178条の引渡しと認めかつその認定を広く認めてよい。

■第 10 章■
立木, 農作物についての物権変動
──明認方法[10-1]──

10-1　土地を賃借して植林や耕作している場合には, 土地と立木(りゅうぼく)や農作物の所有者が異なり (242条但書), 土地とは別の立木や農作物の所有権が成立しており, 立木や農作物の所有者である賃借人が伐採・収穫前に売却することが可能である。のみならず, 土地の所有者自身が耕作している場合にも, 立木や農作物を伐採・収穫前に売却し, 立木や農作物の所有権を移転することができると考えられている。立木や農作物 (稲穂, 野菜, 木になっている果実) を, 未分離のまま土地とは別に譲渡することができるのである[10-2]。

では, その場合に, 立木や農作物の買主は所有権の取得を, 立木などを差し押さえたり二重に買い受けた第三者に対抗するには, 対抗要件として何が必要であろうか (☞図10-1 ①)。

まず, いずれかが先に収穫をして動産としその占有を取得すれば, 178条により占有を取得した立木や農作物の所有権取得を対抗できると考えてよい[10-3]。

10-1　明認方法は, 湯口権 (温泉権) 等の慣習上の物権についても問題になる。判例は, 物権的権利と認める以上は, その性質上177条を類推して公示方法を具備しなければ第三者にその取得を対抗できないものとする (大判昭15・9・18民録19輯1611頁──鷹の湯事件)。

10-2　＊明認方法は成立要件でもあるか？　独立した価値を持つ状態になった立木や未分類果実につき, 建物のように当然に独立した所有権を認めるべきかは議論がある。上ものは別というのが日本の慣習であるとしてこれを肯定することもできる。他方で, 明認方法を施して譲渡することにより, 初めて独立した所有権が成立しまた移転するという理解もある。

10-3　なお, 立木 (正確には立木の持分) の二重譲渡の事例につき, 原審判決が「伐採して枕木又は枕木原木となったものについてはXを表示するための刻印を押してあることが認められるから, その部分に限り, 立木のままの状態において対抗方法を講じた場合と異別に解する理由がないので, その部分の所有権取得をYに対抗できる」としたが, 最高裁は,「Yは立木当時既に明認方法の欠缺を主張する正当な利益を有する者であることは明白であるから, 伐採後動産となつた伐木について仮令Xが自己を表示するための刻印を施したとしてもこれが所有権をYに対抗し得ないものと解すべきである」と判示する (最判昭37・6・22民集16巻7号1374頁)。しかし, この論理だと二重譲渡人の登場後に立木に明認方法を施しても対抗力を取得できなくなってしまい不都合である。少なくとも切り出した立木についてはそれを動産とし先に占有を取得すれば対抗力を取得することを認めるべきである。

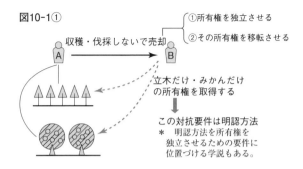

しかし，伐採・収穫による占有取得以外の対抗要件は認められないのであろうか（立木ではその必要性が高い）[10-4]。この点，判例・学説は**明認方法**という慣習上の公示方法により，伐採・収穫する前に対抗力を取得することを認めている[10-5]。すなわち，立木ならば立木の皮をはいで所有者の名を書き入れたり，農作物であれば，その農地に立て札をして農作物を買い取ったことを公示することによって，所有権取得の対抗要件具備が認められている[10-6]。

ただし，明認方法は所有権取得の以外の公示は認められず（担保としては譲

[10-4] なお，1909（明治42）年にいわゆる立木法が制定され，「一筆ノ土地又ハ一筆ノ土地ノ一部分ニ生立スル樹木ノ集団ニシテ其ノ所有者カ本法ニ依リ所有権保存ノ登記ヲ受ケタルモノ」を「立木」（リュウボクと読む。登記されていないとタチキ）といい（同法1条1項），「立木ノ所有者ハ土地ト分離シテ立木ヲ譲渡シ又ハ之ヲ以テ抵当権ノ目的ト為スコトヲ得」（同法2条2項），また，「土地所有権又ハ地上権ノ処分ノ効力ハ立木ニ及ハス」とされている。しかし，ほとんど立木登記は利用されていない。法務省登記統計によれば，立木の所有権保存登記件数は2017（平成29）年は0件，2016（平成28）年は4件，2015（平成27）年は2件にすぎない。

[10-5] この場合の対抗力の根拠は，慣習法により説明するか，または，不動産の登記に近いので177条の類推適用というか，または，動産に準じて178条の類推適用というか，いずれかによる。判例は，明認方法以外に，立木のみを買い取った者が，地盤について地上権の設定登記をした場合にも，立木取得の対抗要件としての効力を認めている（大判明41・10・20民録14輯1027頁等。未分離果実について永小作権登記も同様に考えられる）。また，明認方法が認められるのは，伐採目的の場合に限るという判例があったが，その後変更され，立木取得の目的は問わないものとされている（大判大10・4・14民録27輯732頁）。

[10-6] 立木についての判例では，「同一の立木の所有者より数人が前後相次で各別に之を買受けたる場合に於て何れも特に其所有権の得喪に付き他人をして之を明認せしむるに足るべき行為を為さざるときは，<u>各売買のありたる時日の前後を以て権利の優劣を定むべき</u>ものなれども，特に他人をして之を<u>明認せしむるに足るべき行為</u>を為したる者あるときは，斯の如き行為を為さざる者は売買のありたる時日の前後を問はず其所有権の取得を以て斯の如き行為を為したる者に対抗することを得ず」とされている（大判明38・2・13民録11輯120頁）。

10-2

渡担保を利用するしかない），また，第三者が対抗関係にある取引をする時点において明認方法が存続していなければならず（大判昭6・7・22民集10巻593頁，最判昭36・5・4民集15巻5号1253頁），明認方法を一度施してもその後明認方法がなくなれば対抗力も消滅する（☞図10-1②）[10-7]。なお，準動産ではあるが，土地に定着した状態で取引されるため即時取得の適用はない[10-8]。

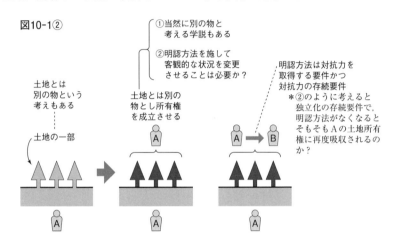

図10-1②

10-2 【STEP UP ── 一方が土地と立木を買い取った者である場合】
(1) 地盤の所有権移転登記で立木の所有権移転の公示＝対抗要件になる

10-1 に述べたように，立木だけを買った者は，第三者に所有権取得を対抗するためには，明認方法によって公示するか，先に伐採をして占有を取得するしかない。これに対して，土地と立木を買った者は，土地の登記をすることによって土地と立木の取得を合わせて公示し対抗力が認められる。「其土地の売買ありたる場

[10-7] 動産の引渡しであれば，一度引渡しがあれば占有を失っても対抗力に影響がなく，即時取得が問題とされるだけである。ところが，立木の場合は地盤の登記によりカバーされるが，明認方法はそれを覆す機能を果たすため，明認方法がなくなれば地盤の登記だけになってしまうからである。明認方法は対抗力の存続要件でもある。

[10-8] 土地について虚偽の移転登記をしたり，立木について虚偽の立木登記や明認方法を施した者から立木の譲渡を受けても，虚偽の登記には公信力はない（まして明認方法に公信力はない）ので，譲受人は所有権を取得できない（立木登記以外は未分離果実でも同様の問題が考えられる）。譲受人が善意無過失で，立木を伐採して動産である伐木の占有を開始しても，譲受人からさらに伐木の譲渡を受けた者について即時取得が考えられるだけである。ただし，192条の趣旨から譲受人を保護しようという少数説もある。

合に於て，特に立木を除きたる事蹟なき限りは立木も共に売買せられたるものと看做すを当然とす。従て其土地を立木と共に買受け其土地売買の登記を経たる者は，単に其土地の取得を以て登記を経ざる第三者に対抗することを得るのみならず，<u>立木の取得に付ても之を以て第三者に対抗することを得る場合ありと謂はざるを得ず</u>」とされている（大判明38・5・15民録11輯724頁）。

10-3　**(2) 地盤と立木の二重譲渡の事例**　地盤と立木とがBCに二重に譲渡された場合，いずれかが先に土地の所有権移転登記をすれば，立木取得も対抗できる。では，たとえば，Bが先に明認方法を施したり，伐採をして，その後にCが土地の所有権移転登記を受けた場合，土地取得はCが対抗できるが，立木についてはどう考えるべきであろうか。

　この点，主物・従物の場合と同様に，立木の所有権の帰属は地盤所有権の帰属によって決めるのが判例である（大判昭9・12・28民集13巻2427頁）。したがって，Bが先に明認方法を施していても，立木の取得だけ対抗できることにはならない。立木だけの取得とは異なり，地盤と共に立木を取得した場合には明認方法は対抗力が認められないことになる。これに対し，Bによる立木の伐採については，Cの登記の対抗力は遡及しないので，178条により伐採した立木の所有権については伐採した者が取得できてよいであろう。この結果，伐採を除き，地盤と立木が譲渡された場合には，所有権移転登記により立木も含めて優劣が決定されることになる。なお，Bが登記前に伐採した立木については対抗できると考えてよい。

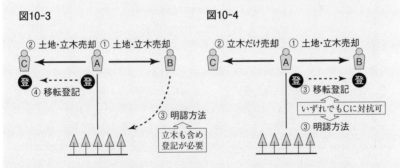

10-4　**(3) 他方が立木だけの譲受人である場合**　これに対して，一方が立木，他方が地盤と立木の譲渡である場合，たとえば，Cが立木だけ譲り受けた後に，Bが地盤と立木を譲り受けた場合はどう考えるべきであろうか。Cについては，伐採か明認方法しか対抗力を取得する方法はなく，いずれかが先にされればよい。では，Bについてはどう考えるべきであろうか。(2)の事例のように，Bは必ず登記

が必要で明認方法では足りないというべきであろうか。

しかし、(2)は登記を取得しあう関係の者の対抗関係であったため、登記を優先したにすぎない。地盤と立木を譲り受けた譲受人Ｂは、①伐採、②地盤の所有権移転登記、または、③明認方法のいずれかをなせば、立木所有権取得について、立木だけの取得者には対抗できると考えるべきである。

10-5 【STEP UP ——立木を留保して土地を売却した場合】

たとえば、Ａが植林されている土地をＢに売却したが、立木は自分が引渡し前に伐採するので売買の目的とはしないことにしたとする。ところが、Ｂが土地の移転登記を受け、土地と立木をあわせて自分のものとしてＣに売却してしまった場合、ＡＣ間の立木をめぐる法律関係はどうなるのであろうか。立木の所有権を独立させることを１つの物権変動と考えるかどうかにより、解釈が変わってくる。

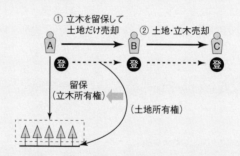

図10-5

10-6 ❶ **対抗関係説——留保＝物権変動説** 判例は、「立木は<u>本来土地の一部として一個の土地所有権の内容をなすものであるが</u>、土地の所有権を移転するに当り、特に当事者間の合意によって立木の所有権を留保した場合は、立木は土地と独立して所有権の目的となるものであるが、<u>留保もまた物権変動の一場合と解すべき</u>であるから、この場合には立木につき立木法による登記をするかまたは該留保を公示するに足る明認方法を講じない以上、<u>第三者は全然立木についての所有権留保の事実を知るに由ないものであるから、右登記または明認方法を施さない限り、立木所有権の留保をもってその地盤である土地の権利を取得した第三者に対抗し得ない</u>」としている（最判昭34・8・7民集13巻10号1223頁）。そうすると、Ａは立木の所有権の留保を主張し、他方で、Ｃは留保なしに土地とともに立木の所有権が移転することを主張し（土地の所有権から立木の所有権を独立させることを、１つの物権

変動と位置づける），両者は対抗関係になり，Aは立木の所有権の留保について明認方法により公示をしない限り，Cに対抗できず，Cが先に移転登記をすれば，Cは土地とともに立木を取得したことを対抗できることになる．

10-7　❷　**無権利説——94条2項類推適用説**　これに対して，同一の所有者に属していても，建物と同様に土地と立木は初めから別個の所有権が成立するとすれば，留保を一種の物権変動とみることはできない．そうすると，<u>Aが立木は売ってなくとも，Bは立木については無権利</u>であり，BC間の立木の取引については無権利の法理によって規律されることになる[10-9]．ただし，土地の登記は土地上にある立木等の所有権の公示もかねるものであり，Aは立木を売っていなくとも，Bの登記があるがために第三者が立木もBの物と考えるであろう状況になる．そのため，明認方法も施さずにそれをAが放置したということになると，94条2項の類推適用によりCを保護する余地は残ることになる（本書はこちらを支持）．❶説では，Cが留保について悪意でもよいことになるが，この立場ではCの善意が必要になる．

[10-9]　両説の差は，土地と独立した経済的価値のある立木は，立木が定着したままでも建物同様に独立した物とされ土地とは別の所有権が成立しており，売買契約では両者を譲渡するか立木だけまたは土地だけを譲渡することもできるのは当然と考えるか（❷の無権利説），それとも，立木は土地の一部にすぎず土地所有権のみが成立するが，独立した価値があるので立木と土地の所有権を分離して，立木だけを譲渡または土地だけを譲渡することができるというだけであり，その譲渡の結果として土地と立木の所有が分かれることになると考えるか（❶の対抗関係説）にある．後者では，<u>立木の所有権を独立させること自体が1つの物権変動となるため</u>，明認方法が対抗要件として必要になるのである．

第 11 章
物権の消滅

1 目的物の消滅による物権の消滅

11-1　物権は物に対する権利であるから，目的物がなくなれば消滅するのは当然である。ただし，物の価値を把握する担保物権については，物自体はなくなってもその価値を実現する**価値的代位物**（代位「物」というとまぎらわしいが，普通は物ではなく損害賠償請求権や保険金請求権などの債権）が残っていれば，その上に抵当権などの担保物権が存続することになる（☞『民法Ⅲ』1-20以下の物上代位）。

2 目的物が存続する場合の物権の消滅[11-1]

[1] 物権の放棄

11-2　目的物が存在していても，その上の物権だけを消滅させることも可能である。その代表が，所有権の放棄であり，物をごみ箱に捨てるというような行為である。物権の放棄により，物は存在するがその上の所有権が消滅し，無主物になる。所有権以外の制限物権の放棄であれば，所有権は制限から解放されることになる。

　しかし，物権の放棄が自由に許されるのは第三者に不利益を与えないからであり，したがって，第三者に迷惑を加える形での放棄は許されない。たとえば，他人の土地の上に廃棄物を捨てて，土地所有者からの妨害排除請求に

[11-1]　ここで述べる放棄と混同以外にも，所有権以外については消滅時効が可能であり（抵当権については396条の制限あり），用益物権は期間満了や合意による消滅，担保物権については，被担保債権の消滅による付従性に基づく消滅，留置権等の特別の消滅原因がある。また，公法上の制度として，公用徴収や没収により所有権の消滅がある。

対して，その廃棄物の所有権を放棄したので自分の所有物が土地を侵害しているのではないといった主張は許されない。90条に違反し放棄は無効と考えるべきである。また，たとえば，地上権に抵当権を設定した場合に，地上権を放棄して消滅させると抵当権も消滅してしまうので，抵当権者に損害を与えることになり，したがってそのような放棄は許されないことは民法でも明記されている（398条。この趣旨は398条の規定する事例以外にも拡大できる）。

また，家庭ごみの処分は各地の条例に従い，家電リサイクル法，動物愛護法などにより，所有者だからといって自由に捨てる（＝所有権放棄）ことができるわけではない。所有権は責任を伴い，その放棄にも種々の法規制がされているのである。

11-2-1 **【STEP UP ──土地所有権の放棄】**

所有者により放置されている建物については，議員立法により2014（平成26）年11月に「空き家等対策の推進に関する特別措置法」が成立し，市町村の権限で家主に除却や修繕を命令できることになっている。このように放置されている不動産の多くは，所有者が不要と感じているものであり，不動産所有権も放棄ができるとすれば，放棄がされているはずの物件である。

しかし，動産でも自由に放棄できるわけではなく，ごみ回収に出すなど法的な手続きを踏まえて行われる必要がある。不動産については，放棄の要件・手続きを立法により明記している例もあるが（ドイツ等），日本ではそのような法律はない。山林の所有者が，所有権を放棄し，無種の不動産は国庫に属するため（239条2項），国に対する所有権移転登記手続きを求めた訴訟がある。広島高裁松江支判平28・12・21LEX/DB25545271は，「不動産について所有権放棄が一般論として認められるとしても，Xによる本件所有権放棄は権利濫用等に当たり無効であり，Yは本件各土地の所有権を取得していないから，Xの請求はいずれも理由がな」いものと判示した。

土地は無価値であり管理に相当の費用がかかるため，土地所有者はその負担を免れ，これを国に押しつけようとするものであり，権利濫用または公序良俗に違反し，所有権放棄は無効であり，土地は国の所有になっていないというのが理由である。この理屈をあてはめると，所有者が放棄したいと考えている土地は，ほとんど放棄は許されないことになる。

現在，立法が検討されているが，放棄の要件・手続きをどう立法するかは難問

である。また，関連して所有者不明の不動産——明治時代の登記のままになっている山林が数多くある——の問題も，立法による規制が検討されている（☞13-4）。

［２］ 物権の混同による消滅

11-3 （a） **混同についての原則**　たとえば，Ａの土地に地上権を有し建物を建てて住んでいるＢが，その後にＡから土地を売ってもらったとしよう。Ｂはそれまでは，他人の土地の上に建物を建てていたわけであるから，地上権という土地の使用権限が必要だったが，土地の取得後は土地の所有権に基づいて土地を使用できるのであり，もはや地上権を土地所有権とは別個に存続させる必要はなくなる。そのため，Ｂは土地を取得すると，それまでの地上権は土地所有権に吸収されて消滅することになる（☞図11-3）。これが**混同**という制度である（179条1項。債権の混同については☞『民法Ⅳ』5-8以下）。

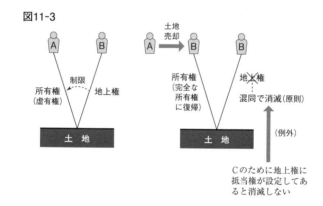

図11-3

11-4 （b） **混同についての例外**　しかし，先の物権の放棄と同様に，その物権の消滅が第三者に不利益を与える場合には，混同による消滅を認めるわけにはいかない。たとえば，先の例で，Ｂの地上権にＣのために抵当権が設定されていた場合[11-2]，地上権が消滅するとＣの抵当権まで消滅してしまい不都合である。そこで，民法はそのような場合には，混同の例外として地上権は消

11-2　地上権にも独自の抵当権の設定が可能であるが（369条2項），普通は，土地の上の建物に抵当権が設定され，その従たる権利として地上権に抵当権の効力が及ぶという事例が考えられる。

滅せず，抵当権を存続させているのである（179条1項但書[11-3]）。そのため，Cは地上権の上の抵当権（というよりも建物の抵当権）を実行して，競落人が地上権を取得できることになる。

11-5 【STEP UP ──物が第三者の権利の目的である場合における混同の例外】

民法の規定した混同の例外は，本文に述べた混同により消滅するはずの権利が第三者の権利の目的になっている場合のみならず，物（不動産）の側が第三者の権利の目的になっている場合にも認められている（179条1項但書）。

たとえば，①Aの土地にBが借地権を設定し，土地の上に建物を建てて登記をしたが，②Aがその土地に抵当権を設定してCから融資を受けたとしよう。③その後に，BがAからこの土地を買い取り移転登記をした場合，Bは所有者として土地を利用すればよく（抵当権があっても利用はできる），地上権は混同で消滅させてしまってもよいかのようにみえる。

しかし，④AがCに返済ができず，Cが土地の抵当権を実行してDがその土地を競落した場合，もしBの借地権が消滅していれば，BはDの土地を使用する権限はないことになってしまう。ところが，もしBの借地権が消滅していないとすれば，Bの借地権はCの抵当権に対抗できるため（借地権の対抗要件が抵当権設定登記より先に満たされているため），買受人は借地権の負担のついた土地しか取得できないことになり，BはDに借地権を対抗できることになる。そのため，ここでも

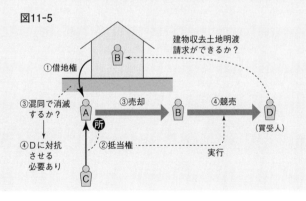

図11-5

11-3 借地権が準共有されており，その1人が土地を取得して土地所有者と借地権の準占有者の1人について混同が生じるかが問題とされた事例で，179条1項但書により混同が否定されている（東京地判平20・10・9判時2019号31頁）。

11-5

混同の例外を認める必要性がある。判例も179条1項但書を適用して混同の例外を認めている（最判昭46・10・14民集25巻7号933頁）。179条によるのは，不動産賃借権が物権に近いというだけでなく，520条ではこのような場合の例外が規定されていないためである。

　BがAから土地を購入した際に，AB間で借地契約を合意解除していたら，どうなるのであろうか。混同で消滅していなくても，合意解除で消滅してしまうことになる。錯誤取消しを認めるか，土地建物が同一人に帰属することを行為基礎とした合意であり，競売により失効すると考えるべきである。

第2部
占　　有

■第 12 章■
占 有 制 度

1 占有及び占有制度について

[1] 占有制度について

12-1　民法は，物権のトップバッターとして「占有権」について規定を置いている（180条以下）。しかし，その中の規定をみると，占有に関係する雑多な規定が置かれているにすぎない。占有規定は，次のように分類できる[12-1]。

> ① 占有の効力　　即時取得などもここに規定されているが，「占有権の効力」の中の規定の中で，本当に占有の効力として考えるべきものは，占有訴権（☞ 12-28以下）だけである。
> ② 占有を要件とする制度　　取得時効，無主物先占，即時取得がこの例である（本権取得的制度）。
> ③ 占有者の法律関係をめぐる制度　　土地工作物の占有者の責任，占有者の費用償還請求権などである。

　近代ヨーロッパの占有法理は，観念的な所有権を認めるローマ法におけるポッセッシオと，占有と切り離された観念的な所有権を認めないゲルマン法のゲヴェーレという2つの異なった制度が融合して現在に至っており，民法学の中でも難問の一つである。

12-2　【STEP UP ──占有権と占有】
　民法は，たとえば取得時効の要件として「占有」ということを規定しながら

[12-1] ＊準占有　　占有規定は，「自己のためにする意思をもって財産権の行使をする場合」（準占有という）に準用されている（205条）。実際に問題になるのは，不動産賃借権や通行地役権の取得時効（163条）の事例くらいしか考えられない。

(162条[12-2]),他方で,「占有権」の章では,「占有権」という概念を設定し,「占有権の譲渡」「占有権の取得」「占有権の効力」といった表現を採用している。しかし,占有とは別に占有権という概念を設定する必要はない。そもそも占有という事実に対して法的保護を与えることが占有制度の目的である。占有により占有権という観念的な権利が成立し,占有権の効力として種々の効果が発生するとしたり,占有権の移転や占有権の効力などとして問題にする必要はない。間接占有も取得時効などの「占有」要件についての特則規定と理解すれば十分である。そのため,本書では,占有という概念のみを認め,民法の規定している占有権ということはあえて問題にしない。また,占有権という概念を否定するため,占有権が物権かということを問題にする必要もない。

このように解する結果,1つの観念的な占有権といった物権が,相続により承継されたり,譲渡により承継されるといったことを考える必要がなくなり,関連した問題も解決できることになる(一般的には,占有権の譲渡,占有権の相続を問題にしている)。

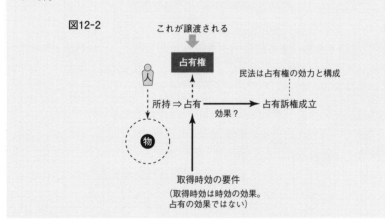

図12-2

[2] 占有(占有権)とは

12-3 **(a) 占有(占有権)が認められるための要件** 占有をめぐる法制度を根拠づける概念としては「占有」だけで十分であるが,民法は,あえて占有権

12-2 取得時効の要件は,「占有した」(162条1項)という動詞で規定されており,占有権を問題にしない。なお,所有権にも「所有する」という動詞があるが,所有するとは事実状態ではなくそれ自体が権利関係である(「所有」の意思というのは別)。

12-4

という権利を問題にし,「占有権は,自己のためにする意思をもって物を所持することによって取得する」と規定している（180条）。しかし,本書としては「占有」を問題にするので（☞ 12-2),以下では,占有と表記する。占有（民法では占有権）の成立要件は,180条によると次の2つになる[12-3]。

> ①「自己のためにする意思」があること（占有意思）＝主観的要件（心素：意思的要素）
> ②「物を所持すること」＝客観的要件（体素：外形的要素）

　この2つの要件が満たされると,所持をしている者に占有（占有権）が認められ,物を所持している者は占有者になる。そして,占有を要件とする取得時効,無主物先占,占有訴権等の制度による法的保護が認められることになる（前二者は所有の意思に基づく占有であることが必要）。以下にはこの2つの要件について説明をしていこう[12-4]。

12-4　(b)「**自己のためにする意思**」（**占有意思**）　民法は,法的効果の根拠を意思に求める意思理論を占有制度にも貫徹し,占有を客観的な状態とはせずに占有者の「意思」を要件にした。ただし,所有の意思を占有の要件とするフランス民法に従わず——賃借人などは占有者ではなく保有者——,「占有」意思は自己の物として占有する意思＝所有の意思である必要ではなく,「自己のためにする意思」でよい（180条）。

　占有が認められるために,占有意思という主観的要件を設定しないドイツ民法のような立法もある。わが国はこのような立法によらなかったのであるが,学説では,占有が生じた原因の性質によって,占有意思の有無を客観的

12-3　占有意思は占有の成立要件にすぎず,存続要件ではないため,203条以下の占有権の消滅事由（占有意思の放棄または所持の喪失）がない限り,民法によれば「占有権」は消滅しないことになる。そのため,占有者がその後に意思能力を失っても占有権は消滅せず,また,占有権は相続の対象にもなりうることになる。法的評価概念である「所持」に一元化しても,客観的判断である所持の存続を認めることは不可能ではない。

12-4　ドイツ普通法学では,①所有者意思説,②支配者意思説,③自己のためにする意思説,④所持意思説,及び,⑤客観的な支配状態といった事実だけでよいという客観説が主張された。ドイツ民法は客観説を採用したが,日本民法は自己のためにする意思説を採用している。

144

に判断しようという**緩和された主観説**が通説であり，これをさらに進め，占有意思を要求するのは歴史的産物であるとしてこれを無視し，客観的に占有の有無を判断する**客観説**も有力である[12-5]。両説の差は，意思無能力者の占有，法人の占有などに現れるが，主観的要件は実際には機能しておらず（「盲腸」のような存在），客観説によるべきである。

12-4-1 **FOLLOW UP ── 間接占有者と占有意思**

立法には，占有意思に所有意思を要求し，賃借人や受寄者には占有を認めないものもある（フランス民法）。占有規定について，取得時効の要件としての占有が念頭におかれた立法である。賃借人や受寄者には占有自体認められず（占有機関とは異なり，保有者と呼ばれる），賃貸人や寄託者が占有者になるのである。しかし，占有の事実そのものを保護する占有保護請求権は認められないと不都合である。そのため，この立法は，この問題に対処するために，占有者だけでなく保有者にも占有保護請求権を拡大することで対処している。

日本民法はフランス民法に従った旧民法を承継せず，占有に所有の意思を不要とはしたが，ドイツ民法のように主観的要件を不要とはせず，「自己のためにする意思」を必要とした。これは，賃借人や地上権者のように自分が利用するために物を所持している場合にも，占有を認めるために占有意思を緩和したのである。物は「占有」し，賃借権や地上権については「準占有」するという二重状態になる。問題は，他人のために占有する受寄者である（表12-4-1参照）。①起草者は，受寄者は占有者とは考えていない。所持はあっても「占有」意思＝自己のためにする意思は認められず，占有は成

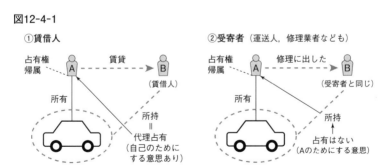

図12-4-1

[12-5] 占有意思を抽象化，包括化すれば，その物についての具体的な占有意思は不要であり，たとえば，郵便受けの中の郵便物や，留守中に戸建住宅の玄関前に知人が置いていった荷物などにも占有意思を認めることができる。

12-5

立しないことになる。189条1項を受寄者に適用するのは不都合であるし，197条後段が，フランス民法が保有者に拡大するように，占有者ではない所持者にも占有訴権を拡大する規定を置いたことは，このことから理解できる。②しかし，学説の多くは，受寄者にも占有を認めて，「自己のためにする意思」という占有意思を他人のために所持する場合にまで拡大している。この考えでは，逆に189条1項を制限解釈する必要がある。占有訴権にはわざわざ197条後段があるので不都合もない。取得時効を保護する必要もなく，拡大の必要はない。①の起草者の考え通りに，受寄者は占有者ではない単なる所持者——所持さえない占有機関とは異なる——と考えれば足りる。

表12-4-1

	フランス	日本
所持＋所有の意思	占有	占有
所持＋自己のためにする意思 (ex. 賃借人)	占有ではなく保有	占有
所持＋他人のためにする意思 (ex. 受寄者)	占有ではなく保有	保持にすぎず占有なし （起草者）　←通説は占有を認める
所持なし	占有も保有もなし	占有機関

12-5 **(c) 物の「所持」** 占有の要件である物の「所持」の内容についても，定義規定はなく，解釈に任されている。「所持」というと事実それ自体かのようであるが，<u>社会通念上，ある物がある者の事実上の支配の下にあると法的に評価される状態である</u>（事実ではなく事実に対する評価）[12-6]。不法行為における

[12-6] 震災で建物が焼失し建物所有者が一時不明になっても，それだけでは敷地についての所持を失うことにはならない（大判昭5・5・6新聞3126号16頁）。知事からその海岸地域に散在する貝殻の払下げの許可を受けた者が，その旨の掲示をして監視人を配置したときには，貝殻がその区域に打ち上げられた時にその占有を取得する（大判昭10・9・3民集14巻1640頁）。刑事事件であるが，狩猟者がタヌキを岩窟内に追い込んでその入り口を閉塞したときには，そのタヌキについて占有を取得する（大判大14・6・9刑集4巻378頁）。建物の壁面を広告用に利用している者は，その壁面を占有しているとはいえない（最判昭59・1・27判時1113号63頁）。空家について，家屋に錠をかけてその鍵を所持するとか標札や貼紙などでAが現に占有することが第三者にもわかるようにしておかなかったとしても，また，家屋の裏口には外部からの侵入を防ぐに足る何らの措置も講じてなかったとしても，原告方が隣家であるため，問題の家屋の裏口を常に監視し

過失という要件と同様に，事実それ自体ではなく，事実に対して下される法的評価ないし価値判断である。社会通念からしてある者の支配の下にあると認められればよいので，動産を手で持っている場合に限らず，占有制度の保護を与えるにふさわしい客観的状態が成立していればよい（たとえば，家の中に置いてある動産にも所持＝占有が認められる）[12-7]。180条にいう「所持とは，社会通念上，その物がその人の事実的支配に属すると認められる客観的関係にあることをいう」と解するのが判例である（最判平 25・10・30 判時 2227 号 44 頁）。

12-6　**(d) 占有権の消滅**　「占有権は，占有者が占有の意思を放棄し，又は占有物の所持を失うことによって消滅する。ただし，占有者が占有回収の訴えを提起したときは，この限りでない」（203条）。取得時効において，占有を失うと自然中断が生じるが（164条），203条但書のおかげで，占有回収の訴えにより占有を取り戻したならば，占有を失っていた期間も占有が続いていたものと擬制されることになる。

2　占有の種類

[1]　自主占有・他主占有

12-7　**(a) 自主占有・他主占有の意義**　この区別は，占有意思として所有の意思を不要とし，所有意思のない賃借人，地上権者などにも占有を認めるがために必要となる分類である。取得時効，無主物先占，占有者の損害賠償義務（191条1項但書）では自主占有が必要とされる。たとえば，AがBの土地を占

て容易に侵入を制止しうる状況にあったことから，原告に家屋の所持が認められている（最判昭 27・2・19 民集 6 巻 2 号 95 頁）。

12-7　土地については微妙である。柵により立ち入りができなくなっていれば占有の成立は疑いないが，建物の敷地は柵がなくても占有を認めてもよいであろう。畑や山林で野菜を植えたり木を植えたりしていれば，やはり柵などがなくても占有を認めてもよいが，山林などでは評価は微妙である。侵害に対しては所有権侵害を問題にすればよいが，問題となるのは取得時効の要件としての占有である。所有権を失う所有者の保護のためにも，支配を根拠づける客観的な事実が必要である。

有しているとしよう。Aの占有が，所有者としての占有か否かにより，取得時効が認められるか否か異なってくる（賃借人は×，無効な売買契約の買主は○）。無主物先占では，漁師が漁船でカツオを釣り上げた場合，自分が漁業の主体であるか，会社に雇われて行っているかで，釣り上げられたカツオの所有者が異なってくる（後者では会社に無主物先占が成立）。

12-8 ❶ **自主占有** 取得時効についての162条で規定する「所有の意思をもって」する占有を**自主占有**という（その占有者を自主占有者という）。自主占有・他主占有と直接占有・間接占有とは混乱しがちなので，混乱しないようにしてもらいたい。他人の占有を通じて自主占有することも可能である（他人物の不法占有者がその物を他人に賃貸する場合）。その場合，代理占有者（賃借人）の占有を通じて間接占有を有する者（賃貸人）が自主占有をしていることとなり，この者について取得時効や無主物先占（狩猟，漁業関係の会社の従業員が直接占有を取得する場合）が認められる。

12-9 ❷ **他主占有** AがC所有の土地をBから賃借して占有している場合（☞図12-9），他人の土地として占有しているのであり（直接占有はしている），このような他人の物としての占有を**他主占有**という（その占有者を他主占有者という）。他主占有者は占有をしても取得時効や無主物先占は認められず，図12-9では土地を時効取得するのは，AではなくBである。受寄者は所持者ではあるが占有者ではないので（☞12-4-1），他主「占有」者でもない。ただし197条後段により占有訴権が認められている。

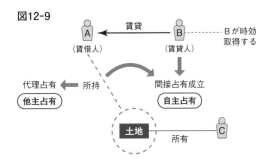

図12-9

12-10 【STEP UP ――共有物の占有】
　共有物の共有者による占有は，自己の持分に関しては自主占有であるが，他人の持分との関係では他主占有でもあるという混合した占有状態である。共同占有も権原の客観的性質により決まるものであり，共同で購入した場合には，買主の1人が引渡しを受け占有していてもこのような占有状態になる。ただし，相続の場合には，185条について述べるように，相続人の固有の占有を独立して考えることが許される。その占有が単独の自主占有かどうかは占有者の主観では足りず，他の共有者の保護を考え，単独の自主占有であることが客観的状況から明らかになっている必要がある。判例も同様の処理をしており，共同相続人の1人が単独相続をしたと信じて占有を開始し，他の共同相続人が何も異議を述べなかった事例で単独の自主占有を認め，所有権の取得時効を認めている（最判昭47・9・8民集26巻7号1348頁）[12-8]。

12-11 **(b) 自主占有・他主占有の認定基準**　　自主占有か他主占有かは，占有者の内心的な意思によって決まるのではなく，その占有を取得する原因（これを**権原**という）の客観的性質によって判断される。185条はこのことを前提としている[12-9]。賃貸借や使用貸借という客観的性質から，賃借人や使用借主

[12-8] これに対し，共同相続人の1人が他の共同相続人に無断で自己名義の相続登記をした場合には，単独の自主占有が認められていない（最判昭54・4・17判時929号67頁）。しかし，客観的に単独で自主占有する意思が明らかであり，自主占有を認めてよい事例であると思われる。

[12-9] 権原が不明であったり，権原から客観的に決められない場合には，186条1項で所有の意思が推定され，これを争う者が反証を挙げなければならない（ただし，相続については，最判平8・11・12民集50巻10号2591頁は，186条1項の推定を問題にせず，相続人側に自主占有事情の証明を負担させている）。
　共同相続人による，完全な所有権の取得時効（他の相続人の持分部分の取得時効）の事例であるが，「共同相続人の一人が，単独に相続したものと信じて疑わず，相続開始とともに相続財産を現実に占有し，その管理，使用を専行してその収益を独占し，公租公課も自己の名でその負担において納付してきており，これについて他の相続人がなんら関心をもたず，もとより異議を述べた事実もなかったような場合」に，単独所有者としての自主占有が肯定されている（最判昭47・9・8民集26巻7号1348頁）。反証については，権原の反証も含めて，判例により次のようにまとめられている。
　「占有者が①その性質上所有の意思のないものとされる権原に基づき占有を取得した事実が証明されるか，又は②占有者が占有中，真の所有者であれば通常はとらない態度を示し，③若しくは所有者であれば当然とるべき行動に出なかったなど，外形的客観的にみて占有者が他人の所有権を排斥して占有する意思を有していなかったものと解される事情が証明されるときは，占有者

(占有者)が心の中では自分の物にするつもりであっても自主占有にはならず,賃借物を時効取得することはありえないのである(契約解除がされた場合の買主の占有も,客観的に他主占有になる[12-10])。賃貸借契約が無効であっても同様であり,無効な賃借人の占有は他主占有である。一方,売買契約,贈与など所有権を移転させる契約が無効や無権代理である場合,契約により所有権を取得しえないが,買主等は自主占有を取得し,そのまま占有を続ければ取得時効が可能である[12-11]。

【STEP UP ──所有の意思の有無はどう判断するか】

(1) 権原により客観的に判断される 所有の「意思」といいつつ,主観的な「意思」を問題にすることは禁じられる。所持だけで占有は認められ,権原によって自主占有か他主占有かが判断されるにすぎない(☞図12-12)。どうして「権原」の客観的性質によるのであろうか。

それは,所有者の保護,換言すれば所有者の占有者による取得時効を阻止する機会の確保という考慮である。貸したはずなのに,借りた側が内心で自分の物にして返すつもりがなかった場合,純粋に所有の意思を問題にしたら,所有者としては知らないうちに時効取得されてしまう可能性がある。このようなことを阻止したわけである。したがって,使用借人は使用貸借契約といった占有取得原因(=権原)の客観的性質から,所有の意思がないものと法的に取り扱われ,たとえ占有者が自分の物にしてしまい返すつもりがないとしても時効取得はできないのである(貸主らは時効取得されないと信頼できる)。

の内心の意思のいかんを問わず,その所有の意思を否定し,時効による所有権取得の主張を排斥しなければならない」とする(最判昭58・3・24民集37巻2号131頁。いわゆる「お綱の譲り渡し」事件☞**注12-13**)。①〜③は最判平7・12・15民集49巻10号3088頁により,「他主占有事情」という表現が採用され,他主占有事情の証明が反証として必要になるのである(☞12-13)。

12-10 しかし,解除条件付き売買契約において,買主の占有は自主占有であり,解除条件が成就しても当然に自主占有でなくなるものではないとされている(最判昭60・3・28判時1168号56頁。売主の返還請求により185条の適用が認められる)。なお,農地を転用のために買い受けた場合,農地法5条の許可が得られていなくても,買主は代金を支払い農地の引渡しを受けた時に自主占有を取得するものとされている(最判平13・10・26民集55巻6号1001頁)。

12-11 なお,共同相続人の一人が,単独に相続したものと信じていたことなどの事情のある場合には,共同相続人の共有に属する物であっても,その相続の時から全体について単独の自主占有を取得したものとして,他の共同相続人の持分部分の取得時効が可能と解されている(最判昭47・9・8民集26巻7号1348頁)。

図12-12

① 権原が証明できる ──→ 権原の性質により，自主占有か他主占有か証明される

② 権原が証明できない

　ⓐ 186条1項 ──→ 所持さえ証明できれば自主占有と推定される

　ⓑ 他主占有事由 ──→ 自主占有を争う者が証明することにより，自主占有の推定を覆すことができる

　ⓒ 自主占有事由 ──→ 自主占有を主張する者が推定を強化するために援用する

＊規範的要件なので，ⓑⓒを比較して裁判所が自主占有か否かを評価し，いずれとも決しえなければⓐの推定により自主占有と扱われる

(2) 権原により決められない場合

(a) 権原が不明な場合　自主占有か否かの認定が問題になるのは，①占有の原因が不明な場合，及び，②原因が客観的に自主占有かどうか判断ができない性質のものである場合である（拾得や相続[12-12]）。

まず，占有の原因関係が不明であり権原により客観的に決められない場合，186条1項により自主占有が推定される。最判平7・12・15民集49巻10号3088頁は，最判昭和58・3・24民集37巻2号131頁（「お綱の譲り渡し事件」判決[12-13]）に従い，「①占有者がその性質上所有の意思のないものとされる権原に基づき占有を取得した事実が証明されるか，②又は占有者が占有中，真の所有者であれば通常はとらない態度を示し，若しくは所有者であれば当然とるべき行動に出なかったなど，外形的客観的にみて占有者が他人の所有権を排斥して占有する意思を有していなかったものと解される事情（このような事情を以下「他主占有事情」という。）が証明されて初めて，その所有の意思を否定することができる」（①②追加）と判示した。他

12-12　遺失物を拾う場合，隠匿のつもりか交番に届けたり所有者に連絡して渡すつもりか（事務管理），客観的には判断できない。

12-13　「お綱の譲り渡し事件」では，親の生存中に農地の所有権や家財の処分権限を一人の子に限定して譲渡する「お綱の譲り渡し」という慣行を，贈与とは断じ難いものの，占有者が贈与を受けていたと信じていたとして10年の取得時効を認めた原審判決を破棄し，①贈与を積極的に否定したのであれば，単に管理処分の権限を付与されていただけであり，権原の性質上所有の意思は認められず，②贈与を積極的に否定していないとしても，「外形的客観的にみて」，所有者（父親）の「所有権を排斥してまで占有する意思を有していなかった」と認められる可能性もあるとして，差戻しを命じている（判旨につき☞**注12-9**）。

主占有「権原」が証明できなくても，他主占有事情の証明により186条1項の推定を覆す必要があることを認めている。取得時効援用者は自主占有事情——所有権移転登記をして固定資産税を支払っている等——，相手方は他主占有事情を主張・立証し，裁判所は，両者の提出した証拠によりいずれかを認定し，いずれとも認定できなければ186条1項により所有の意思ありと判断されることになる。

12-14 (b) **権原からは占有意思を即断できない場合（相続事例）** 占有の原因が相続であるが，相続した占有ではなく，独自に開始した相続人の占有を援用する場合，被相続人の占有とは異なり当然に他主占有とするのは適切ではない。相続人に自主占有取得による取得時効の可能性を認めるべきである。しかし，相続人がアパートに住み続け賃料を支払い続けるなど，他主占有が認められない事例も当然ある。そのため，ケースバイケースで自主占有かどうかを判断しなければならない。

ところが，所有の意思不明として186条1項を適用し所有の意思を推定するのは，相続人に貸したりして取得時効がないと信頼している所有者に酷である。判例が，相続した占有の自主占有への変更ではなく，相続人固有の占有取得を問題にしながら185条を問題にするのは，185条の趣旨を類推しているものと評することができる。相続人の主観だけで所有の意思を認めるべきではなく，185条のいわば類推適用により，所有の意思が認められる客観的事情があり，被相続人の占有と相続人の占有に変化があり，所有者に所得時効の可能性についての認識可能性が必要なのである。詳しくは *12-18* 以下に説明する。

12-15 (c) **他主占有から自主占有への変更**[12-14] たとえば，Aの絵画をBが借りて占有している場合，Bの占有は他主占有でありそのままではいくら占有しても時効取得しえない。ところが，「権原の性質上占有者に所有の意思がないものとされる場合には，その占有者が，①自己に占有をさせた者に対して

12-14 自主占有から他主占有への変更 185条は，他主占有から自主占有への変更以外にも類推適用が肯定される。①他主占有の一態様から別の態様の他主占有への変更，たとえば，賃借人としての占有から，地上権者としての占有への変更にも，185条は類推適用される（大判大14・10・21新聞2636号9頁）。②自主占有が他主占有に変更するのにも，本条が類推適用される。しかし，「売買契約に基づいて開始される占有は，当該売買契約に，残代金を約定期限までに支払わないときは契約は当然に解除されたものとする旨の解除条件が附されている場合であっても，民法162条にいう所有の意思をもってする占有であるというを妨げず，かつ，現に右の解除条件が成就して当該売買契約が失効しても，それだけでは，右の占有が同条にいう所有の意思をもってする占有でなくなるというものではない」とされている（最判昭60・3・28判時1168号56頁）。

所有の意思があることを表示し，②又は新たな権原により更に所有の意思をもって占有を始めるのでなければ，占有の性質は，変わらない」(185条。①②は筆者追加)と規定され，反対解釈として①②のいずれかがあれば自主占有に変更されるのである。

12-16 ❶ **自分に占有をさせた者に，所有の意思があることを示すこと** 自主占有になると取得時効が可能になるため，所有者にとって他主占有が自主占有に代わることは重大な関心事である。そこで，入り口で自主占有を客観的に判断したのと同様に，他主占有が自主占有に変わるためにも，占有者の心の中で返すのを止めて自分の物にしてやろうと考えるようになっただけでは足りず，その意思を占有させた者に対して表示することを必要としたのである[12-15]。

12-17 ❷ **新権原によりさらに所有の意思をもって占有を続けること** 所有の意思が認められない権原に基づいて占有を開始したが，その後，所有の意思が認められる新たな権原に基づいて占有を継続するに至った場合にも，その時から自主占有に変わる。たとえば，Aの絵画を借りて占有しているBが，Aの代理人と称するCからその絵画を買い取ったが，実はCが無権代理人であった場合，その売買契約後はBの占有は自主占有になる(取得時効が可能になる)。不動産の賃借人が目的不動産の譲渡を受けたが，移転登記を受けない間に第三者に譲渡・移転登記がされた場合にも，185条による自主占有への変更が認められ時効取得が可能とされている。

12-18 【STEP UP ——相続は185条の新権原か？】
185条の新権原となるかが相続をめぐって議論されている。Aから無償で借りて絵画を占有していたBが死亡し(他主占有である)，相続人Cがこの絵画をBが所有していたものと思い，自分の絵画となったと思って占有を開始したとしよう。相続も185条の新権原であり，相続人Cは，被相続人Bの他主占有を相続しつつも相続により自主占有に変わり，以後は時効取得が可能になるのかが議論されて

[12-15] 積極的に表示する必要はない。小作人に農地解放によって小作地の一部が小作人に売り渡され，その残部が第三者に贈与されたが，小作人がこの第三者(=受贈者)に最初に地代を支払うべきであった昭和23年12月末に，地代を支払わないで自由に耕作し，受贈者である農地所有者がこれを容認していた事例で，小作人に少なくとも昭和24年1月1日に所有の意思の表示があったものと認められている(最判平6・9・13判時1513号99頁)。

いる。

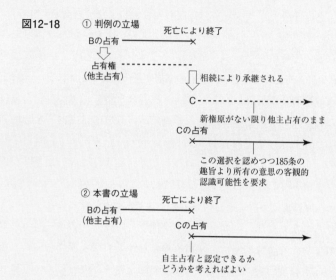

12-19 **❶ 185条を問題にする考え（通説・判例）**　Bの占有権をCが相続するのだとすれば (☞ 12-40)，CはBの他主占有をそのまま相続により承継し，新権原が認められない限り，Cの占有も他主占有のままということになる。そのため，相続が185条の新権原であり，相続により自主占有に変わらないかを議論する必要がある。判例は，このような立場から185条を問題とし，当初は相続を新権原とは認めなかったが，事実関係についての要件を加重しつつ，相続人が185条により自主占有を取得する可能性を肯定するようになっている（最判昭46・11・30民集25巻8号1437頁）。ただし，事例判決であり一般論は述べておらず，その事例では相続人がかつて賃料を支払っていたこともあり，所有の意思が否定されている[12-16]。

12-20 **❷ 185条から離れて考えるべき**　しかし，1つの占有権が相続により承継さ

[12-16] 傍論で「上告人らは，右訴外人の死亡により，本件土地建物に対する同人の占有を相続により承継したばかりでなく，新たに本件土地建物を事実上支配することによりこれに対する占有を開始したものというべく，したがって，かりに上告人らに所有の意思があるとみられる場合においては，上告人らは，右訴外人の死亡後民法185条にいう『新権原ニ因リ』本件土地建物の自主占有をするに至った」と述べられている。被相続人の占有を承継するほかに，自己固有の占有を取得する可能性を認め，それが所有の意思が認められるかどうかを問題にしたのである。自己の占有は承継取得ではないので，自主占有への変更を問題にする必要なく，その開始が自主占有か否かを判断すればよく，185条は186条1項を排除するために援用されたに等しい。

れ継続すると考えるから，新権原による変更を考えなければならなくなるのであり，そもそも「被相続人の占有と相続人の占有は別のもの」と考えるべきである（判例も187条の適用を現在では相続の事例にも肯定している（最判昭37・5・18民集16巻5号1073頁）[12-17]）。その上で，相続人の固有の占有は，相続という権原の性質から客観的に所有の意思が決まるものではなく，所有の意思が認められるためには，所有者に時効を阻止する機会を保障するためにも，客観的に所有の意思がわかる状況にあること——自主占有事由（☞ 12-12以下）の存在——を必要とすべきである（内容は判例が実質的に述べているところと同じである☞12-13, 12-14）。186条1項を適用すべきではなく，185条の趣旨を類推して，相続人が自主占有事由の存在を証明すべきである（☞ 12-14）。

[2] 直接占有・間接占有（代理占有）

12-21　(a)　**間接占有（代理占有）制度の必要性**　たとえば，Aが占有している物をBに賃貸したとする。今この物を所持しているのはBでありAではない。Aが所持を失っているので，もし占有が否定されるとすると，次のようなことが生じてしまう。

> ① AがCの所有物を所有の意思をもって占有していた場合，Aは占有を失い取得時効が認められなくなる。
> ② Bが占有を奪われた場合，A自身には占有訴権が認められない。

しかし，このような場合には，Aに取得時効の可能性を認めるべきであり，また，Aにも占有訴権を認めるのが適切であろう。そこで，民法は，「占有権は，代理人によって取得することができる」（181条）と規定して，いわゆる**代理占有**（**間接占有**ともいう）を認めたのである（☞図12-21）。したがって，A

12-17　本判決は，共同相続人の1人が死亡しその相続人が被相続人は単独相続したものと信じて，自己所有の土地になったと思って土地の占有を開始したという事例において，「共同相続人の一人が，①単独に相続したものと信じて疑わず，②相続開始とともに相続財産を現実に占有し，③その管理，使用を専行してその収益を独占し，公租公課も自己の名でその負担において納付してきており，④これについて他の相続人がなんら関心をもたず，もとより異議を述べた事実もなかった」（①～④追加），という事実を認定した。この事例では「相続人はその相続のときから自主占有を取得した」と判示している。

は代理占有により依然として自主占有を保持していることになる[12-18]。Aが自ら占有する場合，これを**直接占有者**という。占有代理人を介して占有を取得する**間接占有者**である（民法は代理になぞらえて「本人」と呼んでいる）。この場合の占有代理人は，賃借人は占有者であるが，受寄者は所持を有するが占有は有していない。しかし，占有代理人は所持を有すればよく，占有まで有することは必要ではない（占有機関との差につき☞ 12-23）。

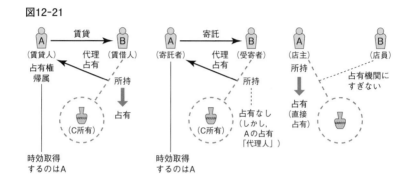

図12-21

(b) **間接占有（代理占有）の成立要件**　間接占有が認められるためには，次の３つの要件が必要である[12-19]。

① 占有代理人が所持を有すること。
② その他人が本人のためにする意思を有すること。

[12-18] あくまでも所持をするのは占有代理人なので，善意か悪意かは占有代理人を基準にして判断される（大判大 11・10・25 民集 1 巻 604 頁）。法定代理については相続による占有といった事実行為にも 101 条を類推適用してよいが，任意代理では占有の前提たる代理による取引行為と一体として 101 条が適用されるべきである。なお，占有代理人に対する権利行使は，同時に本人に対する権利行使として，本人の取得時効について時効中断（完成猶予）の効力が認められる（大判大 10・11・3 民録 27 輯 1875 頁）。

[12-19] ＊代理占有の消滅原因　代理占有は，①「本人が代理人に占有をさせる意思を放棄したこと」，②「代理人が本人に対して以後自己又は第三者のために占有物を所持する意思を表示したこと」，または，③「代理人が占有物の所持を失ったこと」により消滅するが（204 条 1 項），「占有権は，代理権の消滅のみによっては，消滅しない」（204 条 2 項。たとえば，賃貸借契約が解除されても代理占有は消滅しない）。

③　本人とその他人との間に占有代理関係が存在すること。

　占有意思についての議論と同様に，②の占有代理意思については，③のその他人が占有を開始した原因（権原）の客観的性質により判断されると考えられている。そうすると，①の他人が所持を有していることが必要なのは当然として，②は③の占有代理関係に吸収され，賃貸借，使用貸借，寄託等の権原の客観的性質により判断されることになる。つまり，占有させている者（間接占有者）は所持をする必要はないので，法人であっても間接占有を取得しうる[12-20]。なお，①は受寄者のように占有がない場合でも代理占有を成立させることができ，所持さえ有すればよいことは *12-21* に述べた。

WORD──占有機関（占有補助者）

　他人が事実上物を管理していながら，その管理している者自身には占有が認められず，その者の管理を通じて別の者が所持＝占有自体を有していると評価される場合がある。占有＝所持という概念は事実に対する評価であるため，そのような評価が可能となるのである。たとえば，A会社の経営するスーパーの店舗において従業員Bらが，商品を管理して盗まれないように監視している場合，BらはAの手足として監視しているのであり，Aが占有（自己占有）していることになるのである（会社のボールペンを社内で社員が使っていたりする場合なども同様）。この場合のBを**占有機関**（または**占有補助者**）という[12-21]。受寄者は占有者ではないが，所持者たる占有代理人であり占有機関ではない（☞図 **12-21**）。寄託者が間接占有者になる（☞ *12-4-1*）。

12-20　＊**法人の占有**　法人は結局は自然人により運用され，自然人の占有を通じた間接占有しか取得しえないかのようであるが，法人の不法行為（過失）の議論（☞『民法Ⅵ』7-31 以下）とパラレルに法人の占有ということも考えられる。*12-23* に述べるように，特に占有代理人を特定できないような事例については，会社の従業員を占有機関にすぎないとしてしまうと，法人の占有を否定する限り，所持＝占有をしている自然人はいないことになり不都合である。したがって，従業員を占有機関として会社自身が社会通念上支配をしており所持＝占有をしていると認めるべきである。

12-21　占有補助者と認められた事例として，建物に所有者と同居する使用人（最判昭 36・4・7 民集 14 巻 5 号 751 頁），夫と同居している妻（大判昭 10・6・10 民集 14 巻 1077 頁），夫と同居している内縁の妻（東京高判昭 43・3・13 判時 522 号 32 頁），不在中に建物に居住している所有者の家族（最判昭 28・4・24 民集 7 巻 4 号 414 頁）などがある。特殊な事例として，借地上の建物の賃借人について，賃貸借の目的物である建物についてはこれを所持し占有が認められるが，その敷地については，建物所有者（借地人）の所持の機関とされ，敷地について不法占有による損害賠償義務が否定されている（最判昭 31・10・23 民集 10 巻 10 号 1275 頁）。

占有機関であれば，占有訴権が認められない反面（ただし，店番の店員は窃盗をした者に対して，店を代理して返還請求をする権限が与えられているとみてよい），占有訴権や物権的請求権の被告にならず，また，717条1項の占有者としての責任も負わない（故意・過失があれば，709条の責任を負うのは別）ことになり，現実には，後者の免責のために占有機関にすぎないという主張が出されることがある[12-22]。

[3] 善意占有（過失・無過失）・悪意占有[12-23]

12-24　他人の物を自分の物として占有する場合にも，それを他人の物とは知らない[12-24]場合（**善意占有**という。過失がある場合とない場合とにさらに分けられる）と，他人の物と知りながら占有する場合（**悪意占有**という）とが考えられる。そして，占有にかかわる制度における保護が，いずれかで異なってくる。たとえば，取得時効が完成するためには，善意（かつ無過失）であれば10年（162条2項），悪意（善意だが過失ある場合も）の場合には20年の占有が必要である（162条1項）。占有者の果実取得や費用償還請求権についても，やはり善意の占有者がより厚く保護されている（189条，191条，196条）。民法は186条1項

12-22　株式会社の代表取締役が会社の代表者として土地を占有している場合に（法人の占有については☞**注12-20**），取締役個人に明渡しを命じた原判決が破棄されている（最判昭32・2・15民集11巻2号270頁）。「Yは訴外会社の機関としてこれを所持するに止まり……本件土地の直接占有者は訴外会社であってYは直接占有者ではない」と述べ，ただし，「Yが本件土地を単に訴外会社の機関として所持するに止まらず<u>Y個人のためにも所持する</u>ものと認めるべき特別の事情があれば，Yは直接占有者たる地位をも有する」という傍論を付け加えている。

12-23　以上のほかに，平穏な占有か否か，公然な占有か否かという区別があり，162条の取得時効の要件にかかわる。取得時効のためには平穏・公然な占有であることが必要であり，占有を強暴な方法等で開始した場合には何年占有しても取得時効はできないことになる。

12-24　判例は，162条2項の「善意」とは「単に自己が所有権を有すと確信するを云ふ」，また，186条1項の「善意」とは「占有を正当とする本権ありと確信する」と解している（大判大8・10・13民録25輯1863頁）。同判決は，「過失」については「不注意に因り所有権を有すと誤信したる場合」という。「誤信」と「確信」を対置しているが，「確信」というと，語感としては，無過失であるという過失判断が入った表現であり，適切ではない。善意は疑問をもっているかどうかを問わず──未必の故意的な重過失は悪意と同視される──，自己の所有物だと考えていればよく，その点に不注意があったかどうかで無過失・有過失を分ければ足りる。その意味で，上記判例は疑問である。そもそも旧民法には「善意」しか要件はなかったのが，現行民法では所々に無過失まで明記する条文が導入され，完全に整理が行き届いているのか疑問である。「善意」のみが要件になっている場合に，確信を必要とする善意と確信を不要とする善意に分ける必要はなく，必要ならば改正前96条3項のように善意無過失と制限解釈をすれば足りる。

で占有者の善意を推定しているが，無過失までは推定していない。

3 占有の効力

12-25　民法は，「占有権の効力」と題して，①占有者の権利適法の推定（188条），②権限に基づかない占有者の果実取得，損害賠償についての規定（189条～191条），③即時取得（192条～194条），④家畜以外の動物の占有による所有権取得（195条），⑤占有者の目的物の費用償還をめぐる規定（196条），⑥占有訴権（197条～202条）といった諸規定を置いている。しかし，即時取得が取得した占有権の効力の問題ではなく，占有者の占有の権利外観に対してなされた信頼保護制度であることは既に述べた通りである（☞3-2）。また，占有訴権も，占有権という中間項を媒介させる必要はなく，占有という事実に対して付与される効果と直截に考えればよいことも既に述べた（☞12-2）。①や②も「占有権の効力」ととらえる必要はない。

[1]　占有についての推定

12-26　(a)　**占有態様の推定**　「占有者は，所有の意思をもって，善意で，平穏に，かつ，公然と占有をするものと推定する」（186条1項）。これは取得時効にかかわる規定である。取得時効の要件としての所有の意思については，権原の性質により客観的に決定されるが，占有の原因が不明であったり，原因の性質から客観的に決定することができない場合のための規定である（☞12-13以下）。ただし，善意の点は推定されるものの，無過失の推定は働かないので，占有者は無過失を自ら証明する必要があり，その証明ができないと，20年の取得時効しか認められないことになる。

12-27　(b)　**権利適法の推定──所有権の証明**　「占有者が占有物について行使する権利は，適法に有するものと推定する」（188条）。

　　188条は「適法」占有という推定をしただけであり，どういう本権により適法なのかは特に推定はしておらず，占有訴権を基礎づける程度の意味しか有していない。そのため，所有権を証明するには188条によりえない。所有

権の証明は悪魔の証明ともいわれるほど困難な作業である[12-25]。承継取得では前主が所有者であったことを証明しなければならず，さらにその前主が所有者であったことをも証明しなければならない。つまり，起算点の原始取得にたどり着くまで証明しなければならないのである。民法は取得時効制度によって，この問題をある程度解決し，また，不動産については，登記上所有者とされていれば登記の推定効により所有者と推定される。また，動産については，188条とは別に，経験則に基づいて占有者を所有者とする事実上の推定を認めることができる。

[2] 占有訴権（占有の訴え）

12-28 **(a) 占有訴権制度の意義** 2-2以下に述べたように，所有権などの物権が侵害されている，または侵害のおそれがある場合には，所有権などの物権を有する者には物権的請求権が認められる。しかし，①所有権の証明は上記に述べたように困難な作業であり，また，②事例の性質上，迅速な対処が要求されるため，占有をめぐる訴訟については特別の手当てが必要になる。そのため，民法は，占有しているという事実だけで，所有権など（本権という）の確認を要せずして，占有物の返還や妨害の排除，妨害の予防を請求できる簡易迅速な特別の訴訟手続を用意したのである。このような訴訟を「**占有の訴え**」（197条）といい，これを提起する権利を**占有訴権**という[12-26]。

そのため，占有の訴えの特別訴訟手続と，所有権の有無を争う通常手続

12-25 なお，所有関係が不明確な夫婦間の財産関係については，民法は，離婚の際の財産分与請求権（768条），配偶者相続人の相続分を多目にすること（900条）により，清算しようとしたのである。

12-26 197条は，「占有者」に「占有の訴え」の提起を認め，占有意思したがって占有の認められない「他人のために占有をする者」（寄託者など）にも占有の訴えを拡大している。間接占有者（たとえば賃貸人）にも占有訴権が認められ，代理占有者も占有訴訟を自己の名で提起できる。判例は，法人の代表者につき，単に占有機関にすぎず「法人の直接占有」であり，代表者は197条後段の代理占有者でもないとしてその占有訴権を認めない（最判昭32・2・22判時103号19頁）。その反面，代表者は占有訴権の被告ともなりえないことになる（☞**注12-20**）。ただし，「代表者が法人の機関として物を所持するにとどまらず，代表者個人のためにもこれを所持するものと認めるべき特別の事情がある場合には，これと異なり，その物について個人として占有の訴えを提起することができる」（最判平10・3・10判時1683号95頁。宗教法人の住職が僧籍剥奪処分を受けた事例で実際に特別事情を認める）。

(これを「**本権の訴え**」と称する）とを厳密に区別し，相手方が占有の訴えの手続きの中で，本権についての実体的争いができないようにしたのである（202条）。しかし，民事訴訟法には占有の訴えのため特別の訴訟手続制度はない。その結果，民法の占有の訴えという制度は宙に浮いた形になってしまっている（もっとも，仮処分手続が一般的に整備された以上，特別の手続きを創設する意義は失われている[12-27]）。このことに注意して，占有の訴えをめぐる問題を考えなければならないのである。

12-29 【STEP UP ——占有訴権制度の根拠・存在意義】

　占有訴権の存在意義をめぐっては，諸説がある。①まず，現在の占有状態をそれが正当なものかどうかを問うことなく保護しようとする制度であると説明する法秩序維持説がある。本権が保護の対象で，仮の暫定的保護というのではなく，「占有」という事実それ自体が保護法益ということとなる。②他方，本権の証明困難を救済するための制度とする本権保護説がある[12-28]。仮の暫定的な保護を与える制度としての占有訴権制度に最も適合的である。③さらには，賃借人などの債権的権利者を保護する制度であるという債権的利用権保護説もあるが，現在では賃借人保護の観点から不動産賃借権に物権的請求権類似の権利を認めているので（☞『民法Ⅵ』6-6 以下），占有訴権の存在意義を説明できない。結局，占有訴権制度の意義は大きくなく，確かに留置権や動産質には有用な制度であることは否定できないが（302条，353条），本書は本権保護説を支持したい。

　あくまでも本権の暫定的な保護のための手続上の制度にすぎず，保護されるのは本権だと考えることもできるが，フランスでは，民法また民事訴訟法の占有訴訟手続を廃止しつつも，占有侵害に対する占有保護請求権を占有自体に認めている。実体法上の占有保護請求権という占有自体の保護のための権利を認めることになる。そうすると，損害賠償も暫定的措置で，後日本権についての訴訟で覆さ

12-27　仮処分では権利を疎明しなければならないが，占有訴権による場合は本権の疎明を不要とできるので，占有訴権制度の趣旨を実現することができる。

12-28　占有訴権規定の母法であるフランス民法において，旧2279条に占有訴権の規定が置かれ，民事訴訟法2264条以下に占有訴権の特別手続きが規定されていたが，2015年2月16日の法律によりいずれも削除された。民法には占有が本権にかかわらずその侵害ないしその恐れから保護される旨の規定が残され（2278条），その保護のための特別の手続きは設けずにレフェレという一般的な急速審理手続きに任せることにしたのである。これによると，占有という事実から民法上占有保護請求権とでもいうべき権利が成立することは否定されていないことになる。

れることはなく，占有侵害についての固有の損害賠償が認められることになる。

12-30　(b) **占有訴権の種類**　占有訴権については，物権的請求権の分類に対応して，次の3つの種類が認められている（損害賠償につき☞12-31-2）。また，提訴期間も法定されており（201条），これは消滅時効期間ではなく出訴期間であり，裁判外で催告したり承認がされても中断はない[12-29]。

12-31　❶ **占有回収の訴え**　占有を「奪われた」場合に，占有を奪われた者は，占有を侵奪した者に対してその物の「返還及び損害の賠償」を請求する訴訟を提起でき，これを**占有回収の訴え**という（200条）[12-30]。たとえば，絵画を盗まれた占有者が，盗んだ者に対して絵画の返還を請求する場合である。奪われたことが必要なので，詐取されたり（大判大11・11・27民集1巻692頁），横領されたり，また，賃借人が賃借物を契約終了後も返還しない場合（大判昭7・4・13評論21巻諸法240頁）には，占有回収の訴えは認められない。特殊な事例として，レストランの従業員として店舗の占有補助者であった者が，退職届を提出してレストランの店舗を占有する旨を表明した事例で，退職した従業員は「自己のためにする意思をもって本件店舗の所持を取得し」，レストラン側は「その意思に基づかないで本件店舗に対する所持を失った」として，占有回収の訴えが認められている（最判昭57・3・30判時1039号62頁）。

「返還」請求の被告は現在占有をしている奪取者または悪意の特定承継人（200条2項。相続人は善意でも相手になる）であるが[12-31]，損害賠償の被告については，現在占有を有していることは必要ではなく，過去に占有回収の訴えの対象となる占有を有していればよい。「返還」について，侵奪者が第三者（た

12-29　損害賠償請求権は実体法上の権利侵害なしに認められるものであり，占有訴権によらずに709条により724条の時効期間内に損害賠償請求ができるものではない。

12-30　占有回収の訴えは，占有者の特定承継人には提起できないのが原則であり，ただし，特定承継人が侵害の事実を知っているときはこの限りではない（200条2項。占有訴権を行使する者が証明責任を負う）。

12-31　法人の理事個人に対して明渡請求が認められるかが問題とされ否定されている。「Y_1 は Y_2 組合の理事であり本所支部長として建物の一部を支部の事務所に使用しているものであり，Y_3 び Y_4 は Y_2 組合の使用人として建物の管理をしているので，いずれも，組合とは別に個人として独立の占有を有するものではない」，「原判決は，占有機関であると主張する者に対し明渡を命ずるについて理由を備えない違法があ」るとされている（最判昭31・12・27判タ68号81頁）。

とえば賃借人）に目的物を占有させ間接占有をしている場合でも，占有回収の訴えの被告となる（大判昭5・5・3民集9巻437頁）。他方で，代理占有者自身も，200条2項の特定承継人に含めその要件を満たす限りにおいて被告となる（大判昭19・2・18民集23巻64頁）。たとえば，奪取者からの賃借人は悪意である限り，占有回収の訴えの被告となる。

占有回収の訴えは，<u>占有を奪われてから1年以内</u>に提起しなければならない（201条3項）[12-32]。

12-31-1 【STEP UP ──占有訴権の交錯？（交互侵奪）──占有の自力救済】

たとえば，所有者Aがある動産（たとえば自転車）をBによって奪われたが，Aが追跡してBの自宅でこれを発見して奪い返した場合に，占有訴権は本権から離れて判断するので，BにAに対する占有回収の訴えが認められそうである（第三者が奪ったのに対しては認められる）。この点，Bの自力救済につき，占有の自力救済として一般的自力救済の原則的要件に対して，やむを得ない事情の存在（緊急性）という要件を緩和しこれを不要とすることを認めるべきかが議論されている。

①ドイツ民法は，自力救済の原則について**占有の自力救済**につき**緊急性**という要件を緩和する特別規定を置き──ただし，その場または追跡して，また侵奪後ただちにという要件が設定されている──，日本の通説もこれに従う。これによれば，Bには占有訴権が認められないことになる。②しかし，少数説としては，この場合にも，自力救済の一般原則によるべきであるという主張もある。これに従えば，緊急性のない場合には，Bの占有訴権が認められることになる。

判例は，Bの占有回収の訴えを認めたものがあるが（大判大13・5・22民集3巻224頁［**小丸船事件**］），東京高判昭31・10・30高民集9巻10号626頁は，「当初の占有侵奪者は前に述べた趣旨においていわば社会の秩序と平和を濫すものであって，その後その占有が相手方に侵奪され，しかも右侵奪が法の許容する自救行為の要件を備えない場合であっても，当初の占有侵奪者（後の被侵奪者）の占有は法の保護に値せず，反って占有奪還者（後の占有侵奪者）の占有を保護することが，社会の平和と秩序を守るゆえんであるから，当初の占有侵奪者（後の占有被侵奪者）は占有訴権を有しない」した。占有の自力救済を認める判決である。

12-32　占有訴権の出訴期限は損害賠償請求にも適用がある。**注12-27**も参照。

12-31-2　【STEP UP ──占有訴権における損害賠償】
　　占有訴権が，占有そのものを保護法益として保護する制度ではなく，本権保護のための暫定的制度であるとすると，たとえ占有を奪われて使用できない損害の賠償を得ても，その後，本権訴訟で取り戻した所有者が所有権を証明できたならば，賠償金は返還させられそうである。しかし，占有それ自体が保護されるものと考えられている (12-29 の法秩序維持説ならば可能)。とはいえ，占有の訴えにおける「損害」の賠償は，「占有」のみを理由とするものであり，本権の侵害を理由とするものではないため，その内容は不明な点が多い。
　　判例としては，建物を家族と共に居住していた者がその占有を奪われたため，占有の訴えにより占有回収と共に損害賠償を請求した事例で，原審は，本件家屋に居住できず他に宿泊しなければならなくなったため，月 2 円を過分に要することになったとして，返還まで月 2 円の損害賠償を認められている。「占有物侵奪の為め被りたる損害の賠償を命ずるには，被害者が現に占有せる物を侵奪したる事実あるを以て足るものにして，必しも其占有が正権原に依るものなるや否の事実を確定するを要するものに非ず」。「占有を侵奪せられたる者は<u>占有物の返還あるまでは占有物を利用することを得べきものなることを通例とするが故に</u>，原判決に於けるが如く其侵奪者に対し之を返還するまで継続的の損害賠償を命ずることは之を不当と謂ふを得ず」と判示されている (大判大 4・9・20 民録 21 輯 1481 頁)。占有者の善意悪意は問わないと考えられている (大判大 13・5・22 民集 3 巻 224 頁)。その後に本権の訴訟で利用権が否定されても，賠償金を保持できるのか不明である。しかし，善意占有者の果実取得権の侵害，違法な自力救済による損害の賠償に限られるべきであり，使用利益を善意悪意問わずに賠償を認めるべきではない。本権訴訟で争うことを認めるべきである。

12-32　❷　**占有保持の訴え**　　占有を「妨害[12-33]」がされている場合に，占有者は妨害をしている者[12-34] にその妨害の「停止[12-35] 及び損害の賠償[12-36]」を請求す

12-33　土地については，占有の「妨害」か「侵奪」かの判断が微妙な場合もある。判例は，他人の土地を無断で耕作使用している場合について「占有を妨害するに過ぎないと認めるのを相当とする場合が少なくない」とし (大判昭 10・2・16 新聞 3812 号 7 頁)，他方で，他人の土地に無断で建物を建築する場合には，「他人の占有を侵奪するものである」とする (大判昭 15・10・24 新聞 4637 号 12 頁)。

12-34　妨害物の現在の所有者であり，妨害物の譲渡があれば譲受人である。大決昭 5・8・6 民集 9 巻 772 頁は，傍論として付合した場合にはその当時の所有者を相手とすることを認めており，付

る訴訟を提起できる。これを**占有保持の訴え**という（198条）。これが考えられるのは，不動産の場合であり，たとえば，土地に勝手に廃棄物を捨てた者に対して，その土地を占有している者が廃棄物の除去を請求することができる。「妨害の停止」を請求するためには，「妨害」の原因につき，妨害者の過失がある必要はない（大判大5・7・22民録22輯1585頁）。これに対して，損害賠償については，不法行為責任の原則を確認しているだけであり，無過失責任を規定したものではない（大判昭9・10・19民集13巻1940頁）。占有保持の訴えは，妨害の存する間また妨害が終了してから1年以内に提起しなければならず（201条1項本文），「工事により占有物に損害を生じた場合」には，工事着手から1年を経過するか工事が完了したら，もはや提起できない（201条1項但書）。

12-33　❸　**占有保全の訴え**　占有が「妨害されるおそれ」がある場合に（占有者の主観ではなく客観的判断），占有者は，その占有者は妨害するおそれのある者——故意・過失は不要——に対して妨害の「予防又は損害賠償の担保」を請求する訴訟を提起できる[12-37]。これを**占有保全の訴え**という（199条）。占有保全の訴えは，妨害の危険が存在する間はいつまでもできるのが原則であるが，工事により妨害の危険が生じる場合には，工事着手から1年を経過した，または工事が完成したら，もはや提起できない（201条2項）。

12-34　(c)　**本権の訴えとの関係**　占有の訴えは，本来，本権を争うことを禁止して，占有という事実のみに基づいて簡易迅速に救済を認めることを目的とした，特別の訴訟手続制度として設計されたものである。もしその通り占有訴訟手続が実現されたならば，そもそも訴訟手続が異なるため，本権に基づく訴えと占有訴訟とが競合することはありえなかった。本権については別個に通常の訴訟手続で，じっくりと争うことになるはずであった。この本来の趣旨からは，①「占有の訴えは本権の訴えを妨げず，また，本権の訴えは占

合しても占有保持の訴えは認められるかのようである。
12-35　妨害の「停止」とは，妨害を除去し，原状を回復することであり，その費用は義務を負う妨害者が負担する（大判大5・7・22民録22輯1585頁）。
12-36　損害賠償については，利用できないことによる損害を認めるのが多数説そして判例（大判大4・9・20民録21輯1481頁，大判大13・5・22民集3巻224頁）であるが，占有侵害に付随する損害しか認めない学説もある（こちらに賛成したい☞ 12-31-2）。
12-37　198条が「及び」なのに対して，199条は「又は」であり，いずれかの選択である。

有の訴えを妨げない[12-38]」(202条1項)，②「占有の訴えについては，本権に関する理由に基づいて裁判をすることができない[12-39]」(202条2項) という規定は，合理的であった。

ところが，現行法では，占有の訴えのための特別の訴訟手続が用意されなかったため，占有の訴えも本権の訴え同様に通常の訴訟手続で審理されることになる。そのため，202条1項はその前提が欠けてしまったのである。また，202条2項については，占有の訴えに対して本権の権利関係を理由としてこれを退けることはできないが，被告とされた者が<u>本権の訴えを反訴として提起することは許されるため</u>（最判昭40・3・4民集19巻2号197頁），もし本権が認められる場合に，同時になされる占有の訴えの判決はどうなされるべきなのであろうか。

この点，裁判所は，たとえば，占有者Aの所有者Bに対する占有の訴えに

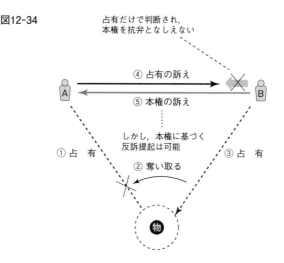

図12-34

12-38　202条1項は，<u>所有者が占有訴権を有する場合であり，いずれを選択してもよいし，占有訴権について特別の手続きがない以上は同一訴訟で両者を主張してもよいことになる</u>（通説）。問題は，一方で敗訴した場合にその既判力が及ぶか，また，両訴を別訴で提起できるかである。①既判力が及ぶのを否定するのが判例であるが（大判大4・5・5民録21輯658頁），②別々に訴訟を提起するのは二重起訴となり，また，一方の既判力は他方にも及ぶという学説もある。

12-39　202条2項は，202条1項とは逆に，<u>非占有者が所有者（またはそれ以外の者）に対して占有訴権を行使する場合</u>に問題になるものである。

ついては，A勝訴の判決を下し，他方で，反訴では，Bの所有権を認めるB勝訴の判決を下すことができる。訴訟物（裁判所が審理・判断すべき権利ないし法律関係）が異なるのでこの2つの判決は矛盾しないが，執行レベルでは問題が残される。占有の訴えは，本来は本権が明らかでない間の暫定的な効力を認めたものにすぎないため，本権についての判決が出された以上は，本権についての判決が優先されるべきである。BからAに占有を復帰させる判決の執行を認めるべきではない。

[3] 占有者の費用償還請求権・損害賠償義務

12-35 **(a) 必要費の返還請求権** 他人の物の占有者は，善意か悪意かを問わず占有物について費やした必要費を「回復者」に対して返還請求できるが（196条1項本文），占有者が果実——ここでも使用利益に拡大される——を取得した場合には（☞12-37），「通常の必要費」の返還請求は認められない（196条1項但書）。たとえば，Aの所有する犬が逃げ出して，Bがこれを拾って飼っている場合，犬にえさをやりえさ代がかかったとしても，Bが飼うことにより利益を上げているのであるから，えさ代の返還を請求できない[12-40]。これに対して，犬が怪我をしていたので治療した際に獣医に支払った治療費は，「通常の必要費」ではないので，返還請求ができる[12-41]。

12-36 **(b) 有益費の返還請求権** 拾った犬を，特別の費用をかけて調教師に預けてしつけをしてもらった場合に，そのしつけのためにかけた費用は必ずしも必要な費用ではないので，**有益費**[12-42]として必要費とは異なる規律に服する。必要費とは異なり有益費は「その価格の増加が現存する場合に限り」，ま

[12-40] これに対し，オオトカゲが逃げ出し動物園で保管している場合には，使用利益を受けているわけではないので，動物園は，そのえさ代を所有者に償還請求できる。通常は事務管理が成立し，費用返還請求権が認められるであろう（702条）。

[12-41] 他人の犬として買主に返還するために保護した場合には事務管理が成立し，費用の償還請求ができるのは当然であり，所有者がいないと思い自分の犬として飼っている場合が問題となる。

[12-42] 有益な費用でなければどんなに費用をかけても返還請求できない。占有者の特別の趣味から自動車を暴走族風に改造しても，物の価値を増加させるとはいえない。いわゆる**奢侈費**は，返還請求の対象にならない。

た，回復者の選択に従い，「その支出した金額又は増価額を償還させることができる[12-43]」にすぎない（196条2項本文[12-44]。608条2項により賃貸借に適用される）。犬が返還前に死亡してしまえば利益はなくなっており，調教代の返還請求権は消滅する。

[4] 占有者の果実返還義務

12-37 (a) **善意の占有者** 「善意の占有者は，占有物から生ずる果実を取得する」（189条1項）。ここで善意とは，果実収取権[12-45]を伴う本権があると思っていることが必要である（所有権である必要はない[12-46]）。用益権の認められない受寄者は（占有も認められない☞12-4-1），他人物の寄託を受けようと本条の適用はない。果実には天然果実だけでなく法定果実も含まれ，さらには使用利益に拡大適用されている（大判大14・1・20民集4巻1頁）。その反面，果実を取得した場合には，通常の必要費の償還請求ができなくなる（196条1項但書）。なお，特定物売買の当事者間において，引渡しまでの果実の帰属については575条が適用され，189条は適用を排除される。

問題は，この規定を文言通り果実についての帰属を定めたものと理解してよいのかである。これを肯定する学説が通説であり，取得した果実が残っていても返還を要しないと考えられている。しかし，既に消費してしまった果

[12-43] 目的物が譲渡され所有者が変わっている場合，賃貸借契約の事例では，占有者たる賃借人は新賃貸人に対して有益費の償還請求ができるものとされており（最判昭46・2・19民集25巻1号135頁），同様に考えられる。

[12-44] なお，この場合に，占有者には有益費償還請求権のために留置権が認められるが（295条1項），悪意の占有者の留置権を排除することを目的として，悪意の占有者に対しては，裁判所は回復者の請求に基づいて，有益費の償還に相当の期限を許与することができるものとされている（196条2項但書）。

[12-45] 189条1項や196条では果実の「取得」とされ，他方で，88条，89条，190条1項では「収取」とされている。2004（平成16）年の現代語化前はいずれも「取得」であったが，189条以外は「収取」に変更されている。

[12-46] 189条は不当利得に対してだけでなく，不法行為に対しても特則であり，善意占有者に過失があっても，所有者に対して損害賠償を義務づけられることはない（反対説あり）。占有者が果実（使用利益に拡大される）を取得した場合には，通常の必要費は占有者の負担とされる（196条1項但書）。なお，学説には，無償により占有を取得した者については，果実取得につき不当利得返還義務を認める提案がある。

実や使用利益の返還を免除したに止まり，消費されておらず残っている果実の返還は原則通り免れないという少数説もある。

12-38　**(b) 悪意の占有者**　悪意の占有者については，190条により，「悪意の占有者は，果実を返還し，かつ，既に消費し，過失によって損傷し，又は収取を怠った果実の代価を償還する義務を負う」ものとされている（190条1項[12-47]）。また，「暴行若しくは強迫又は隠匿によって占有をしている者」も同じ扱いを受ける（190条2項）。不当利得や不法行為についての当然の確認規定のようであるが，所有者に損失や損害がなくてもよいので，その点でやはり特則としての意味は残されている[12-48]。なお，「善意の占有者が本権の訴えにおいて敗訴したときは，その訴えの提起の時から悪意の占有者とみなす」ことになっている（189条2項）。

4　占有の承継

12-39　「占有権」の移転については，178条をめぐって9-6以下に説明した。また，占有の併合主張（187条）については，取得時効で問題になるにすぎない（☞『民法Ⅰ』17-6）。結論だけ確認をしておくと，観念的な占有権といったものを想定し，その意思表示による移転を考える必要はなく，支配という事実状態の主体が変わるごとに，その下で新たな占有が成立するが，取得時効との関係で政策的に併合主張を認めただけと考えれば十分である。

12-47　善意の占有者であっても，本権の訴えにおいて敗訴したならば，その訴え提起の時から悪意の占有者とみなされる（189条2項）。ただし，189条2項は1項との関係での擬制にすぎず，この規定により当然に709条や191条との関係において損害賠償責任を負うことになるわけではない（最判昭32・1・31民集11巻1号170頁）。

12-48　悪意の占有者が，その才覚によって他人物を利用し，賃料や天然果実を取得した場合に，所有者に損害ないし損失がないとすれば，これらは不法行為の損害賠償や不当利得の返還の対象とすることができない。しかし，190条はそのような場合でも，果実の返還義務を認めた規定として意義が認められることになる。ただし，196条により，悪意占有者が費やした費用については所有者は返還義務を免れない。

【STEP UP ── 占有権の相続】

占有権を想定するとしても，所持という事実に基づいて不断に発生する権利関係であるため，占有権が相続により移転するということは起こりえないはずである──ただし，間接占有は代理占有関係の相続による承継を想定できる──。相続人が占有を開始するまで（被相続人とは別個の占有であり，187条が適用される），<u>占有の空白が生じてしまい</u>（自然中断），進行中の取得時効が相続を機に無に帰してしまう。この不都合を避けるために，立法によっては占有の相続を明文で認めている。わが国では明文規定はないが，通説・判例（大判大4・12・28民録21輯2289頁）は解釈により<u>占有権の相続</u>を認めている（☞図12-40①）。

しかし，所持は社会通念によって判断されるものである以上，占有権の相続を考えなくても問題を解決しうる。たとえば，鍵のかけられた建物を相続すれば，そこに居住していなくても相続人の所持が認められて然るべきであり，相続人がただちに占有を取得すると考えるべきである（☞図12-40②）。あえて相続により1つの占有が続いていると構成しなければ，185条を問題にする必要もなくなるのである（☞12-20）。判例も，187条との関係では，かつては1つの占有が相続により承継されるので187条の適用を否定したが，現在では，被相続人の占有と相続人の占有とは別の占有であるということを容認し，相続人が自己の占有だけを選択主張することを認めている（最判昭37・5・18民集16巻5号1073頁）。

図12-40

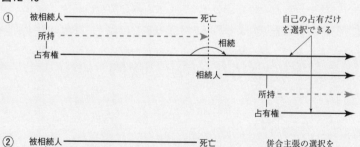

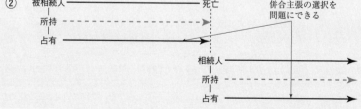

第3部
所有権

■第13章■
所有権

13-1　**(a) 所有権の内容**　所有権は,「法令の制限内において, 自由にその所有物の使用, 収益及び処分をする権利」である (206条☞図13-1)。動産及び不動産でも建物の場合にはその物を客体とするだけであるが, 土地所有権は,「法令の制限内において[13-1], その土地の上下に及ぶ」ものとされ (207条), 地盤という物の支配権というよりも, 地球上の一定のスペース (空間) の支配権である (その上に国家の統治権があり, 私有地も日本の領土である)。ただし, 土地の上下とも限度があり, 上空を飛行機などが飛行することは妨げられず, また, 地下についても鉱物資源は別とされ, また, 大深度地下については私人の所有権が及ばず, 行政機関が収容手続を経ることなく利用できると考えられている (☞『民法Ⅰ』19-6)。なお, 騒音, 排煙などは, 所有権侵害とは別に人格権の侵害を問題にすべきである。

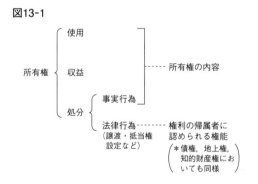

図13-1

[13-1]　民法上は, 14-1 以下に述べる相隣関係による土地所有権の制限があり, また, 特別法では, 建築基準法による建物の建築という形での土地利用の制限, 鉱業法による地下の鉱石などに対する制限などがある。なお, 所有権は, フランス革命後に絶対権とされ不可侵のものと強調された時代もあったが, 公的な観点からの収用の対象になるし, また, 利用制限を受けることもある。ただし, 収用や, 所有権の制限に対しては正当な保障が不可欠であり, 保障なしに安易に公共の福祉による制限 (1条1項) を認めるべきではない。

13-2 **(b) 所有権の性質** 所有権は，物の排他的支配権＝絶対権であるが，他の物権に対しては次のような特質を有している。

①所有権は，個々の権利の束ではなく全体として1つの包括的な権利の源であり，そこから具体的な個々の権利が流出するにすぎない（**所有権の全面性**）。②所有権は，目的物の現実の支配を伴うことを必要としない観念的な権利である（**所有権の観念性**）。③所有権は，用益物権や担保物権により制限を受けるが，その制限が消滅すれば全面的支配権に当然に復活する（**所有権の弾力性**）。④所有権は，他の制限物権とは異なり消滅時効にかかることはなく，放置をしても永久に消えることはない（**所有権の恒久性**）。

13-3 【 **STEP UP**──所有権概念の拡張の可否 】
　　　　　　権利の「帰属」概念の代用

206条の「処分」とは，①物を物理的に処分（廃棄，加工，消費等）するだけでなく，②法的に処分すること，すなわち譲渡したり，抵当権などの制限物権を設定することも含まれると考えられている。譲渡は厳密にいえば，「所有権」を移転させる行為であり，財産権の帰属者には所有権に限らずその帰属する権利の処分権が認められるのある。しかし，②の財産権自体の処分権をも包含する上位の概念として所有権が理解されている。

そのため，フランス法では，債権も含む無体物の帰属についても所有権という概念を用いようとしている。履行を請求できるのは債権の内容であるが，債権を譲渡できるということの理由づけについては，債権についての処分権を別個に観念する必要がある。そのための説明として，債権の上に所有権が成立していると考えるわけである（他の無体物についても同様）。しかし，206条の所有権の内容としての「処分」は①に限られるべきであり，②は無体物も含めてすべての財産権に共通の，「帰属」者にその財産権の処分権が認められるという原理によって説明すべきである（☞図13-1）。財産権の「帰属」者がその財産権を放棄・譲渡できるのであり[13-2]，「帰属」概念と財産権の処分は結びつけられるべきである（図13-3参照）。いわば「帰属」概念の代用として所有権概念が拡張されようとしているが，それは適切ではない。理論的には，②を説明するために，所有権という財産権に

13-2　財産権さらには権利とまでいえない法益さらには物ではない自分の身体についても，帰属者に，その権利・法益の譲渡，担保化といった処分，侵害に対する損害賠償及び差止請求という法的保護が付与される。

所有権がさらに成立するといったような説明が必要になってしまうはずである。

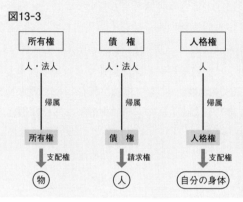
図13-3

13-4 【STEP UP——所有者不明の不動産】

不動産，特に山林について相続人による相続登記がされないままになり，所有者が不明となっていることが多く――九州ほどの面積になるとさえいわれる――，社会問題になっている。土地所有権の放棄については，11-2-1 に説明をした。

2014（平成26）年の農地法改正で，所有者が不明の耕作放棄地に知事裁定により利用権を設定し，農地集積バンクを通じて貸し出す仕組みを導入されている。その後，2018（平成30）年の所有者不明土地の利用の円滑化等に関する特別措置法により，地域住民その他の者の共同の福祉または利便の増進を図るための公園，広場等の整備に関する公共的事業を実施するため，簡易な構造で小規模なものを除いて建築物が存在せず，現に利用されていない所有者不明土地であって反対する権利者がいないものについては，都道府県知事の裁定により，一定期間（上限10年間）の土地等使用権の設定を可能とする制度が創設されている。

■第 14 章■
土地の相隣関係

14-1　相隣接する土地が相互に無制限に使用できるということになると，たとえば敷地目いっぱいに相互に建物を建てることができてしまい，それによって柵の位置や雨どいから流れる水の排水といった相手の土地とも関係する問題が発生し，その結果，土地利用をめぐって争いが生じるおそれがある。そのため，民法は相隣接する土地の使用をめぐる法律関係につき，「**相隣関係**」と題して特別の調整規定を設けて土地の使用を制限したのである（209条～238条）。なお，相隣関係法の目的は土地の使用の調整であるため，土地が賃貸されていたり地上権が設定されていたりすれば，その調整はその賃借人や地上権者について行われることになる。

1　境界の特定

14-2　(a)　**境界標などの設置**　民法は，隣接地における境界標また囲障の設置権についての規定を置いている。設置権者は，境界標は土地の確定の問題なので「土地の所有者」であるが（223条），囲障については，目隠しなどの土地利用の問題であるため「建物」の「各所有者」であり，建物が借地権者の所有であれば，借地権者になる（225条1項。267条も参照）。

　土地所有者は，隣地所有者と共同の費用で**境界標**を設けることができ（223条），その設置・保存の費用を相隣者が平等に負担するが，測量の費用は土地の広さに応じて分担することになっている（224条）。また，建物が建てられている相隣地については，その境界に共同の費用で**囲障**を設けることができるが（225条1項），協議が整わない場合には，その囲障は板塀または竹垣その他これに類する材料のものでなくてはならず，かつ，高さ2メートルを超えてはならないのが原則である（225条2項）。境界の囲障の設置・保存の費

14-2-1

用は，土地の面積にかかわらず相隣者が平等に負担する（226条）。ただし，相隣者の一方は225条2項の規定するよりも良好な材料を用いたり，同項の規定する高さを超えて囲障を設けることができるが，その場合，費用の増加分は囲障の設置者が負担しなければならない（227条）。以上と異なる慣習がある場合にはそれに従う（228条）。ただし，費用を負担しさえすれば，どんな材質でもどんなに高くても囲障が設置できるというのは不合理である。協議が整わない場合には，相隣者の承諾に代わる判決が必要であると考えるべきである（東京地判昭59・10・23判時1158号213頁）。

境界線上に設けた境界標，囲障，障壁，溝及び堀は，相隣者の共有に属するものと推定される（229条）。境界の塀が典型例であるが，生垣や建物が2軒の建物の共通の壁で支えられている場合もこの適用例である。この共有はその性質上，持分譲渡や分割請求が認められない（分割禁止については257条が規定）。このような共有を**互有**という。

14-2-1 【STEP UP ──境界内の囲障設置】

　実際には，境界線上に相隣者が共同で囲障を設置するのではなく，いずれかの土地所有者が自己の土地に境界に接して自己の費用で囲障を設置しているのが実情である。甲地A所有・乙地B所有で隣接しており，Aが境界に接して甲地内に囲障を設置した場合に，Bが225条1項に基づき，境界線上の共同の囲障設置を請求し，Aの既設の囲障の除去を請求できるというのは適切ではなく，否定すべきである。また，この敷地内囲障についてはどんなものを設置してもよいというわけではなく，既にある囲障の高さにそろえるべきものとしたり（東京地判平23・7・15判時2131号72頁），または，225条2項の趣旨より2メートルまでとして（神戸簡判昭52・1・14判時860号147頁，東京高判平13・12・26判時1785号48頁），それを超える部分の除去請求が認容されている。

　225条は建物の敷地が隣接している事例であり，たとえば山林が隣接している場合には適用はない。甲山林と乙山林が隣接している場合に，225条により境界線上に共同の費用での囲障設置を求めることはできず，いずれか必要になった所有者が上記の敷地内囲障を設置することはできるだけである。甲山林にテーマパークや企業の研究所が作られた場合に，甲山林側はフェンスなどの囲障を設置する必要があるが，乙山林の所有者にはそのような必要性がないのに，共同の費用でフェンスの設置を求められるというのは耐え難いところである。

14-3 **(b) 境界特定制度** 土地の境界（筆界）紛争については，2005（平成17）年に**境界（筆界）特定制度**が不動産登記法等の一部を改正する法律により創設されている。すなわち，境界をめぐって紛争になった場合は，境界特定登記官に境界特定を申請し，境界特定委員会に対し必ず意見を求めなければならない。すなわち，境界に関する外部の専門家，登記所保有の資料及び登記官の知識経験を活用し，迅速かつ合理的に境界を特定する手続きが創設されたのである[14-1]。これは判決のような効力はなく，境界特定訴訟を提起することができるが，裁判所が筆界特定手続記録の送付を嘱託することにより活用されることが期待されている。この手続きよりも境界特定訴訟の判決のほうが優先するのは当然であり，筆界特定は判決と抵触する範囲でその効力を失うことになる（不動産登記法等の一部を改正する法律148条）。

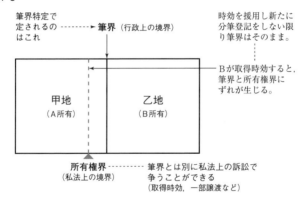

図14-3

14-3-1 **【STEP UP ── 2つの境界──筆界と所有権界】**
　俗にいう土地の「境界」には2つの意味がある。①まず，登記の際に定められた登記簿上の線である，一筆の土地と他の土地との公法上の境界線である「**筆界**」がある。これは登記簿により定められるものであり，当事者が合意で変更することはできない。②他方で，取得時効や一部譲渡により筆界と私法上の所有権の範

[14-1] 境界紛争については，各地の土地家屋調査士会も相談センターを設けて，土地境界紛争について無料で相談を受けている。

> 囲を画する境界線が異なることが起きることになり，これは「**所有権界**」といわれる。境界特定訴訟は，①の公法上の筆界を定めるものであり，訴訟の形式は採っているが，所有権界の特定を目的とするものではなく，その実質は非訟事件でありいわゆる形式的形成訴訟といわれている。このように，境界の特定は公法上の筆界（登記簿上の線）の特定を目的とするものであるため，「かかる境界は……客観的に固有するものというべく，当事者の合意によって変更処分し得ないものであって，境界の合意が存在したことは単に右客観的境界の判定のための一資料として意義を有するに止まり，証拠によってこれと異なる客観的境界を判定することを妨げるものではない」とされる（最判昭31・12・28民集10巻12号1639頁。最判昭42・12・26民集21巻10号2627頁も同様）。筆界は登記簿上の線にすぎないため，所有権界と取得時効などにより食い違いが生じた場合には，分筆登記により新たな登記をして筆界をこれに合わせることになる。

2 隣地使用権

14-4 たとえば，AとBの土地が隣接し敷地に建物を建てて住んでいるとしよう。この場合に，Aが建物の修理をするための足場を組むためにどうしてもBの土地に入る必要がある場合，AはBに対してBの土地の使用を請求することができる（209条1項本文）。ただし，隣地の住家には，隣人の承諾がなければ立ち入ることはできない（209条1項但書）──反対解釈をすれば，居住用建物の敷地以外の土地は，隣人の承諾なしに使用できることになる──。Bがこれにより損害を受けた場合には，Aは損害を賠償しなければならない（209条2項）。許された権利の行使であり，違法性がないとしても他人の土地を利用して利益を受ける以上，相手方の損失は補償すべきだからである。

3 隣地通行権

[1] 原則的な場合

14-5 (a) **隣地通行権の意義及び要件**　ある土地が他の土地に囲まれており，

公道に接していない場合（これを**袋地**（ふくろち）という），その土地は周囲の他の土地を通らなければ使用ができないことになる。周りの土地（これを**囲繞地**（いにょうち）という）の所有者が，通行を認めてくれなければ，袋地は使用できない価値のない土地になってしまい，それは社会的な損失である。そこで，民法は法定の通行権を袋地の所有者に認めたのである（☞図14-5）。これを**隣地通行権**ないし**囲繞地通行権**という（210条1項）。また，公道に接してはいるが，川がその間にあったり，絶壁になっていたりする場合にも，袋地に準じて（**準袋地**という），隣地通行権が認められている（210条2項）。なお，袋地または準袋地に公道に通じる小道があるが，それが自然の産出物を搬出することができない地勢である場合には，搬出に必要な限度で囲繞地の通行が許される（大判昭13・6・7民集13巻1331頁）[14-2]。また，たとえばほんの50センチメートル公道に接している場合にも，袋地概念を拡大して，必要な範囲で他人の土地部分の通行を認めるべきである。

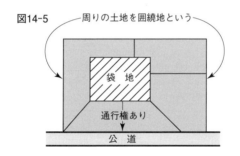

図14-5　周りの土地を囲繞地という

14-6　(b)　**隣地通行権の内容**　隣地通行権者がどこを通行できるか，当事者の合意で決定されればそれによるが，民法は隣地の所有者に一番損害の少ない場所を通れるにすぎないものと規定した（211条1項）[14-3]。また，隣地通行権

[14-2]　東京地判昭58・4・25判タ502号124頁は，「一般に，囲繞地通行権は袋地の効用を全うさせるために認められているのであるから，たとえ一応通行可能な経路が公路に通じている場合であっても，その経路によっては当該土地の用法に従った利用の必要を充たすに足りないときは，なおその土地を袋地と解すべきである」と判示している。

[14-3]　＊**隣地通行権につき問題となる点**　建物建築に必要な接道義務を満たす幅員の道路の開設を求めることができるかが問題となっているが，判例はこれを否定している（最判昭37・3・15民集16巻3号556頁。学説には肯定説も有力）。また，自動車による通行まで求めることができ

14-7

によって隣地の土地所有者は土地の使用を制限されるため，隣地通行権者は所有者に1年ごとに償金の支払をしなければならない（212条）。囲繞地通行権についても，通路に妨害がされその行使に支障が生じていれば，妨害排除請求が認められるのは当然である。なお，囲繞地通行権の登記はなく，公示なくして囲繞地の譲受人に対抗できる。また，囲繞地通行権制度の趣旨からして，「不動産取引の安全保護をはかるための公示制度とは関係がな」く，「実体上袋地の所有権を取得した者は，対抗要件を具備することなく，囲繞地所有者らに対し囲繞地通行権を主張しうる」（最判昭47・4・14民集26巻3号483頁）[14-4]。

［2］ 例外的な場合

14-7 次の2つの場合については，上記の原則によることなく，必ずそれぞれの規定で定められた土地についてしか通行権を有さないことになっている。なお，210条1項の「他の土地」は袋地所有者以外の者の所有であることが前提である。そのため，袋地所有者AがB所有の囲繞地甲に通行権が認められていたが，別の囲繞地乙を購入した場合には，合筆登記をしていなくても囲繞地通行権は消滅する――その後，袋地または乙を第三者に売却しても，乙にしか囲繞地通行権は認められない――と考えるべきである。

るかについては，当然には否定されず，「自動車による通行を前提とする210条通行権の成否及びその具体的内容は，他の土地について自動車による通行を認める必要性，周辺の土地の状況，自動車による通行を前提とする210条通行権が認められることにより他の土地の所有者が被る不利益等の諸事情を総合考慮して判断すべきである」とされている（最判平18・3・16民集60巻3号735頁）。差戻審判決（東京高判平19・9・13判タ1258号228頁）は，墓地造成のため寺には自動車による通行権を認めたが，果樹園として利用しようとしている者については，自動車による通行の具体的必要性を認めるに足りる証拠がないとして，これを否定している。

[14-4] 袋地の賃借人は，袋地に付与されている囲繞地通行権を主張でき，囲繞地所有者とは対抗関係にならないため，賃借人が対抗要件を満たしていることは必要ではない（最判昭36・3・24民集15巻3号542頁）。賃借地である農地が，賃借後に囲繞地になった事例で（単なる占有者には通行権は認められないという），囲繞地所有者により通行を妨害する板垣が設けられたのを，袋地の賃借人が除去するよう求めたのが認容されている。

① ABが共有する土地を図14-7①のように分割した場合，Bの取得した土地は公道に通じていないが，211条1項の原則により隣地を通行できるというのではなく，必ずAの取得した土地（残余地）を通行しなければならない（213条1項）。
② Aが図14-7②のようにその所有地の一部をBに譲渡した場合，Bの取得した土地は公道に通じていないが，これも211条1項によるのではなく，必ずAの土地（残余地）を通行しなければならない（213条2項）。Bに袋地部分を譲渡した場合も同様であり，残部のA所有地（残余地）にのみ囲繞地通行権が成立するにすぎない。

いずれも，自分の都合で共有物を分割したり，土地の一部を分筆して譲渡したのに，周りの土地所有者がこれにより不利益を負担するというのは妥当ではないので，袋地の原因を作った当事者に隣地通行権の負担をさせようとしたのである（"他に累を及ぼすべきではない"という思想）。なお，「民法213条2項は，土地の所有者がその土地の一部を譲渡し残存部分をなお保留する場合に生ずる袋地についてのみ適用ありと解すべきではなく，本件の如く，土地の所有者が一筆の土地を分筆のうえ，そのそれぞれを全部同時に数人に譲

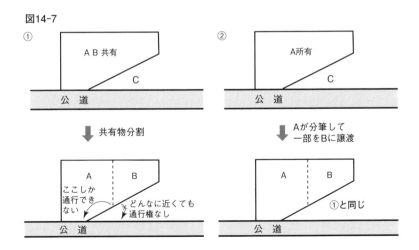

図14-7

渡しによって袋地を生じた場合においても，同条項の趣旨に徴し，袋地の取得者は，右分筆前一筆であった残余の土地についてのみ囲繞地通行権を有するに過ぎない」と考えられている（最判平元・9・19民集43巻8号955頁）。図14-7②で，Aが2つに分筆してそれぞれDEに譲渡した場合である。

14-8 **【STEP UP——囲繞地（残余地）について特定承継があった場合】**
　図14-7①及び②の事例で，その後Aがその土地をDに譲渡した場合にも，213条が適用になるのであろうか。①まず，213条が，自分で囲繞地を作り出した者にその不利益を負担させるという趣旨であるとすれば，Dは不利益を負担するいわれはなく，原則に戻り211条により通行権が判断されるということになる。
　②しかし，213条は，隣地の所有者の立場から考えるべきであり，何の責めに帰すべき事由もない隣地の所有者Cに不利益を負担させるべきではないという趣旨と考えるべきである。判例もDへの負担の承継を肯定している（最判平2・11・20民集44巻8号1037頁）[14-5]。ただし，囲繞地側の承継については，無償性まで承継されるかは争いがあり，原因を作ったのではない特定承継人については，有償という原則に戻るべきであるという考えがある（本書も賛成）。これによれば，AはBに対して償金を請求できないが，CはBに対して償金を請求できることになる。

4　その他の相隣関係

[1]　水をめぐる相隣関係

14-9　(a)　**排水などの相隣関係**　　土地の所有者は，隣地から水が自然に流れてくるのを妨げてはならず（214条。承水義務），直接に雨水を隣地に注ぐ構造の屋根その他の工作物を設けてはならず（218条），また，その所有地の水を通

[14-5] 同判決は理由として，「けだし，民法209条以下の相隣関係に関する規定は，土地の利用の調整を目的とするものであって，対人的な関係を定めたものではなく，同法213条の規定する囲繞地通行権も，袋地に付着した物権的権利で，残余地自体に課せられた物権的負担と解すべきものであるからである。残余地の所有者がこれを第三者に譲渡することによって囲繞地通行権が消滅すると解するのは，袋地所有者が自己の関知しない偶然の事情によってその法的保護を奪われるという不合理な結果をもたらし，他方，残余地以外の囲繞地を通行しうるものと解するのは，その所有者に不測の不利益が及ぶことになって，妥当でない」と説明している。

過させるため，高地または低地の所有者が設けた工作物を利用でき（221条1項），その利益を受ける割合に応じて，工作物の設置及び保存の費用を負担しなければならない（221条2項）。宅地の所有者は，他の土地を経由しなければ給排水ができない場合，220条及び221条の類推適用により，他人の設置した給排水設備を利用することができる（最判平14・10・15民集56巻8号1791頁）[14-6]。

14-10　**(b)　流水などの相隣関係**　水流が事変により低地において閉塞したときは，「高地の所有者は，自己の費用で，水流の障害を除去するため必要な工事をすることができる」（215条）。「他の土地に貯水，排水又は引水のために設けられた工作物の破壊又は閉塞により，自己の土地に損害が及び，又は及ぶおそれがある場合には，その土地の所有者は，当該他の土地の所有者に，工作物の修繕若しくは障害の除去をさせ，又は必要があるときは予防工事をさせることができる」（216条）。「溝，堀その他の水流地の所有者は，対岸の土地が他人の所有に属するときは，その水路又は幅員を変更してはならない」（219条1項），また，「両岸の土地が水流地の所有者に属するときは，その所有者は，水路及び幅員を変更することができる。ただし，水流が隣地と交わる地点において，自然の水路に戻さなければならない」（219条2項）。以上については，別段の慣習があればそれに従う（217条，219条3項）。

川が私有地を流れている場合，「水流地の所有者は，堰を設ける必要がある場合には，対岸の土地が他人の所有に属するときであっても，その堰を対岸に付着させて設けることができる。ただし，これによって生じた損害に対して償金を支払わなければならない」（222条1項）。この場合に，「対岸の土地

[14-6]　袋地の所有者Xが，建築確認を受けずに旧建物の建替えをし，囲繞地の通路部分に下水管を敷設工事を開始し，これに反対する囲繞地所有者Yに下水管の敷設工事の承諾及び当該工事の妨害禁止を求めたのが権利濫用か否かが争われた事例がある。最高裁は，「本件建物は，Xが建築確認を受けることなく，しかも特定行政庁の工事の施行の停止命令を無視して建築した建築基準法に違反する建物であるというのであるから，本件建物が除却命令の対象となることは明らかである。このような場合には，本件建物につき，Xにおいて右の違法状態を解消させ，確定的に本件建物が除却命令の対象とならなくなったなど，本件建物が今後も存続し得る事情を明らかにしない限り，XがYに対し，下水道法11条1項，3項の規定に基づき本件通路部分に下水管を敷設することについて受忍を求めることは，権利の濫用に当たる」と判断した。

14-11~14-12

の所有者は，水流地の一部がその所有に属するときは，前項の堰を使用することができる」（222条2項）。

［2］ 境界に関する相隣関係

14-11 **(a) 境界付近の竹木をめぐる問題**　223条以下は，土地と土地との境界をめぐる法律問題について規定をしている。「隣地の竹木の枝が境界線を越えるときは，その竹木の所有者に，その枝を切除させることができる」（233条1項）。これに対し，「隣地の竹木の根が境界線を越えるときは，その根を切り取ることができる」（233条2項）。A所有の竹林の根が境界を越え，B所有地に伸びてきた場合，Bは根を自ら切り取ることができ，切り取った根や筍を自由に処分できる。ドイツ民法では枝についても切除を請求して相当期間すぎても切除されない場合に，隣地所有者が自ら切除することが認められている。日本でも解釈により同様の結論を認めるべきである。

14-12 **(b) 境界付近における建物建築などをめぐる法律問題**　建物は境界から50センチメートル以上離して建てなければならない[14-7]（234条1項）。これに違反した建築がされようとしている場合には，隣地の所有者は建築の中止または変更を求めることができるが，建築着手から1年が過ぎるかまたは建物が完成してしまった場合には，損害賠償しか請求できなくなる（234条2項)[14-8]。

[14-7] ＊**建築協定・緑地協定・景観協定**　民法が規定しているのは建物建築に関して境界からの距離だけであるが，地域住民のいわゆる**建築協定**により，敷地，位置，構造，用途，形態，意匠，建築設備についての合意することができる（建基69条）。建築協定の認可を受けた場合には，認可の「公告のあった日以後において当該建築協定区域内の土地の所有者等となった者……に対しても，その効力があるものとする」（同法75条）。住民の全員一致が必要であり（分譲業者による一人協定が可能），協定の改正も同様である。「市町村の長は，その建築協定書を当該市町村の事務所に備えて，一般の縦覧に供さなければなら」ず（同法73条3項），行政のホームページで公示されている。この要件を満たさない建築協定については，「せいぜい本件決議に賛成した組合員ら同士の間において，債権契約としての効力を有するにとどまる」（福岡地判平8・5・28判タ949号145頁）。類似の私人間の協定で行政の認可により譲受人に対抗できるものとして，緑地協定（都市緑地法45条以下，50条）及び景観協定（景観法81条以下，86条）がある。

[14-8] ＊**1年経過前または完成前に権利行使があった場合**　1年以内に請求がされていれば（訴えによる必要はない），それを無視して建築がされ完成したり1年が経過したとしても，権利は保全されその後も変更を請求できる（物権的請求権とは異なり消滅時効の適用を認めるべきか）。判例も同旨であり，「苟も叙上の期間内に右の請求ありたる以上，同請求権は之に依りて保

実際に境界付近での建物建築をめぐっては争いが発生しやすく，悪意で建築が行われていてもこの制限の適用は排除されないので，建築完成までに対策をとる必要がある。建築基準法65条により，その要件を満たせば境界ぎりぎりに建物を建築することも許されるが（実際に都会の町並みをみよ），民法234条との関係については議論がある[14-9]。

「境界線から1メートル未満の距離において他人の宅地を見通すことのできる窓又は縁側（ベランダを含む。次項において同じ。）を設ける者は，目隠しを付けなければならない」（235条1項[14-10]）。「井戸，用水だめ，下水だめ又は肥料だめを掘るには境界線から2メートル以上，池，穴蔵又はし尿だめを掘るには境界線から1メートル以上の距離を保たなければならない」（237条1項）。「導水管を埋め，又は溝若しくは堀を掘るには，境界線からその深さの2分の1以上の距離を保たなければならない。ただし，1メートルを超えることを要しない」（237条2項）。237条の工事をする際には，「土砂の崩壊又は水若し

全せられ，爾後1年を経過し若は建築竣成したる後と雖尚建築を為したる者に於て其の変更を為し，前示民法第234条第1項所定の距離を存せしむるの責務ある」と判示されている（大判昭6・11・27民集10巻1113頁）。

[14-9] ＊**民法234条との関係**　建築基準法65条は，「防火地域又は準防火地域内にある建築物で，外壁が耐火構造のものについては，その外壁を隣地境界線に接して設けることができる」と規定する。これだけ見ると当然に民法234条を排除しているかのようであるが，この点は議論がある。最判平元・9・19民集43巻8号955頁は，①原審判決が，「建築基準法65条の要件に該当する建物については，ただちに民法234条1項の規定の適用が排除されるものではなく，同項により保護される採光，通風，建物の建築・修繕の便宜等の相隣土地所有者の生活利益を犠牲にしても，なお接境建築を許すだけの合理的理由……がある場合に限って初めて，建築基準法65条の規定が民法234条1項の規定に優先して適用される」としたが（民法234条1項により建物の違反部分の収去請求を認容），②最高裁は次のように述べて建築基準法65条の適用を肯定する（いわゆる特則説）。

建築基準法65条は，「同条所定の建築物に限り，その建築については民法234条1項の規定の適用が排除される旨を定めたものと解するのが相当である。けだし，建築基準法65条は，耐火構造の外壁を設けることが防火上望ましいという見地や，防火地域又は準防火地域における土地の合理的ないし効率的な利用を図るという見地に基づき，相隣関係を規律する趣旨で，右各地域内にある建物で外壁が耐火構造のものについては，その外壁を隣地境界線に接して設けることができることを規定したものと解すべき」だからである。

[14-10] 「前項の距離は，窓又は縁側の最も隣地に近い点から垂直線によって境界に至るまでを測定して算出する」（235条2項）。235条は一戸建てを念頭に置いた規定といってよく，区分所有建物（請求者側と請求を受ける側の両者が問題になる）では，区分所有者ごとに目隠しの設置請求権または義務が成立する。

くは汚液の漏出を防ぐため必要な注意をしなければならない」(238条)。

14-13 **【STEP UP──越境建築】**
　民法には越境して建物が建築された場合についての特別規定はないが，ドイツ民法は，越境建築をした所有者に故意または重大な過失がなく，完成前に隣接地所有者に異議を述べられなかった場合に限り，越境建築者に収去を免れしめ補償金の支払を義務づけている。強制的に利用権限を付与するに等しい。このような規定のない日本民法では，①当初は越境建築には234条2項が適用にならないことは当然視されていた。②ところが，1915 (大正4) 年の岩田新論文は，234条2項は，自己の境界線内に建築をした場合に限定していないことを理由に，234条2項を越境建築にも適用することを提案する。その後，多くの学説が肯定説に賛成し，肯定説が通説といえる。しかし，肯定説も無条件に適用せずドイツ民法同様の制限をする学説が多い (234条2項類推適用説)。

　判例は，最上級審判決は未だないが，東京地判昭39・6・27判時389号74頁は，越境部分はわずか2坪3合5勺にすぎないが，越境部分の除去を命じている。岡山地判昭43・5・29判時555号64頁は，「越境建物が容易に動かすことのできないものであって巨額の撤去費を要するような場合に始めて類推適用の余地が生じる」と傍論的に述べる。しかし，利用権設定型の私的収容に匹敵するものであり──権利濫用と構成しようと同じ──，明文規定がない以上は，234条2項の類推適用は認めるべきではない。

■第 15 章■
所有権の取得

1 無主物先占

15-1 「所有者のない動産は，所有の意思をもって占有することによって，その所有権を取得する」(239条1項)。これを**無主物先占**という。たとえば，山でカブトムシを捕まえた場合，いままで誰の所有でもなかった物（**無主物**[15-1]という）に捕まえた者の所有権が成立する。無主物であることが要件であるため，占有取得者が無主物と誤解しても，実際には無主物でなかったならば（野良猫だと思って拾って飼ったが，実は飼い猫であったなど），無主物先占は成立しえない[15-2]。また，「占有する」ことが必要なので，発見しただけでは無主物先占は成立しない[15-3]。

2 遺失物拾得

15-2 「遺失物は，遺失物法（……）の定めるところに従い公告[15-4]をした後3箇月

[15-1] なお，「所有者のない不動産は，国庫に帰属する」(239条2項)。したがって，日本の領海内で海底火山の活動により島ができても，当然に国の所有となり，無主の不動産として先に占有した者の所有となることはない。

[15-2] ＊**家畜外動物について**　他人のためにする意思はないので，事務管理は成立せずえさ代などの不当利得が成立するだけである。なお，家畜以外の動物については，195条の例外があり，占有者が無主物だと思って善意で占有を開始し（162条2項や192条同様に占有開始時の善意だけでよい），1カ月以内に所有者から返還請求を受けなければその所有権を取得できる。家畜については，捨てられたもので無主と信じて占有をしても無主物先占は成立せず，遺失物拾得の手続きを取らなければ所有権を取得できない。

[15-3] 猟銃で撃った獲物も占有するまでは無主物であるが，それを他人が横取りするのは不法行為になろう（所有権は成立していないので，被侵害法益は獲物の所有権を得られるという期待権）。

[15-4] 現在では，保管期間中，落とし主が判明するかまたは落とし物を持ち主に返すまでの間，落とし物の種類及び特徴，取扱警察署名及び電話番号等をインターネット上にて公表することに

以内にその所有者が判明しないときは、これを拾得した者がその所有権を取得する」(240条。2006（平成18）年改正により6カ月が3カ月に短縮された)。他人の占有を離れた物＝「遺失物」(落とし物や忘れ物)は、捨てたのではない限り他人の所有物であるが、所有権を取得できるかもしれないという期待をさせて、他人の財産を守るという事務管理に属する行為を奨励させようとした政策的な制度である。この制度のためか、わが国では落とし物が発見される可能性が非常に高い。

民法上の規定はこれだけであるが、**遺失物法**という特別法があり[15-5]、所有者が現れた場合にも、無償の事務管理規定に対して特則を設け、5パーセントから20パーセントの範囲で報労金を請求できることになっており（遺失28条1項)[15-6]、事務管理の促進という趣旨が一歩進められている。また、遺失物拾得は事務管理に該当し、拾得者は事務管理者としての義務を負うことになるが、この点に関する義務についても遺失物法には特別規定がおかれている[15-7]。

なっている。

15-5 遺失物法36条は、「民法第240条若しくは第241条の規定又は第32条第1項の規定により物件の所有権を取得した者は、当該取得の日から2箇月以内に当該物件を警察署長又は特例施設占有者から引き取らないときは、その所有権を失う」と規定している。拾得者が所有権を失ったときは、警察署長が保管する場合には当該警察署の属する都道府県または国、特例施設占有者が保管する場合には当該特例施設占有者が所有権を取得する（遺失37条1項。これらの者が拾得した場合も同様)。

15-6 デパート、鉄道等の施設に遺失物が預けられた場合には、拾得者と当該施設占有者に対し、5パーセントから20パーセントの範囲で報労金が2分の1ずつ支払われる（遺失28条2項)。また、国、地方公共団体、独立行政法人、地方独立行政法人その他の公法人は、28条1項及び2項の報労金を請求することができない（同法28条3項)。報労金請求権は、「物件が遺失者に返還された後1箇月を経過したときは、請求することができない」（同法29条)。

15-7 遺失物法4条1項は、「拾得者は、速やかに、拾得をした物件を遺失者に返還し、又は警察署長に提出しなければならない。ただし、法令の規定によりその所持が禁止されている物に該当する物件及び犯罪の犯人が占有していたと認められる物件は、速やかに、これを警察署長に提出しなければならない」と規定する。デパート、鉄道等の施設において物件の拾得をした拾得者は、「前項の規定にかかわらず、速やかに、当該物件を当該施設の施設占有者に交付しなければならない」（同条2項)。なお、携帯電話や運転免許証及びカード類などの個人情報が入った落とし物などについては、個人情報の保護等の観点から落とし主がみつからない場合でも、拾得者が遺失物を取得できない。施設占有者のうち、その施設を不特定かつ多数の者が利用するものは、物件の交付を受けるかまたは自ら物件の拾得をしたときは、「その施設を利用する者の見やすい

3 埋蔵物発見

15-3　「埋蔵物は、遺失物法の定めるところに従い公告をした後6箇月以内にその所有者が判明しないときは、これを発見[15-8]した者がその所有権を取得する。ただし、他人の所有する物の中から発見された埋蔵物については、これを発見した者及びその他人が等しい割合でその所有権を取得する」(241条)。

　たとえば、Aが建物を建てるために宅地を購入したが、その建築工事の際に小判の入った壺が発見されたとしよう。土地の中に埋まっていても、小判の入った壺は土地の構成部分とはならず、この小判を埋めた者の末裔が相続により所有者となっているはずである。そのため、遺失物と同様の手続きをして、6カ月が経過しても所有者が現れなかった場合に、発見者がその小判を取得できるものとしたのである(241条本文)[15-9]。もし、その小判を発見したのが、土地所有者Aではなく、造成工事に従事していた作業員Bである場合には、発見者Bが全部取得できるのではなく、土地所有者Aと共有になる(241条但書)。ただし、埋蔵物の発見作業を請け負っている場合には、発見作業を請け負っている者は履行補助者また占有機関にすぎず、発見者は依頼者になる。

場所に」必要な公告事項を掲示しなければならない(同法16条1項)。
　なお、警察署長と公共交通機関(鉄道、バス事業者等)など多くの落とし物や忘れ物を取り扱う事業者を「特例施設占有者」とし、それに該当する事業者は、傘、衣類等の安価な物や保管に不相当な費用を要する物については、2週間以内に落とし主がみつからない場合、売却等の処分ができる(同法9条2項、20条2項)。

[15-8]　遺失物拾得とは異なり、その占有を取得する必要はない。埋蔵物の存在を「発見」するだけでよいのである。発見の主体については、無主物先占において、たとえばカツオ漁で船員が釣り上げたカツオは使用者たる会社が無主物先占するのと同様に、たとえば土木工事現場で工事を請け負った会社の従業員が埋蔵物を発見した場合、発見者は会社と考えるべきである。

[15-9]　本文では土地の例をあげたが、購入した建物の壁の内側にお宝が隠されていた場合や、転々所有者が変わっている船舶に金貨が隠されていた場合にも、埋蔵物発見は適用される。旧家から買い取った江戸時代の家具から財宝が発見された場合には、財宝は売買の目的物とはなっておらず、売主に返されるべきである。

4 添付制度（付合，混和及び加工）

15-4 ①別々の物と物とが1つの物になることを広い意味で付合というが，②所有を異にする別の物が1つの物となった場合の権利関係を規律する法的制度のことを（すなわち所有権の取得原因），狭い意味で**付合**（243条）という。前者の広い意味では，土地については「定着」という言葉が使われることがある（86条1項）。ほかに所有者の異なる動産が混じり合ってしまった場合を規律する**混和**（245条），また，他人の所有物に加工をした場合を規律する**加工**（246条）という制度もあり，この3つを合わせて**添付制度**という。

15-5 (a) **添付制度の根拠** 上記の狭い意味での付合制度を含めた所有権の所得原因としての添付制度の意義ないし根拠としては，以下のような説明が可能である。なお，付合には，AB共有の不動産にA所有の動産が付合するという事例も考えられる。

15-6 ❶ **理論的な根拠** まず，社会通念上1つの物とみられる以上，1つの物については1つの所有権のみを認めるべきであるという一物一権主義を根拠として考えることができる。しかし，これは，1つの物になり，1つの所有権のみが認められるということを説明するだけであり，復旧を否定することの根拠とはならない。所有権を失った者に，所有権に基づく物権的な請求権ではなく原状回復請求権として，分離して元に戻すことを請求することを認める立法も不可能ではないからである。

15-7 ❷ **政策的根拠** そこで，復旧を許さないことについて政策的な説明が必要になる。社会通念上1つの物として扱われる物が生じた以上，これを1つの物として扱い復旧を認めないほうが社会経済上好ましいといったことが指摘されている。たとえば，他人の木材を使って建物を作った場合に，建物を壊して木材を返還させるよりも，その木材の価格の賠償をさせるほうが社会経済上よいというわけである。

15-8 (b) **不動産への付合** 不動産に他人所有の動産が無権限で付合された場合にも，以下の2つの場合が考えられている。なお，権限のない者が，他人の土地に杉及び檜の苗木を植えつけた場合に，242条本文により土地に付合

し，土地所有者がその所有権を取得する結果，苗木を植えた者はその所有者ではなくなるので，これを収去する義務を負うものではないとして，苗木を抜去して明け渡すことを命じた原判決が破棄されている（最判昭46・11・4判時654号57頁）。不法行為法における損害の填補は，金銭賠償によることになっているのでやむを得ないところである。なお，建物については，土地とは別個の不動産と考えられるので，無権限で他人の土地に建物が建設されても完成前の段階から土地に付合しないと考えるべきである。

15-9 ❶ **強い付合**　たとえば，Aがその所有の農地の肥料として，誤ってB所有の肥料を使用してしまった場合，もはや物理的に肥料を返還させることは不可能である。また，他人の壁にペンキで落書きをした場合，ペンキは壁の一部となり，物権的請求権によりペンキの除去という妨害排除請求はできない。このような場合には，そもそも返還や妨害排除ということが考えられず，不法行為の損害賠償（ペンキの除去という現実賠償は認められない）または不当利得の返還請求により解決するしかない。このような場合を，**強い付合**とか，付合した動産が**同体的構成部分**になるなどといわれる。

不動産については「付合」とのみ規定され（242条本文），動産のように「損傷しなければ分離しえな」いことを要求していない。「付合」かどうか社会通念で判断するしかなく，仮植えの樹木は未「付合」であるが，定着すれば「付合」と認められる。

15-10 ❷ **弱い付合**　これに対して，たとえば，Aがその所有のスポーツカーの改造をBに注文し，BがC所有の車からエンジンを盗んでこれをAの車に取り付けた場合には，物理的には車からエンジンだけを取り外すことは不可能ではない。このような場合を，**弱い付合**とか，くっついた物は**非同体的構成部分**であるなどという。この場合にも，民法は付合を認め，返還請求を否定し償金の支払にとどめることにしている（248条）。ただし，先の例では，AはBに代金を支払っているので利得がなく，Cは不当利得による償金の支払をBに請求すべきである。なお，Bが自分の車にCから盗んだエンジンを取り付けた場合には，Cに原状回復か償金請求かの選択を認める余地があろう。

15-11

【STEP UP ——付合の例外】

たとえば，AのAの土地をBが借りて農業を行っているとしよう。Bが植えた農作物や果樹は土地に定着しており土地に付合してAの土地の一部になってしまうというのでは，Bは自分の物として収穫・処分できないことになり，不都合なことは明らかである。そこで，民法はこのような者（小作人といわれていた者）を保護するために，「権原」[15-10]（使用権限の意味。永小作権，賃借権だけでなく，所有権を取得したが二重譲渡されて第二譲受人に移転登記がされた場合の，移転登記されるまでの第一譲受人の権限でもよい）に基づいて附属させた場合には，付合の効果は発生せず，Bの所有の農作物，果樹のままであるとされている（242条但書）[15-11]。242条但書の位置づけについては争いがあり，いかなる立場によるかで，「権原」に基づかない場合についての結論が変わってくる。なお，弱い付合は識別また分離困難であり，権

[15-10] 山林がAからYに売却され，Yが未登記のまま植林した後，Aがこの山林をXに立木を含めて売却してXが移転登記を受けた場合（二重譲渡）に，土地は177条の適用によりX所有とされるが，立木については242条但書の適用の余地が認められている（最判昭35・3・1民集14巻3号307頁）。すなわち，「<u>本件立木はYが権原に基づいて植栽したものであるから，民法242条但書を類推すれば……本件立木の地盤への付合は遡って否定せられ，立木はYの独立の所有権の客体となりえたわけである。しかしかかる立木所有権の地盤所有権からの分離は，<u>立木が地盤に付合したまま移転する本来の物権変動の効果を立木について制限することになるのであるから，その物権的効果を第三者に対抗するためには，少くとも立木所有権を公示する対抗要件を必要とする</u>」という一般論を述べ，本件では，AX間の売買で立木を除外したとは認められず，また，X の山林取得当時にはYの施した立木の明認方法は既に消滅してしまっていたので，Yの本件立木所有権は結局Xに対抗しえないとされている。

[15-11] 建物の賃借人が所有者たる賃貸人の承諾を得て増築をした場合に，その増築部分が独立性を有するならば，賃借人が242条但書により増築部分の所有権（区分所有権）を取得する（最判昭38・5・31民集17巻4号588頁，最判昭38・10・29民集17巻9号1236頁等）。増築部分が経済的に独立性の認められないものである場合には，242条本文が適用され，増築部分は家主の所有となる（最判昭34・2・5民集13巻1号51頁）。借地人が地上建物を賃貸して増築を認めて，増築部分が借家人所有だとすると，土地の転貸になる可能性があるために問題となるのである（☞図注15-11）

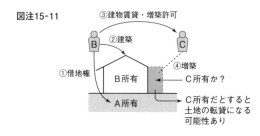

図注15-11

原があっても242条但書は適用にならない。

15-12　❶ 特則説　　まず，242条但書は，農作物であろうと特別規定がなければ付合が生じるので，特にその例外を規定したという理解ができる。これが一般的な理解であるといえ，権原によらない場合には，他人の土地に農作物を植えると，原則である242条本文が適用になり土地に付合することになる。判例は，土地の使用権原を失った後に蒔いた種から生育した苗（二葉または三葉程度になっていたまくわ瓜の苗）につき，付合により土地所有者の所有になり，土地所有者が除去しても苗の所有権侵害を理由とした損害賠償を請求できないとしている（最判昭31・6・19民集10巻6号678頁）。しかし，付合を認めると償金請求の余地は残される。

15-13　❷ 注意規定説　　これに対して，わが国では，土地と農作物や立木は，建物同様に別の物と意識されており，不法占有者が建てた建物と同様に農作物や立木も権原のない者が植えたとしても，土地には付合せず土地とは別の物として別個の所有権が成立すると考えることもできる。この考えによれば，242条但書は農作物などについては当然の規定にすぎず，権原に基づく場合に限定されないことになる。そうだとしても，土地所有者が勝手に植え付けられた農作物を除去しても，それが社会通念上許された自力救済の範囲内であれば違法性が阻却されることになる。不法に植えつけた者は，除去義務があり原則として損害が認められない。

15-13-1　【STEP UP ——他人の土地での無権限による建物の建築】

　(1)　建物として独立する前（建前）　　A所有の土地をBが勝手に所有権移転登記をして，自己の土地と偽りCに売却をし，Cがこの土地の上に建築業者Dに建物の建築を依頼したとする（☞図15-13-1）。建物が完成し独立の所有権が成立する前の段階においては（これを便宜上，建物になる前という意味で，建前といっておく），材料である動産が土地に付合し，物権的妨害排除請求権は認められないのであろうか。2つの考えを想定できよう。

　①まず，土地とは別個の物として別個の所有権が成立するのは，民法上は建物だけであり，土地にくっついた土台やその上の柱などはやはり土地に吸収されるという処理が考えられる。CがAに対して償金請求ができる，AがCに対して妨害排除請求ができないというのは不合理である。償金については利益がないので認めず，Aは自分で収去してその費用を賠償請求することが考えられるが，Cには過失がない。学説には，付合しても原状回復請求権を認める主張もある。

　②他方で，242条但書によらなくても，建前の段階から既に土地とは別個の物として別個の所有権が認められると考える余地がある（本書の立場）。AはCに対して

妨害排除請求ができ，Cからの償金請求は認められない。CがAから請求されても妨害排除をしないと，作為義務違反（不作為不法行為）となるので，賠償義務を免れない。なお，第三者が建前を滅失させても，収去すべきものであり，Cは損害なしとして賠償請求はできないことになろう。

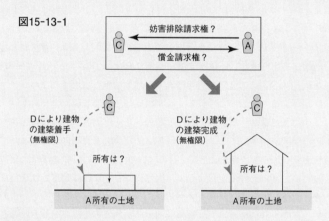

図15-13-1

15-13-2　(2) **建物として完成した場合**　それでは，土地使用権を有しないCが建てた建物の所有権についてはどう考えるべきであろうか。

①まず，土地使用権限の有無を問わず，完成した建物はCに帰属するという処理が考えられる。建物は土地の定着物ではあるが独立性が認められ，土地と切り離してそれ自身の所有権があるのだから付合による所有権の取得は認められないというのが通説である。しかし，空から建物を投下して設置するのではない。動産を少しずつ付合させていって建物が完成するのである。(1)②説ならば問題ないが，(1)①では，建前はAの土地の一部であったのに，建物として完成した瞬間に建物として所有権が独立するだけでなく，Cに移転するのはどうしてなのか疑問が残される。

②東京高判昭61・12・24判時1224号19頁は，土地所有者に帰属するという説を採用し，「土地所有者は，建物を不要と思えば，自ら収去して無権原者に対して収去費用を請求するか，又は建物を必要と思えば，無権原者に対して償金を支払えば足りるという選択の余地を有することになり，土地所有者にとっても無権原者にとっても又社会経済的にも望ましい結果が得られる」として，付合を認めている。

15-14　(c) **動産同士の付合**　「所有者を異にする数個の動産が，付合により，損

傷しなければ分離することができなくなったとき」について，民法は次の2つに分けて規定をしている（243条）。「損傷しなければ分離することができなくな」ることが「付合」の要件となる。なお損傷しなければ分離できないか否かは社会通念により決すべきであり，溶接で接合すれば肯定されるが，ねじなどで固定されているだけでは否定されるべきであろう[15-12]。

15-15　❶ **主従の区別ができる場合**　動産に主従の区別ができる場合には，従たる動産の所有権が主たる動産の所有権に吸収され，出来上がった物すなわち「合成物」は主たる動産の所有者の物になる（243条）。たとえば，Aの船舶にB所有のエンジンが取り付けられた場合，エンジンはAの船舶の所有権に吸収され，BはAに対して，エンジンの価格を償金として支払うよう請求できるのみであり，エンジンの返還を請求することはできない[15-13]。

15-16　❷ **主従の区別ができない場合**　動産に主従の区別ができない場合には，合成物はくっついた動産の全所有者の共有になり，持分は元の動産の価格に応じて決定されることになる（244条）。他人のダイヤモンドを自分の指輪につけた場合はダイヤが主となろうが，宝石をちりばめた王冠の宝石の1つに他人の所有の宝石を取り付けただけの場合はその宝石は従であろう。主従は物理的な大小の関係ではなく，経済的価値をメインに考えるべきである。

15-17　(d)　**動産同士の混和**　「所有者を異にする物が混和して識別することができなくなった場合」，たとえば，A所有の砂とB所有の砂とが，何かの原因で混ざり合ってしまい分離どころか識別さえできなくなってしまった場合，これを混和といい動産の付合の規定によって規律される（245条）[15-14]。したが

15-12　自転車の車輪とサドルを取り外して，他の自転車に取り付けたというだけでは付合は成立しない（最判昭24・10・20刑集3巻10号1660頁）。

15-13　しかし，AがBのエンジンを盗み出して自分の船舶に設置した場合にまで，返還請求ができないというべきかは疑問である。付合はするが，不法行為における金銭賠償の例外として，Bに，Aに対する原状回復請求権（分離をした時点でエンジンについてのBの所有権が復活すると考えるべき）を認めるべきであろう。

15-14　金銭についても混和が認められるようであるが（かつての判例は肯定），現在では金銭は占有あるところに所有ありとされ，金銭の所有関係については特別の規律がされている。そのため，たとえば，AがBCからそれぞれ10万円ずつ盗み，この金銭を一緒にしてしまったとしても，混和でBCの共有になるのではなく，その20万円はAの所有でありBCはAに対してそれぞれ10万円分ずつの金銭債権（及び物権的価値返還請求権）を有するだけである。

って、主従が決定できる場合、たとえばほとんどAの砂であり、Bの砂がわずかに混ざったという場合には、Aに帰属しAからBに償金が支払われることになる（異なる種類の砂が混ざって価値が下がっても、元の価格によるべきか）。これに対して、主従を決定できない場合には、価格に応じた共有になる。この場合、結局は、共有物の分割によりAB双方の砂が混和した砂が、もともとABが所有していた砂の価格に応じて分けられることになる。

15-18　(e)　**動産の加工**　他人の動産に権限なくして加工を施して新たな物を作り出すこと（たとえば他人の石材に彫刻を施し石像をつくる）を**加工**といい、加工物の所有者は次のように決定される。なお、小麦粉でパンを作る、米でもちを作るといった場合だけでなく、老朽化した車を用いて改造車両を作成するというように新たな物が出来上がったといえるか微妙な場合もあり、新たな物が出来上がったことという要件を不要とする考えもある。不動産には加工の規定は適用にならない（15-21も参照）。

　加工についての立法は、①材料の所有者に加工物の所有権を帰属させる**材料主義**、②新たな物になったといえる以上、加工者に加工物の所有権を帰属させる**加工主義**とがあるが、③民法は、次のように価値の大幅な増加また材料の追加も考慮して加工者に帰属することを認める**折衷主義**を採用した。材料主義を原則としつつ、例外を認めるものである。

15-19　❶　**加工者が自己の動産を付合・混和せしめない場合**　たとえば、Aの立木をBが誤って自己の立木とともに伐採してしまい、これを製材したとする。民法は、「他人の動産に工作を加えた者（……）があるときは、その加工物の所有権は、材料の所有者に帰属する」と規定しており、材木はその元となった立木の所有者Aに帰属するのが原則である（246条1項本文）。そして、AはBに対して、製材してもらったことにより価値があがった分につき償金を支払う必要がある（248条）。

　ただし、BがAの石材に彫刻をし、石材の価格と彫刻品の価格とでは雲泥の差がある場合には、例外として、「ただし、工作によって生じた価格が材料の価格を著しく超えるときは、加工者がその加工物の所有権を取得する」とされており、加工者Bに出来上がった彫刻の取得を認め、BからAに石材の価格を補償することを義務づけている（246条1項但書）[15-15]。石材が10万円で

彫刻が21万円であれば，11万円が彫刻の労力によって作り出された価値であり，材料の価格を「著しく超える」とはいえないが，50万円の価値だとすると，40万円が彫刻という労力によって作り出された価値であり，材料の価格を「著しく超える」（☞図15-20 ❶）ことになる。彫刻はBの所有となり，AはBに10万円の償金請求権を所得することになる。「著しく超える」ことを要求し，共有はなるべく避けようとして，材料の価値と作出された価値とが等しくても，材料所有者に帰属させたのである。

❷ **加工者が自己の動産を付合・混和させた場合** 加工者が自己の材料も加えた場合には，動産の付合という側面もあるため，異なる規律がされている。「前項に規定する場合において，加工者が材料の一部を供したときは，その価格に工作によって生じた価格を加えたものが他人の材料の価格を超えるときに限り，加工者がその加工物の所有権を取得する」(246条2項) とされる。たとえば，他人の金塊を加工して宝石をちりばめ美術品としての価値のある装飾品を作った場合に，金塊が50万円そして宝石が20万円で，出来上がった装飾品が，①120万円相当の価値のものであれば，加工者に宝石20万円＋加工の労力50万円（合計70万円）が帰属し，加工者所有（金塊所有者は50万円の償金請求ができるだけ），②80万円相当のものであれば，金塊所有者の所

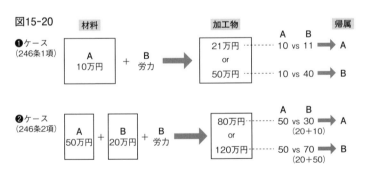

15-15 付合規定に対して契約上の取決めを優先してよく，任意規定と考えてよい。会社の従業員が機械の修理をする場合は，会社が従業員を使って加工をしている（法的な加工主体は会社）といえる。また，Aがポンコツの中古スポーツカーを，B会社に依頼して高性能スポーツカーに改良してもらった場合，明示の特約がなくても加工の規定の適用は排除されるべきである。Bは契約上報酬代金債権と留置権また先取特権を有しており，加工物の所有権を認める必要はない。

有（加工者が 30 万円の償金請求できる）ということになる。❶の事例は材料の価格より作出された価値が「著しく超える」ことが必要であるが，❷の事例ではこのような限定はない（☞図 15-20 ❷）。

15-21 【STEP UP ──建前の残工事を他の業者がして建物を完成させた場合】

たとえば，Aがその所有の土地の上に建物を建築することをBに注文したが，Bが全工程の4分の3の工事をし棟上げも終えたが，残工事をしないため，AがBとの請負契約を解除し（未工事部分の解除しかできない☞『民法Ⅴ』注 13-2），Cと請負契約をして残りの4分の1の工事をさせ，建物を完成させたとしよう。判例によれば，建築された建物は請負人所有であり引渡しにより初めて注文者に所有権が移転することになるが（☞『民法Ⅴ』13-12 以下），建物はBCのいずれの所有となるのであろうか。たとえばBの材料費が 3000 万円，Cの材料費が 1000 万円であり，完成した建物の評価額が 7000 万円であるとしよう。材料という動産の付合の問題だとすれば主たる材料を出したB所有となりそうである。しかし，判例は 3000 万円の材料の集合体に，Cが 1000 万円の材料をかけて 7000 万円（労賃が加算されている）の建物を完成させたので，246 条 2 項を適用して 3000 万円対 1000 万円 + 3000 万円 = 4000 万円でC所有とした（最判昭 54・1・25 民集 33 巻 1 号 26 頁）。しかし，注文者A所有とすることで妥当な結論を実現しようという結果の妥当性の実現が重視されており[15-16]，Bの労力分が無視されている嫌いがある。注文者帰属

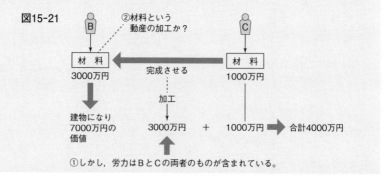

[15-16] Cによる建物完成後，Aに対して請負代金の支払を求めBが建物を占有したが，AB間には所有権の帰属についての特約はない一方で，AC間では完成した建物の帰属をAとする特約があったという事例である。Bは占有を失っており留置権は認められず，その後実力で占有を取得しても留置権は認められず（295 条 2 項），Aを保護すべきであるという結論を実現するための辻褄合わせをしたかのような判決である。

説によれば問題は生じない（☞『民法Ⅴ』13-19）。また，判例については「動産」の加工なのかという疑問もある。

15-22 （f） **付合，混和及び加工の効果に伴う法的処理**
❶ **物の上の権利**　①付合，混和及び加工により所有権が消滅した物——たとえば抵当権の効力の及ぶ従物——の上の権利（質権，抵当権など）は，同時に消滅する（247条1項）。②逆に他人の物を付合などにより吸収して単独所有となった物の上の権利（質権，抵当権，地上権など）は，物全体に拡大される（247条2項前段）。そして，付合，混和及び加工により共有になった場合には，元の物の上の権利は，その持分について存することになる（247条2項後段）。

同一所有者であるが，甲建物と乙建物が合体して1つの建物（丙建物）になった場合，それぞれの建物の抵当権は甲乙の価格に応じた持分を目的とするものとして存続するものと解されている（最判平6・1・25民集48巻1号18頁）。

15-23 ❷ **損失を受けた者の償金請求権**　付合，混和及び加工により，所有権を失ったり，物の上の権利を失った者は，付合，混和及び加工により利益を受けた者に対して，善意か悪意かにより703条及び704条の規定に従い，償金の支払を請求することができる（248条）。添付制度により創設された権利ではなく，不当利得返還請求権の確認規定にすぎない。抵当権などについては，所有者の償金請求権への物上代位を認めれば足りる。

■第 16 章■
共　　有

1　共有制度について

16-1　1つの物が複数の者に帰属する場合，そのような所有形態を広い意味で**共有**という。合有や総有を共有から区別することを考えれば，上位概念としては**共同所有**とでも呼ぶのが適切であろう。

　共有の発生原因としては，相続，付合，共同購入など種々のものが考えられる（実際に問題になっているのは，ほとんど遺産共有の事例）。また，日本では夫婦の財産の別産制が採用されているが（762条1項。フランスのように夫婦の一方の名で取得しても共有とする立法もある），夫婦のいずれの財産か明らかでない財産（たとえば，結婚祝いでもらったタンス）は，夫婦の共有財産と推定される（762条2項）。共有（共同所有）にもいくつかの種類を考えることができる（☞図16-1）。

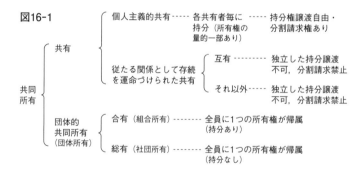

図16-1

16-2　**(a) 団体的拘束のない個人主義的共有**　民法の「共有」の規定で前提としている共有は個人主義的共有である。所有者でありながら自由に使用収益処分ができないということは，個人の自由な管理・処分を制約し，経済社会発展の支障となるがゆえに，共有関係は例外と位置づけ速やかに解消される

ことが前提となっている。すなわち、次の2つの権利が各共有者に認められる。民法の共有についてのスタンスは、解消されるべき暫定的な所有関係として、狭く理解されていることがわかる。

① 各共有者は共有持分権を譲渡できる（規定はないが当然）。
② 各共有者は他の共有者に対して共有物の分割を請求できる（256条）。

なお、団体を構成するゆえではなく、共同使用のため性質上分割請求が否定されるべき共有が認められ、これを**互有**とよび、229条の境界標等の共有がこの例である（257条）。また、複数宅地の所有者が共用私道を共有したり、区分所有建物の敷地を区分所有者全員が共有する場面にも、性質上当然に分割請求を否定することができる（分譲地の共有の私道につき、横浜地判昭62・6・19判時1253号96頁）。次の団体的所有以外は解消されるべき暫定的な共有という観念で理解しようとする狭い共有概念は、反省が迫られているのである。

16-3　**(b) 団体所有としての組合の共有（合有）**　　たとえば、ABが共同してラーメン屋を経営することを約束し（667条の組合契約）、資金を出し合って建物を賃借し、テーブル、どんぶりなどを購入したとしよう。この場合に、16-2①②の2つの権利を認め共有の解消を自由に求めることができるというのは、共同目的に反するものであり、持分権譲渡と分割請求は制限される必要がある。さらにいえば、団体が形成され、それぞれの個人的財産関係からこの組合の財産関係は独立し、1つの目的財産を形成していると考えてよい。そのため、ABは組合財産全体に潜在的な持分権を持つだけで、個々の組合財産に具体的な持分権は持たず、組合関係が解消されて、初めて持分権に応じた組合財産の清算がされるにすぎない。ABの2人の持分に所有権が分裂せず、1つの所有権がABに帰属することになる。このような特殊な目的財産を形成する共有関係を**合有**という（組合財産につき☞『民法Ⅴ』22-8以下）[16-1]。

16-1　＊**遺産共有と合有**　組合所有のほかに、共同相続における遺産共有も合有か否かが問題とされているが、898条で相続財産についても「共有」とされており、249条以下の適用のある「共有」と理解され（遺産分割前に持分処分ができる）、分割についても256条以下が適用されると解されている（最判昭30・5・31民集9巻6号793頁）。ただし、遺産「共有」を合有と考える

図16-3

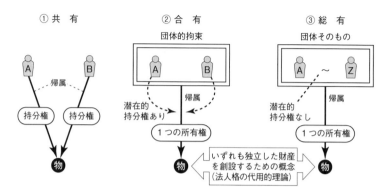

16-4 【STEP UP ──法人所有と総有】

❶ 法人所有 共有，合有とならべて総有を説明するのが通常なので，ここで総有について補充的に説明しておくことにしよう。AとBの2人だけならばよいが，何十人の者が共同の事業のために物を共有している場合に，これを共有としたのでは法律関係が複雑になり，社会経済の取引活動の主体としては適切ではない。そこで，近代法は法人という別人格を作り上げてその法人の所有にすることを認めており，これにより法律関係が簡明になる。

16-5

❷ 総 有 ところが，ある団体が法人化されていない場合には，法人に所有権を帰属させることはできないことになる。そこで，考え出されたのが，**総有**という概念である。構成員全員に1つの所有権が帰属するが，潜在的にも持分権がない点で，合有とも異なっている。結局は団体自身に帰属させるのと実質的に同じ結論を実現するためのレトリックであり（☞『民法Ⅰ』2-16），構成員の財産からの独立性は，総有によっても実現することができる（☞『民法Ⅴ』22-8 以下）。しかし，総有を認める三分類によるのは比較法的に異例であり，共有と合有の二分類によるよるべきであるという提案もされている。総有概念はドイツに由来するが，民法には採用されておらず，現在の学説も共有と合有のみを認めるにすぎない。

学説もある。

16-6 　WORD──準共有

民法の共有規定は，法令に特別規定がない限り，「数人で所有権以外の財産権を有する場合」に準用される (264条)。これを**準共有**といい，地上権，抵当権や特許権などの債権以外の財産権が複数の者に帰属する場合が考えられる。たとえば，東京地判平20・10・9 判時 2019 号 31 頁は，借地権の準共有について，各準共有者が有する建物の面積割合を分割の原則的基準とした上で，現物分割を認めている。

所有権を AB が共同相続した場合には，AB の 2 つの持分権に所有権が分裂するが，地上権の共同相続では AB のそれぞれ持分たる地上権に分裂するのであろうか（☞図16-6 のいずれになるのか）。AB いずれも土地全部を利用でき，A が単独で使用していても，B は明渡しを請求できないという共有と同様の解決がされることになろうか。他方，債権・債務が複数人に帰属する場合には，427 条以下の「多数当事者の債権及び債務」の規定が特別規定として適用され，共有規定の適用は排除される。不動産賃借権は債権ではなく，契約上の地位であるため（☞16-6-1），準共有の場合には 1 つの契約当事者たる地位が全員に帰属することになる（図16-6 でいうと左図）。無体財産権については，特別法で特別規定が置かれている（たとえば，特許法 73 条）。なお，合有，総有では，地上権，抵当権が 1 つの権利として全員に帰属することになる。

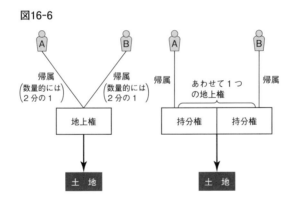

図16-6

16-6-1 　【STEP UP──契約当事者たる地位の準共有】

債権・債務そのものではなくその発生原因である契約上の地位については，目的物が可分であっても，また，団体的法律関係でなくても必然的に 1 つである。1 つの契約当事者たる地位が複数人に帰属することになる。準共有というと，準共有でも持分たる地上権，抵当権に分裂すると考えれば（☞16-6），準共有とも異な

る。たとえば、賃貸人たる地位を目的不動産と共に共同相続した場合、目的不動産を共有し所有権は持分に分裂するが、1つの賃貸人たる地位が全員に帰属し、賃料債権は分割債権となる。そして、契約にかかわる形成権（解除権、取消権等）も、同様に1つの権利として全員に帰属することになる。

　形成権も、契約にかかわらない取得時効の援用権であれば、分割帰属してよく（最判平13・7・10判時1766号42頁）、私的自治の原則からはそれが原則となる。無権代理による保証契約の追認権も1つの権利として全員に帰属し、全員が同意して行使することが必要である（最判平5・1・21民集47巻1号265頁）。ところが、賃貸借契約の解除については、1つの解除権が共有者全員に帰属するので、全員一致の同意が必要かのようであるが、この点は、その上位に共有物管理という問題が位置づけられ例外が認められる。解除するかどうかは共有物の管理ということが優先適用され、持分の過半数で解除が決められるのである。この意味で管理については解除権の意思決定について全員一致に対して特例になるが、544条の解除権不可分の原則は排除されることはなく、全員の名義で解除をすることが必要である。全員に解除の効果を帰属させる必要があるためである。ただし全員が共同で解除する必要はなく、決定事項の実行なので各人が全員の名で解除することができる。

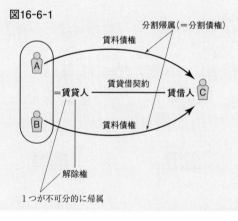

図16-6-1

2 共有の法的性質及び持分権について

[1] 共有及び持分権の法的性質

16-7 　共有関係また各共有者の権利(**持分**ないし**持分権**という[16-2])の法的説明には,次の2つの考えがある(☞図16-7)。この問題は,「<u>共有者の1人が,その持分を放棄したとき,又は死亡して相続人がいないときは,その持分は,他の共有者に帰属する</u>」と規定する255条[16-3]のいわゆる**共有持分の弾力性**を説明することに主眼が置かれた議論である[16-4]。たとえば,ABの共有の土地で,A

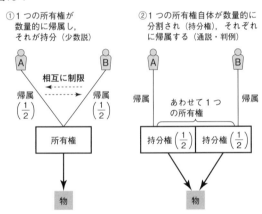

図16-7

16-2 　民法上,「持分」とは,①共有者の権利として用いられる場合と,②そのような権利の量的割合を意味して用いられることがある。前者の意味では持分権,後者の意味では「持分割合」と称すべきであるといわれており,本書もこれに従う。

16-3 　「すでに共有の登記のなされている不動産につき,その共有者の一人が持分権を放棄し,その結果,他の共有者がその持分権を取得するに至った場合において,その権利の変動を第三者に対抗するためには,不動産登記法上,右放棄にかかる持分権の移転登記をなすべき」である(最判昭44・3・27民集23巻3号619頁)。また,「共有持分権の放棄は,……その放棄によって直接利益を受ける他の共有者に対する意思表示によってもなすことができるものであり,この場合においてその放棄につき相手方である共有者と通謀して虚偽の意思表示がなされたときは,民法94条を類推適用すべき」ものとされ(最判昭42・6・22民集21巻6号1479頁),94条2項により第三者が保護される。

16-4 　*255条と958条の3の関係　　なお,特別縁故者との関係で,255条と特別縁故者につい

が死亡して相続人がいない場合に，Aの持分はBに帰属することになるが，これを理論的に説明できるような持分の法的説明が模索されているのである。地上権などの準共有にも同じ議論があてはまる。

16-8 　❶ **複数所有権説ないし複数説（少数説）**　　まず，各共有者はそれぞれ1つの所有権を有しているが，同一の物に複数の所有権が成立しているため（☞図 16-7 ①），単独の所有のようには物を使用収益処分できないだけであるという考えもある（少数説）。これによると，持分とは，他の共有者の所有権により制約を受けた"1つの所有権"ということになり，他の所有権がなくなれば，制限を受けない所有権になるので，共有持分の弾力性が説明できることになる。個人主義的な共有関係の説明に適しているとも評されている。

16-9 　❷ **所有権量的分属説ないし単一説（通説・判例）**　　判例は，「共有は数人が共同して一の所有権を有する状態にして，共有者は物を分割して其一部を所有するにあらず」「故に各共有者の持分は一の所有権の一分子として存在を有するに止ま」ると明言しており（大判大8・11・3民録25輯1944頁），通説もこれを支持している。この立場では，共有とは，1つの所有権が複数の者に量的に分属するものであり，各共有者の持分とは，"1つの所有権の量的に分割された一部"にすぎない（☞図 16-7 ②）。それぞれの持分は1つの所有権ではなく，持分がすべて合わさって1つの所有権に等しくなる。この考えでは，他の持分権がなくなっても残りの持分権が完全な所有権になるはずはなく，共有の弾力性を理論的に説明することはできない。しかし，255条は，法がそのような規定を政策的に置いたものと考えれば十分である。

［2］　持分の割合及び譲渡

16-10 　(a)　**持分の割合**　　共有持分の割合は，法律規定による場合にはその規定によって定められており，相続ならば相続分（900条），付合ならば付合した物の価格割合により決定されることになる（241条但書，244条）。意思表示が

ての958条の3のいずれを優先的に適用するかは議論がある。最判平元・11・24民集43巻10号1220頁は，255条の「相続人がないとき」とは，<u>相続人が存在しないこと，並びに，当該共有持分が前記清算後なお承継すべき者のないまま相続財産として残存することが確定したとき</u>と解するのが相当である」として958条の3を優先している。

共有の原因である場合には、その意思表示により持分割合も決定され、共同購入ならば支出した費用の割合による。しかし、付合の割合が不明であったり、共同で購入したことは認められるがいくらずつ出し合ったかは不明な場合も考えられるので、そのような場合のために、民法は持分割合を等しいものと推定している（250条）[16-5]。

16-11　(b)　**持分の譲渡**　各共有者は、その持分（持分権）を自由に譲渡できる。特に規定はないが、資本主義社会においては、すべての財産権は譲渡できるのが原則であり、譲渡を禁止する規定がない以上当然である[16-6]。そして、不動産の場合には持分に抵当権を設定することもできる。合有では、個々の財産について処分自由な持分はないので、持分譲渡の自由が制限されることは既に述べた（☞16-3）。また、当事者の合意で譲渡を禁止できるが、これは合意をした共有者間の債権的効力を有するのみであり、違反しても持分の移転という物権的効力を否定できず、譲渡をした共有者間で債務不履行責任が問題になるだけである。

3　共有の内部関係

16-12　(a)　**共有物の使用**　「各共有者は、共有物の全部について、その持分に応じた使用をすることができる」（249条）。各共有者の持分は「共有物の全部」に及んでいるため（いわば不可分性）、「共有物の全部」の使用ができるが、単独所有とは異なり「その持分に応じた使用」に限られるのである。たとえば、ABが土地を相続により共有している場合、分割まではABともに土地全部の使用ができるが、「持分に応じた使用」しかできない。しかし、あくまでも

[16-5]　ただし、不動産については登記簿に持分が記載されるので、登記の推定力（☞5-10）により250条は排除され、登記簿の持分割合が推定されるべきである。

[16-6]　不動産の共有持分の譲渡がされた場合、譲受人は持分取得を登記しなければ、他の共有者に対抗することができない（最判昭46・6・18民集25巻4号550頁）。そのため、他の共有者は譲渡人に対して共有物分割訴訟を提起でき、裁判所も譲渡人を共有者として分割を命じるべきものとされている。全員の同意が必要な処分の合意が、譲渡人の同意を得てされた場合にも、譲受人はその合意の無効を主張しえないことになる。

管理についての合意の指針としての意味しかなく，合意が優先される。まずはABで土地の使用についての合意に従うべきであり，Aのみに使用を認める合意をすれば，Bは自分の持分部分について使用貸借をしたのと同様の法律関係になり，Aの使用は全面的に適法なものとなる[16-7]。逆に，この場合，もしBが使用すれば全面的に違法になる（Aは明渡しを請求できる）。

【STEP UP ──共有者の 1 人が他の共有者を排除して使用している場合】

❶ **排他的使用に対して──明渡請求はできない**　最判昭41・5・19民集20巻5号947頁は，共同相続により，妻Aが3分の1，YとXら（7人）がそれぞれ12分の1で本件建物の持分を取得したが，Yは本件建物に居住し占有しているため，Xらが（持分合計12分の7）Yに対して建物の明渡しを求めた訴訟で，原審判決はこれを認容したが，最高裁はこれを破棄しXらの請求を棄却している。「他の共有者の協議を経ないで当然に共有物（本件建物）を単独で占有する権限を有するものでない」が，多数持分権者だからといって，「共有物を現に占有する前記少数持分権者に対し，当然にその明渡を請求することができるものではな」く，その理由として，「少数持分権者は自己の持分によって，共有物を使用収益する権限を有し，これに基づいて共有物を占有するものと認められるから」であると説明する[16-8]

[16-7] 判例はこれを前提として，「内縁の夫婦がその共有する不動産を居住又は共同事業のために共同で使用してきたときは，特段の事情のない限り，両者の間において，その一方が死亡した後は他方が右不動産を単独で使用する旨の合意が成立していたものと推認するのが相当である。けだし，右のような両者の関係及び共有不動産の使用状況からすると，一方が死亡した場合に残された内縁の配偶者に共有不動産の全面的な使用権を与えて従前と同一の目的，態様の不動産の無償使用を継続させることが両者の通常の意思に合致するといえるからである」と判示し，内縁の夫の死亡後にその子による父親の内縁の妻に対する不当利得返還請求を否定している（最判平10・2・26民集52巻1号255頁）。

[16-8] ＊**明渡請求ができる場合**　「多数持分権者が少数持分権者に対して共有物の明渡を求めることができるためには，その明渡を求める理由を主張し立証しなければならない」と述べられており，「理由」があれば明渡請求ができる。この点，たとえば，賃貸して賃料を取得することを持分の過半数で決めたり，共有者の1人が賃料を支払って──無償は全員の同意必要──使用することが同様に決められた場合，これに従わない共有者には明渡請求ができる。ただし，従前から被相続人と同居し営業を承継した相続人については例外的処理が可能である（最判平8・12・17民集50巻10号2778頁）。

なお，最高裁の判例ではないが，他の共有者らの占有を実力で排除するに等しい方法で占有を取得した事例で，<u>この共有者の使用は「権利濫用と評価されてもやむを得ない」</u>として，このような場合には多数持分権者らによる明渡請求が認容されるべきであるとされている（仙台高判平4・1・27金判906号26頁）。

（共有者の1人が第三者に使用させている場合も同様[16-9]）。

共有者の1人が共有物を排他的に使用している場合，他の共有者の持分権は所有権同様に消滅時効にはかからないが，単独で占有している者が，他の共有者の共有持分を取得時効することは可能である。たとえば，共同相続なのに，相続人の1人が占有し，その占有につき全面的な自主占有の意思が客観的に明らかな場合には，このような取得時効を考える余地がある（☞**注12-17**）。

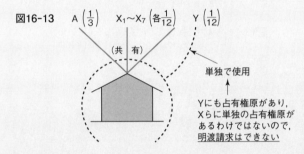

図16-13　A $\left(\frac{1}{3}\right)$　$X_1 \sim X_7$（各$\frac{1}{12}$）　Y $\left(\frac{1}{12}\right)$
（共　有）
単独で使用
Yにも占有権原があり，Xらに単独の占有権原があるわけではないので，明渡請求はできない

16-14　❷　**目的物を変更すれば原状回復請求ができる（原則）**　最判平10・3・24判時1641号80頁は，共有者の一人が他の共有者に断りなく共有地を占有するだけでなく，土盛りをして変更を加えた事例につき，「共有者の一部が他の共有者の同意を得ることなく共有物を物理的に損傷しあるいはこれを改変するなど共有物に変更を加える行為をしている場合には，他の共有者は，各自の共有持分権に基づいて，右行為の全部の禁止を求めることができるだけでなく，共有物を原状に復することが不能であるなどの特段の事情がある場合を除き，右行為により生じた結果を除去して共有物を原状に復させることを求めることもできる」と判示している[16-10]。その理由は，「共有者は，自己の共有持分権に基づいて，共有物全部につ

16-9　最判昭63・5・20判時1277号116頁は，XABCが共同相続により建物（診療所）をそれぞれ持分4分の1の割合で共有しており，YがABCとの間で本件建物の使用貸借契約を締結し，本件建物を使用している事例で，使用貸借に承諾をしていないXからYへの明渡請求を否定している。本文に述べた「理は，共有者の一部の者から共有物を占有使用することを承認された第三者とその余の共有者との関係にも妥当し」，この第三者は「その者の占有使用を承認しなかった共有者に対して共有物を排他的に占有する権原を主張することはできないが，現にする占有がこれを承認した共有者の持分に基づくものと認められる限度で共有物を占有使用する権原を有するので，第三者の占有使用を承認しなかった共有者は右第三者に対して当然には共有物の明渡しを請求することはできない」としている。

16-10　「もっとも，共有物に変更を加える行為の具体的態様及びその程度と妨害排除によって相手方の受ける社会的経済的損失の重大性との対比等に照らし，あるいは，共有関係の発生原因，共

きその持分に応じた使用収益をすることができるのであって（民法249条），自己の共有持分権に対する侵害がある場合には，それが他の共有者によると第三者によるとを問わず，単独で共有物全部についての妨害排除請求をすることができ，既存の侵害状態を排除するために必要かつ相当な作為又は不作為を相手方に求めることができる」ためと説明されている。❶は「占有」が問題であるが，ここでは損傷・改変までしているものであり，「占有」は各人に権原があるが，損傷・改変は全員の合意によらなければ認められないからである。

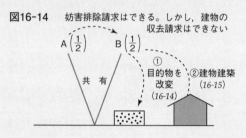

図16-14 妨害排除請求はできる。しかし，建物の収去請求はできない

16-15 ❸ **建物収去土地明渡請求は認められない（❷の例外）** ところが，最判平12・4・7判時1713号50頁は，共有者の1人が他の共有者の同意を得ずに共有地上に建物を建築し占有している場合に，「本件各土地の地上建物の収去及び本件各土地の明渡しを当然には請求することができず」（最判昭41・5・19☞16-13 を参照として引用），この共有者に共有地の登記済権利証の引渡しを請求したり，この共有者の所有する共有地上の建物に居住している者に対して退去を請求することはできないとする[16-11]。しかし，建物を建てて「占有」しているのに対して明渡請求ができ

有物の従前の利用状況と変更後の状況，共有物の変更に同意している共有者の数及び持分の割合，共有物の将来における分割，帰属，利用の可能性その他諸般の事情に照らして，他の共有者が共有持分権に基づく妨害排除請求をすることが**権利の濫用**に当たるなど，その請求が許されない場合もある」と，例外を認める余地を残している。なお，本文では「原状に復させる」ことの請求（原状回復請求）を認めると説明し，上記説明では「妨害排除請求」と表示しており，原状回復請求としてどこまで認める趣旨かは不明である。本権でも盛られた土が区別できるのでその除去を認めたにすぎず，たとえば建物を壊した場合にその修理の請求を認めるとは思われない。契約関係では債権として原状回復請求権が認められるが，損害の填補は金銭賠償である。共有者間だけ現実賠償を認める根拠はない。判例は原状回復請求という言葉を妨害排除請求の趣旨で用いることがあり，本判決もそう理解すべきである。

16-11 本判決は，Yらの「占有によりXの持分に応じた使用が妨げられているとして」，Yらに対して，「持分割合に応じて占有部分に係る地代相当額の不当利得金ないし損害賠償金の支払を請求することはできる」と判示し，他の共有者の持分が侵害されていることは認めている。

ないという❶の理由を根拠にしているが，建物の建築途中であれば❷の論理があてはまるはずである。明渡請求はできないが，❷の判例のいう原状回復請求はできるはずである。むしろ，❷の論理によりつつ，権利濫用等により制限すべきである（☞注16-10）。

16-16　(b)　**共有物の管理・処分**

❶　**共有物の変更・処分**　「各共有者は，他の共有者の同意を得なければ，共有物に変更を加えることができない」（251条）。共有物を売却するなど法的な処分をすることは，全共有者の持分権の処分であるから，全員の同意が必要なのは当然である。また，共有物を法的に処分するだけでなく，物理的に変更を加えることも，次の管理行為の限度を超え処分行為と認められれば[16-12]，やはり全共有者の同意が必要である[16-13]。共有者の一部が共有物に変更を加

表16-16

		意思決定	実　行
保存行為	事実行為	各自ができる	各自ができる
	法律行為		各自ができる （各自の名義で？）
管理行為	事実行為	持分の過半数で決定	実行者を決めない限り各自ができる
	法律行為		実行者を決めない限り各自ができる （共有者全員の名義で？）
処分行為	事実行為	全員一致が必要	実行者を決めない限り各自ができる
	法律行為		実行者を決めない限り各自ができる （共有者全員の名義で？）

16-12　石材を彫刻にする，小麦を小麦粉にするなど同一性を失う「変更」に該当する場合は処分にあたり，全員の同意が必要であるが，土地を土盛りするなどの管理行為も持分の過半数の同意が必要となる。各共有者が単独で自己のためにすると同時に他の共有者のための事務管理として管理行為を行うことは保存行為の限度で許される。

16-13　＊**共有物の賃貸借**　①共有物の賃貸は原則として管理行為であるが，②ⓐ602条の期間を超える賃貸借は，「共有者による当該目的物の使用，収益等を長期間にわたって制約することとなり，事実上共有物の処分に近い」，ⓑ「契約上の存続期間が同条の期間を超えないとしても，借地借家法等が適用される賃貸借契約においては，更新が原則とされ事実上契約関係が長期間にわたって継続する蓋然性が高く，したがって，共有者による使用，収益に及ぼす影響は，同条の期間を超える賃貸借契約と同視できる」として共有者全員の合意が必要であるとした判決

えたならば，処分行為ならば全員の同意がない限り，管理行為ならば持分の過半数の共有者の同意がない限り，他の共有者はその停止さらには妨害排除を求めることができる（☞ 16-14）。

16-17　❷　**共有物の管理**　　私的自治の原則を貫けば，共有物の処分どころか管理行為も共有者全員の合意が必要なはずである。実際，フランス民法では管理行為についても全員一致が要求されていた。しかし，それでは共有物の管理に支障が生じるため，2006年の改正により管理行為には多数決原理が導入されるものの，3分の2以上の特別過半数が要求されている。それでも所有権の絶対性との関係で，憲法違反にならないか疑視されているところに，問題の重大さが現れている。

　日本民法は，当初から共有物の管理行為について，単純過半数原理を導入し，「共有物の管理に関する事項は，前条の場合を除き，各共有者の持分の価格に従い，その過半数で決する。ただし，保存行為は，各共有者がすることができる」と規定した（252条)[16-14]。詐欺取消し，602条の期間を超えない賃貸，賃貸借契約の解除などが管理に関する事項となる。管理に関する事項について，全員で協議した上で決定することが必要か，過半数の持分割合を持っている者だけで決定し，他の共有者に通知するだけでよいのか，団体を構成しているわけではないので疑問は残ろう（後者でよい）。なお，この規定は内部的な意思「決定」にかかわる規定であり，特に行為者を定めない限り，共有者各自が決定した事項を「全員の名で」実行することができると考えるべきである（たとえば契約解除ならば全員の名で解除できる☞ 16-6-1)[16-15]。共有者の

がある（東京地判平14・11・25判時1816号82頁）。

16-14　組合関係については組合規定・法理が優先適用され，組合財産の管理は組合員の過半数により，持分や出資割合によるのではない。なお，「共有土地を共同的に使用することは共有土地利用の方法であって，共同目的，共同事業ということを得ないことは明らかであ」り，共有関係とは別に組合契約が成立するものとは認められないとされている（最判昭26・4・19民集5巻5号256頁［網干場事件］）。これに対して，セスナ機を購入するだけでなく，規約まで作って活動していた事例（東京地判昭62・6・26判時1269号98頁），共同でヨットを5名で購入し，ヨットクラブを結成した事例（最判平11・2・23民集53巻2号193頁）では，単なる共有物の管理を超えた趣味の会的な団体が作られているため，民法上の組合の成立が認められている。

16-15　共有物の管理や費用負担について合意がされた後に，持分が譲渡された場合，この合意は特定承継人に承継される（東京高判昭57・11・17判タ942号65頁）。このような合意は共有関係

一部が行方不明や事故等により意思表示ができない状況にあり，そのため過半数による意思決定ができない場合も考えられる。フランス民法は，共有者が裁判所の権限付与により管理行為をすることを認めるが，日本民法にはそのような規定がない。この点，他の共有者の持分との関係での事務管理を認めるべきである（☞『民法Ⅵ』注 1-7）。

16-18　❸　保 存 行 為　たとえば，共有の建物が地震で被害を受け，応急の措置を必要とする状態になった場合に，持分割合の過半数の共有者の同意がなければ必要な行為ができないというのは適切ではない。また，保存行為については管理行為と異なって，共有者の利害が大きく対立することはなく，全員の利益になる行為である。そこで，民法は，共有者は各自必要な保存行為を単独でできる――本文とは異なり，意思決定だけでなく実行権限まで明記――ことにした（252 条但書）[16-16]。自ら修補するという事実行為に限らず，業者に修理を依頼するという契約行為も可能である。保存行為と認められた例として，相続不動産に不真正な登記がある場合のその登記の抹消請求，相続不動産につき相続を原因とする相続人全員を登記権利者とする所有権移転登記の申請，相続不動産の不法占有者に対する妨害排除請求などがある。

16-19　**FOLLOW UP ――管理に伴う費用負担**

「各共有者は，その持分に応じ，管理の費用を支払い，その他共有物に関する負担を負う」（253 条 1 項）[16-17]。たとえば，AB 共有の建物の修理を修理業者にしてもらい，そ

と相分離しえないものであり，共有者は持っていた以上の権利を譲り渡すことができず，そうでなければいつでも持分譲渡により合意が無にされてしまう。また，譲受人は譲渡人への担保責任追及，持分譲渡，分割請求といった保護が用意されているといったことが理由である。これにつき，既に「共有の持分を譲受けたる者は譲渡人の地位を承継して共有者となり，共有物分割又は共有物管理に関する特約等総て<u>共有と相分離すべからざる共有者間の権利関係を当然承継すべき</u>」と，傍論として述べられていた（大決大 8・12・11 民録 25 輯 2274 頁）。

16-16　共有物の不法占有者に対する返還ないし明渡請求，共有不動産の無効な移転登記の抹消請求についてこれを保存行為で説明することもできることは 16-25 に述べる。1 番抵当権が消滅したが登記がそのままになっている場合に，2 番抵当権の準共有者は各自単独でその抹消登記請求を<u>保存行為として</u>行うことができる（大判昭 15・5・14 民集 19 巻 840 頁）。

16-17　253 条 1 項は，共有者の内部的な負担割合についての規定にすぎず，対外的な債務関係については，不可分的利益の対価は不可分という法理が適用され（☞『民法Ⅳ』14-6），判例も，山林共有者は山林の監守人に対し監守料支払の不可分債務を負うとしている（大判昭 7・6・8 裁判例 6 巻民 179 頁）。

の代金をAが支払ったとする[16-18]。この修理代金は共有者ABの負担であり，ABが持分割合に応じて負担するものであり，AはBに対してBの負担すべき割合について求償をすることができる。そして，Bが支払わないと困るので，威嚇の意味も込めて，負担すべき費用を1年以内に支払わなければ，AはBの持分権を強制的に買い取ることができることになっている (253条2項)。また，Bが持分権を譲渡してしまうと，この威嚇の意味がなくなってしまうので，Aを保護するために，「<u>共有者の1人が共有物について他の共有者に対して有する債権は，その特定承継人に対しても行使することができる</u>」ことになっている (254条)。したがって，Bが持分をCに譲渡した場合，AはBだけでなくCに対しても費用の償還を請求でき，Cに対して253条2項の権利を行使することもできる。さらに，分割に際しては，負担を履行しない共有者の取得すべき部分を弁済に充てる (259条1項)，または，その売却を請求することができる (同2項)。なお，土地建物は別の不動産であるが，以上の処理については一体として考えるべきである。

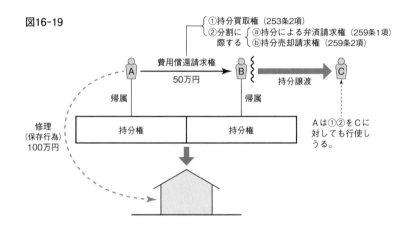

図16-19

[16-18] 共同賃借人の賃料債務を不可分債務とする判例の立場から推論すれば (☞『民法Ⅳ』14-6)，共有物の修理代金債務，共有不動産の管理料債務などは，不可分債務とされ共有者全員が全額を支払う義務を負うことになろう (本書は連帯債務説☞『民法Ⅳ』14-7)。

4 共有と第三者

16-20 **(a) 確認訴訟** たとえば，AB が共有している土地を C が自分の土地であると主張している場合に，AB が単独または共同して C を相手として確認訴訟を行う方法には次の2つが考えられる[16-19]。

16-21 **❶ 個々の共有者についての持分の確認訴訟** まず，AB 各自が単独で，自分がその土地に持分権をもっているという確認訴訟を C に対して提起することができる（大判大 8・4・2 民録 25 輯 613 頁，最判昭 40・5・20 民集 19 巻 4 号 859 頁）。なお，第三者に対してのみならず，共有者間でも持分につき争いがあれば，A が B に対してまたは B が A に対して持分権の確認訴訟をすることができる（大判大 6・2・28 民録 23 輯 322 頁）。

16-22 **❷ AB が共同してなす共有の確認訴訟** また，その土地を AB が共有しているということを，AB が共同して確認訴訟を C に対して提起することもできる。この場合には，敗訴すると，共有地の処分にも匹敵する結果になるため，AB が共同でしなければならず，A ないし B が単独で AB の共有確認の訴訟を提起することはできない（大判大 5・6・13 民録 22 輯 1202 頁。こういう共同訴訟を固有必要的共同訴訟という）[16-20]。

16-23 **(b) 持分権に基づく物権的請求権** 持分権も所有権の量的な一部であり，物権の効力として，持分権が侵害されれば，共有者には持分権に基づいて物権的請求権が認められる。共有者間の妨害排除については既に述べたので（☞ 16-13 以下），ここでは第三者に対する物権的請求について述べていこう。

16-19 共有地の境界確定の訴えは必要的共同訴訟であるが（☞**注 16-20**），共有者に訴訟に同調しない者がある場合には，境界確定の訴えができないのであろうか。判例は，この点，「隣接する土地の所有者と共に右の訴えを提起することに同調しない者を被告にして訴えを提起することができる」としている（最判平 11・11・9 民集 53 巻 8 号 1421 頁）。

16-20 ＊共有地の境界画定訴訟　関連する問題として，共有地についての境界画定訴訟も問題となる。この点，判例は「土地の境界は，土地の所有権と密接な関係を有するものであり，かつ，隣接する土地の所有者全員について合一に確定すべきものであるから，境界の確定を求める訴は，隣接する土地の一方または双方が数名の共有に属する場合には，共有者全員が共同してのみ訴えまたは訴えられることを要する固有必要的共同訴訟と解するのが相当である」と判示している（最判昭 46・12・9 民集 25 巻 9 号 1457 頁）。

16-24 ❶ **妨害排除及び妨害予防請求権**　AB共有の土地にCが廃棄物を捨てた場合には，ABはそれぞれ<u>単独</u>で自分の持分権に基づいて妨害の排除を求めることができる（大判大7・4・19民録24輯731頁，大判大10・7・18民録27輯1392頁等）。この場合，妨害排除は他の共有者の利益にもなるため，保存行為という側面ももち，そのかかった費用を持分権の割合に応じて他の共有者に求償することができる[16-21]。

16-25 ❷ **返還請求権**　たとえば，ABの共有する絵画をCが盗み出して占有している場合，ABそれぞれ<u>単独</u>で持分権に基づいて「自己への返還」を請求することができる（図16-25の2つの構成が可能〔②によるべき〕）。各共有者は確かに全面的な使用はできないとしても<u>共有物全部についての占有権限があるので</u>（249条），単独で持分権に基づく物権的返還請求権が認められるべきだからである。保存行為ともなることは❶と同じである（費用の償還請求が可能）[16-22]。なお，この場合には，連帯債権のような関係になりABのいずれかに返還すれば，Cは責任を免れる。

図16-25

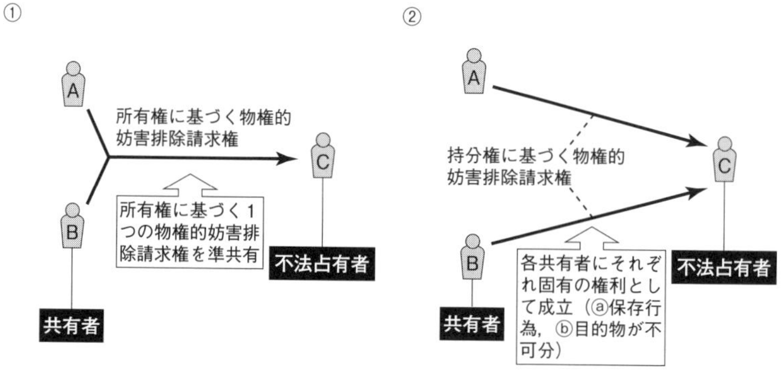

[16-21] その根拠としては，①<u>不可分債権類似</u>の関係という説明と，②<u>保存行為</u>を根拠にする説明がされている（☞図16-25）。

[16-22] 判例では，①大判大7・4・19民録24輯731頁は根拠を示さず，「本件土地の共有者の一人として上告人に対し其不法占有に因る妨害を排除し之が明渡を請求する」ことは，「<u>各共有者単独にて之を為すことを得る</u>」という結論のみを認めたが，その後，②大判大10・3・18民録27輯547頁は<u>不可分債権に準ずる関係</u>であることを理由とし，③さらにその直後，<u>保存行為</u>による説明が採用され，この保存行為による根拠づけは，全部の明渡請求だけでなく，第三者の無効な登記に

16-26 【STEP UP ——第三者との契約関係】
　共有物に変更を加えるには共有者全員の同意が必要であり，共有物の管理は持分権の価格に従い過半数で「決す」ることになり，保存行為は各自が単独で「することができる」とされているが，内部的な意思決定，対外的な実行との関係は明らかではない。組合であれば，決定した事項は全員の名で（簡単には組合の名で）行うことができるが（☞『民法V』22-5以下），共有については共有者間に債権的契約関係がないので疑問が残る。いずれにせよ，たとえば，単独でできる保存行為を第三者たる事業者に依頼した場合には，依頼をし契約当事者となった共有者のみが請負代金債務を負担することは，契約理論から明らかである（転用物訴権の可能性はある）。問題は，単独でできる保存行為というのは，共有者全員の名前で契約できるのかである。しかし，当事者の依頼がないのに代理権が認められると考えてよいのかは，疑問が残ろう。もし全員の名で保存・管理に関する契約ができるとしたならば，その債務について，不可分的な利益を共有者全員が受けるので，判例・通説に従えば不可分債務になると考えられる。

5　共有と無効登記
[1]　第三者の無効登記

16-27 **(a)　無効な所有権移転登記が第三者にされている場合**　生前に被相続人AがB名義に虚偽の移転登記をしていた場合に，Aの共同相続人CDは，<u>単独でBに抹消登記を請求できる</u>。<u>保存行為なので</u>，各共同相続人が単独で所有権移転登記の<u>全部の抹消登記</u>が請求できる。各自の持分についての一部抹消登記（更正登記）の請求に制限されない。大判大12・4・16民集2巻243頁は，鉱業権の登録が第三者に無効に移転されている事例で，「其の登録の存在は鉱業権の行使に対する妨害に外ならざるを以て，<u>各共有者は民法第264条第252条に依り単独にて鉱業権の保存行為として其の妨害たる移転登録の抹消手続を請求する権利を有する</u>」とした。必要的共同訴訟であるという上告理由に対して，共有者の1人が単独でできることの理由づけとして，保存行為

対する全部の抹消登記請求を各共有者に認める際にも引き継がれている（最判昭31・5・10民集10巻5号487頁等☞16-27)。

という説明がされている[16-23]。戦後もこの結論が維持されている（最判昭31・5・10民集10巻5号487頁）[16-24]。

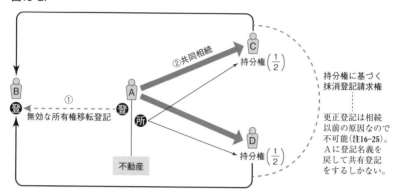

図16-27

16-28　(b)　無効な持分移転登記がされている場合　図16-28のように，共同相続登記がABCに有効にされた後に，Aの持分登記につきDに無効な移転登記がなされている場合，Aが持分権の侵害を理由に移転登記の抹消登記を請求できるのは当然である。では，BCは，自己の共有持分登記はされているので，持分権の侵害はなく，Dに対して抹消登記を請求できないのであろうか。このままでは，遺産分割協議で支障が生じるため，BCとしてもABCの共有名義に戻したいところである。

この点につき，判例は，持分の侵害の有無について何も言及せず，「共有物の妨害」を理由に，保存行為などの根拠も示すことなく妨害排除請求を肯定した（最判平15・7・11民集57巻7号787頁）。持分権の侵害がないとして請求を

16-23　大判昭15・5・14民集19巻840頁は，第一順位の抵当権が消滅後も設定登記が抹消されないままになっていた事例であるが，第二順位の抵当権の準共有者による抹消登記請求について，やはり保存行為を根拠に，各準共有者に可能としている。

16-24　相続により共有登記をした後に，第三者が目的不動産を全員から買い取ったものと偽って，全員の持分について目的物の売買を理由に移転登記をした場合には，無効な移転登記が持分の数だけあることになる。この場合には，私的自治の原則からして，他の共有者の持分の移転登記について抹消登記請求はできないはずである。しかし，16-28のように，判例は他の共有者の無効な持分移転登記についても抹消登記請求を認めるので，上記の事例でも認めることになろう。

棄却した原判決を破棄しつつ，持分権の侵害を認めるのではなく，「共有物の妨害」さえあれば，持分権の侵害はなくても共有物の保存行為として抹消登記請求ができるというのである。本件は遺産の事例であり他人名義の持分登記は遺産分割の支障になり，そのことをもって持分権の行使の支障があるとして持分権の侵害を認めることもできるであろう。

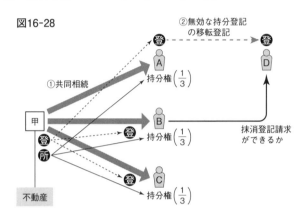

図16-28

[2]　共有者への無効な所有権移転登記

16-29　ABCが未登記建物を共同相続したが，CがABに無断で所有権保存登記をした場合（相続分平等とする），Cも持分権を有するため所有権保存登記はCの持分部分については有効であり，それを超える部分のみが無効であるにすぎない（☞図16-30）[16-25]。そのため，ABは，Cに対して抹消登記請求はでき

[16-25] ＊相続前の無効な所有権移転登記　相続人の1人が相続後に勝手に所有権移転登記をしてもその持分部分については一部有効であるため，全部無効な登記として抹消登記請求ができないのである。では，共同相続人の1人が，相続前に所有者である被相続人と贈与を通謀して不動産について移転登記を受けており（これは全部無効），その後に被相続人が死亡し相続が生じた事例ではどう考えるべきであろうか。無効な移転登記が，相続により事後的にその相続人の持分部分について一部有効になり，16-29と同様に更正登記請求しかできないのであろうか。この点，「不動産登記制度は，本来，その実体的権利関係を公示し，不動産取引の安全を図ることのみならず，その実体的権利関係につきその変動の過程を公示することによって不動産取引の安全を図ることも，その制度の趣旨としているものである」こと，そして，全部無効にしても特に不利益を被る者がないことから，保存行為として共有者に抹消登記請求を認める判決がある（東京高判平8・5・30判タ933号152頁）。この判決を支持すべきであろう。

ず，自分の持分についての更正登記＝一部抹消登記請求しかできない（☞図16-29）。当初は大判大 8・11・3 民録 25 輯 1944 頁により全面的な抹消登記請求が認められていたが，大判大 10・10・27 民録 27 輯 2040 頁により変更され，これが戦後も承継されている（☞ 16-30）[16-26]。

図16-29

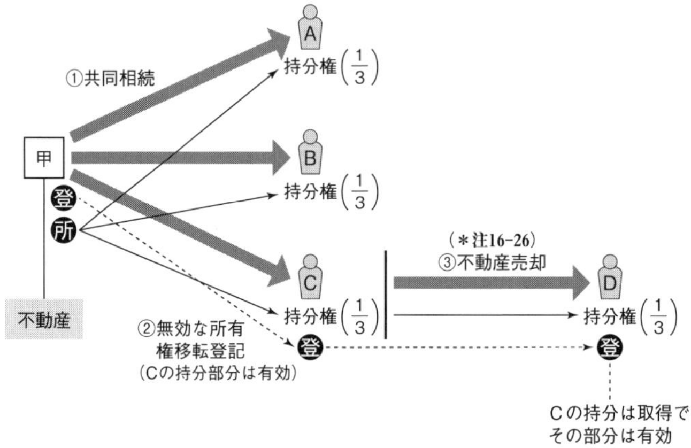

①共同相続
甲（登／所）→ A 持分権($\frac{1}{3}$)
甲 → B 持分権($\frac{1}{3}$)
甲 → C 持分権($\frac{1}{3}$)
不動産
②無効な所有権移転登記（Cの持分部分は有効）
（＊注16-26）
③不動産売却 → D 持分権($\frac{1}{3}$)
Cの持分は取得でき，その部分は有効

16-30 【STEP UP ——全員の共有名義への更正登記請求】

先の例で，保存行為と構成して，真実の権利関係に合致させるよう，すなわちABC の共有登記への更正登記を A が C に対して単独で求めることができるという下級審判決があった（大阪高判昭 43・12・11 判時 560 号 52 頁）。しかし，その後，最高裁は，ここでの更正登記とは一部抹消登記であり，共有者の1人は自己の持分権についての更正登記＝一部抹消登記しか求めることができず，他人の持分権部分の抹消登記，すなわち請求していない共有者も含めて真実の共有関係に合致した登記への更正登記を求めることはできないということを確認している（最判昭 59・4・24 判時 1120 号 38 頁[16-27]）。その結果，A が単独で ABC の共有登記への更正登

16-26 相続人が無効な所有権移転登記をし，第三者に目的不動産を譲渡しその第三者に所有権移転登記をした場合も同様に考えられている（最判昭 38・2・22 民集 17 巻 1 号 235 頁）。第三者に対して全部抹消登記ではなく，原告である共有者との共有登記にする一部抹消（＝更正）登記しか請求できないことになる（☞図 16-29）。

16-27 ＊共有地のための地役権設定登記請求　最判平 7・7・18 民集 49 巻 7 号 2684 頁は，「要役

記請求はできず，Aの3分の1の持分権を認める更正登記（したがって，Cは3分の2の持分登記となる）を請求できるだけになる（☞図16-30）。しかし，他の共有者の持分について第三者に無効な移転登記がある場合に，他の共有者も抹消登記請求ができるとしているのに（☞16-29），本事例では他の共有者の分の抹消登記請求がどうして認められないのか，疑問は残される[16-28]。なお，ABが2分の1ずつの持分で共有している不動産につき，ABCの3分の1ずつの持分で共有している旨の登記がされている場合にも，Aは「自分の持分についての更正登記手続を求めることができるにとどまり，他の共有者の持分についての更正登記手続まで求めることはできない」（最判平22・4・20判タ1323号98頁）。先の例にあてはめると，AはCに対して，ABC3分の1ずつの持分の共有登記への更正を求めることができないことになる（**注16-28**も参照）。

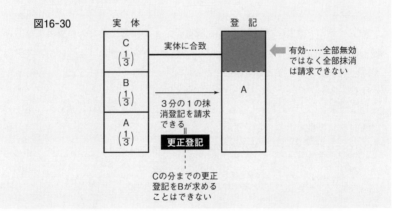

図16-30

地の共有持分のために地役権を設定することはできないが」，「要役地が数人の共有に属する場合，<u>各共有者は，単独で共有者全員のため共物の保存行為として，要役地のために地役権設定登記手続を求める訴えを提起することができる</u>というべきであって，右訴えは固有必要的共同訴訟には当たらない」とする。

16-28　最判平15・7・11（☞16-28）は，本文に述べた最判昭59・4・24とは事例が異なるとしてその整合性に難点はないと説明した。同判決を応用すればABCの共有登記をした後に，分割を偽造してCがABの持分について移転登記を得ていた場合には，AはCに対して，自己の持分の移転登記の抹消登記請求はできるだけでなく，Bの移転登記についても抹消登記請求はできることになろう。Cが被相続人からの所有権移転登記を受けた場合との整合性の問題は残される。整合性を保てば，最判平22・4・20（☞16-30）は変更されるべきである。

16-31　【STEP UP ──全部抹消登記請求ができる例外的場合】
　　　　AからB及びXらへの共同相続後に，Bが死亡しY及びCらが相続し，Aから
　　　Yに，Aの相続そしてBの相続を原因として直接の所有権移転登記がされている
　　　事例で，YからXに対する所有権移転登記が請求されている。Yも相続分に応じ
　　　た持分権があるため，この場合にも，Xは更正登記しか請求できないのかが問題
　　　になった。原審判決は，更正登記しか請求できず，A及びBの各相続人について，
　　　順次，相続登記を行う形に本件登記を更正する必要があるとして，抹消登記請求
　　　を棄却した。最高裁は，更正登記ができないので抹消登記によらざるをえず，X
　　　はYに対して抹消登記請求ができるとして原判決を破棄する。以下のようである。
　　　「更正登記は，……原始的な不一致……を解消させるべく既存登記の内容の一部
　　　を訂正補充する目的をもってされる登記であり，更正の前後を通じて登記として
　　　の同一性がある場合に限り認められる」。原判決が判示する更正登記手続は，登記
　　　名義人をYとする本件登記を，登記名義人を①Aの相続人Yらの登記と②Bの相
　　　続人とする登記に更正するものである。しかし，①の登記は「本件登記と登記名
　　　義人が異なることになるし，更正によって登記の個数が増えることにもなるから，
　　　本件登記と更正後の登記とは同一性を欠く」ことになり，これを更正登記による
　　　ことはできない。そのため，このような場合には，「共有持分権に基づき本件登記
　　　の抹消登記手続をすることを求めることができる」（最判平17・12・15判時1920号
　　　35頁［保存行為とはいわず，持分権を根拠にしてできるというだけ］）。

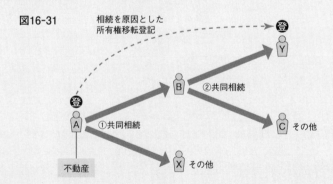

図16-31

16-31-1　【STEP UP ──更正登記によれない場合】
　　　　16-31は全部抹消登記が認められた事例であるが，更正登記ではなく持分移転
　　　登記によった事例がある。AからBが既に生前に無効な所有権移転登記を受けて

いたが，その後にその不動産をAの死亡によりBCDが共同相続した場合である。一部抹消（更正登記）ではなく，<u>持分移転登記</u>が命じられている（最判平11・3・9判タ999号236頁）。相続を登記原因に改める更正登記手続をすることができないことが理由である。このような更正登記は，「登記がされた当時被相続人は生存中で，同人につき相続が開始することがあり得ない」ため，そのような「更正登記手続は，帰するところ，実体法上は生ずることのない物権変動を原因とする登記を行うものであって，これを認めることはできないから」である。要するにCDの持分登記を認める更正をするために登記原因を相続に更正する必要があるが，それでは，時期的にありえない相続になることが理由である。ただし，全部抹消は請求できないのには，Bが不動産に根抵当権を設定していたという事情がある——根抵当権者については，「本件物件全部についての根抵当権設定登記を<u>Bの持分についての根抵当権設定登記に改めるとの更正登記手続</u>」を命じている——。抵当権者がいない場合には，抹消登記請求を認める余地がある。

6　共有関係の解消[16-29]

16-32　**(a)　共有者は他の共有者に対して共有関係の解消を請求できる**　　ABが土地を共有している場合に，Aが共有から離脱したいと思えば，Aは持分権を譲渡して共有関係から離脱することができる。しかし，Aが避けようとした不便な共有関係に持分権を取得して入ろうとする者がいるとは思われない。そうすると，共有関係からAが離脱できるためにさらに別の権利を認める必要がある。それが，**共有物分割請求権**である。民法は「<u>各共有者は，いつでも共有物の分割を請求することができる</u>」ものと規定をした[16-30]（256条1項[16-31]）。

16-29　共有物の滅失，第三者による即時取得により，共有者の持分は消滅し共有関係は解消される。この場合，侵害者に対して共有者は持分価格に応じた損害賠償請求権，不当利得返還請求権を取得する。これは原則通り（427条）分割債権になる。

16-30　この条文の趣旨につき，最高裁は「共有の場合にあっては，持分権が共有の性質上互いに制約し合う関係に立つため，単独所有の場合に比し，物の利用又は改善等において十分配慮されない状態におかれることがあり，また，共有者間に共有物の管理，変更等をめぐって，意見の対立，紛争が生じやすく，いったんかかる意見の対立，紛争が生じたときは，共有物の管理，変更等に障害を来し，物の経済的価値が十分に実現されなくなるという事態となるので，同条は，か

ただし，現物の分割に限らないので，正確には共有関係の解消請求権である。なお，合有の場合には分割請求権は認められない（☞16-3）。

分割禁止の合意は可能であるが（256条1項但書[16-32]），分割禁止の合意は5年以上の期間を定めることはできず，5年以上の期間を定めても5年を限度に有効とされるにすぎない。なお，性質上，分割請求権が認められない互有という共有形態があることは14-2に述べた。

【STEP UP ──遺産分割と共有物分割規定】
　遺産分割については，906条以下の遺産分割の規定が適用され，共有物分割の規定は適用されないのであろうか。この点，分割請求の手続きについては，**注16-34**に説明するように家庭裁判所の専属管轄になるが（審判前置），その際に適用されるべき規定については，最判昭30・5・31民集9巻6号793頁は，「相続財産の共有は，民法改正の前後を通じ，民法249条以下に規定する『共有』とその性質を異にするものではない」と宣言して，「それ故に，遺産の共有及び分割に関しては，共有に関する民法256条以下の規定が第一次的に適用せられ，遺産の分割は現物分割を原則とし，分割によって著しくその価格を損する虞があるときは，その競売を命じて価格分割を行うことになるのであって，民法906条は，その場合にとるべき方針を明らかにしたものに外ならない」という。遺産分割については，906条の基準が最優先に適用されるが，それ以外については共有物分割についての規定が適用されることになる。ただし，遺産分割の遡及効（909条）など遺産分割に特有の規定がある。

かる弊害を除去し，共有者に目的物を自由に支配させ，その経済的効用を十分に発揮させるため，各共有者はいつでも共有物の分割を請求することができるものとし，しかも共有者の締結する共有物の不分割契約について期間の制限を設け，不分割契約は右制限を超えては効力を有しないとして，共有者に共有物の分割請求権を保障しているのである。このように，共有物分割請求権は，各共有者に近代市民社会における原則的所有形態である単独所有への移行を可能ならしめ，右のような公益的目的をも果たすものとして発展した権利であり，共有の本質的属性として，持分権の処分の自由とともに，民法において認められるに至ったもの」と評されている（最大判昭62・4・22民集41巻3号408頁［森林法違憲判決］）。

16-31　「ただし，5年を超えない期間内は分割をしない旨の契約をすることを妨げない」とされ（256条1項但書），また，この分割禁止特約は更新でき，その期間はやはり更新から5年を超えることができない（256条2項）。分割禁止特約は持分の譲受人に対抗できる。

16-32　共有者に破産手続開始の決定を受けた者がいる場合には，①分割禁止の合意がされていても分割請求が可能となり（破産52条1項），また，②他の共有者は，相当の償金を支払って破産者の持分を取得できる（同法2項）。

16-33 **(b) 当事者の合意による共有関係の解消**　共有関係の解消方法としては，以下のようなものが考えられ，いかなる方法をとるか共有者の自由な合意によることができる。なお，229条の境界標等の互有については，暫定的な共有関係ではなく，相隣関係が続く限り存続が保障されるべき共有関係であり，一方的な分割請求は許されない（257条）。ただし，合意による分割は可能である。

16-34 **(ア) 現物またはその価格の分割**

❶ **現物分割（狭義の分割）**　目的物を持分割合に応じて現実に分割することを**現物分割**という。土地を半分にしたり，農家から共同で購入したトマトを支払った代金の額に応じて山分けしたりすることがこれにあたる。なお，<u>賃貸している土地が共同相続され現物分割された場合に，賃貸借契約がどうなるか</u>という難しい問題がある。この点につき，「従前一個の契約であった賃貸借契約が当然に単独所有となった土地ごとの数個の賃貸借契約に変更されるものと解することはできないから，<u>共有物の分割後も従前の賃貸借契約がそのまま存続する</u>」としつつも，「共有物の分割によりその単独所有となった土地については，互いに他の者の管理処分の権限はなくなり，該土地に関する管理処分の権限は，その単独所有となった者においてのみこれを有するこ

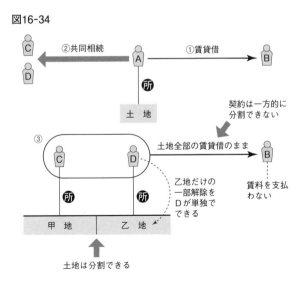

図16-34

ととなるのであるから，……各単独所有となった土地に関する部分のみの賃貸借契約を解除する場合には，その所有者である賃貸人において単独でこれを解除することができる」とした判決がある（仙台高判昭 43・8・12 下民集 19 巻 7・8 号 472 頁）。

16-35 　❷　**共有物の代金の分割（価額分割）**　　目的物が絵画など現物分割に適しない場合には，ABが共有物を売却して代金に換え，その代金を持分割合に応じて分けることもできる。これも，現物ではないが，共有物分割の1つのやり方であり，**価額分割**ないし**代金分割**などといわれる。

16-36 　(イ)　**分割によらない共有関係の解消方法（価格賠償）**　　以上のように，共有物自体またはその代金を分割するという方法によらずに，共有関係が結果的に解消される方法も考えられる。たとえば，AB共有の土地をAが共有では不便なので単独所有にしたいと考え，持分権を売却してくれるよう交渉して売ってもらったとしよう。これは要するに持分権の売買であり，それが共有者間で行われたにすぎない。AがBから持分権を買い取ると単独所有になり共有関係が解消されるのである。

16-37 　(c)　**当事者の協議が調わない場合**　　当事者の協議が調わないと永遠に共有関係が解消できないというのは不都合なので，民法は，分割について「共有者間に協議が調わないときは[16-33]」，各共有者は「その分割を裁判所に請求することができる」ものとした（258条1項[16-34]）。裁判所がどのように分割す

[16-33] 「協議が調わないとき」には，協議したが不調に終わった場合だけではなく，初めから分割協議を拒んでいる共有者がいる場合も含まれる（最判昭 46・6・18 民集 25 巻 4 号 550 頁）。

[16-34] ＊相続財産と258条

　(1)　**共同相続人間——遺産分割手続による**　　遺産の分割請求は家庭裁判所に請求することになり（907条2項），調停前置主義が適用され，調停が成立しない場合に審判により分割がされる。このように通常の共有物分割とは異なるため，「遺産相続により相続人の共有となった財産の分割について，共同相続人間に協議が調わないとき，又は協議をすることができないときは，家事審判法の定めるところに従い，家庭裁判所が審判によってこれを定めるべきものであり，通常裁判所が判決手続で判定すべきものではない」（最判昭 62・9・4 判タ 651 号 61 頁）。

　(2)　**持分の第三者への譲渡があった場合——第三者からの分割請求は通常の共有物分割による**　　しかし，①「共同相続人の一人から遺産を構成する特定不動産について同人の有する共有持分権を譲り受けた第三者」からの分割請求については，258条の適用が認められている（最判昭 50・11・7 民集 29 巻 10 号 1525 頁）。②ただし，これは第三者からの請求だけであり，相続人から第三者及び他の相続人への分割請求については，258条の適用が否定されている（東京地判昭

るかは裁判所の自由に任されるが（したがって，いわゆる非訟事件の性質をもつ），民法上は現物分割が原則とされ，現物分割ができないとき（絵画など），または，分割によって著しく価格を減少させるおそれがあるとき（分割したら使用価値のない狭い土地など）には，目的物を競売して代金分割を命じることになっている（258条2項）。しかし，258条は共有関係の解消方法の決定を裁判所に委ねるものと考えるべきであり，この2つの方法，すなわち現物または代金の「分割」に限定する必要はない[16-35]。

16-38 【STEP UP ──価格賠償を裁判所は命じられる】
判例は以下のように，現物分割によらずに，部分的さらには全面的な持分の強制的な買収ともいえる価額賠償の方法を命じることを認めている。

16-39 (1) **部分的価格賠償** まず，現物を持分価格に応じて正確に分割しえない場合，図16-39①のように，甲地と乙地をそれぞれ2人の共有者の単独所有とするが，価格が等しくない場合，持分割合を超えた現物を得た者が，これに不足した者に賠償金を支払うという方法（部分的ないし補充的価格賠償）が認められた（最大判昭62・4・22民集41巻3号408頁[16-36]。傍論）。この判決は，補充的価格賠償は，分割の

63・12・27判タ704号222頁）。

16-35 ＊共有者の一部のみを単独所有とする現物分割　　①傍論であるが，「共有者が多数である場合，その中のただ一人でも分割請求をするときは，ただちにその全部の共有関係が解消されるものと解すべきではなく，当該請求者に対してのみ持分の限度で現物を分割し，その余は他の者の共有として残すことも許される」とされている（最大判昭62・4・22民集41巻3号408頁）。ABCの共有の場合に，Aの分割請求に対して，Aに持分に応じた現物分割をしてその部分を与え，残余をBCの共有のままにすることができる。また，②ABCの相続による土地の共有につき，Cが持分を第三者に譲渡したために，ABが，Cに対して，Cに持分相当の土地を現物分割により取得させ，残りをABの共有のままとする分割請求も認められている（最判平4・1・24家月44巻7号51頁）。分割請求は共有者全員を訴訟当事者としなければならないので（大判明41・9・25民録14輯931頁），②の場合につき，Aだけ原告となりCを被告とする請求は認められない。

16-36 本判決は，「現物分割をするに当たっては，当該共有物の性質・形状・位置又は分割後の管理・利用の便等を考慮すべきであるから，持分の価格に応じた分割をするとしても，なお共有者の取得する現物の価格に過不足を来す事態の生じることは避け難いところであり，このような場合には，持分の価格以上の現物を取得する共有者に当該超過分の対価を支払わせ，過不足の調整をすることも現物分割の一態様として許されるものというべきであり，また，分割の対象となる共有物が多数の不動産である場合には，これらの不動産が外形上一団とみられるときはもとより，数ヶ所に分かれて存在するときでも，右不動産を一括して分割の対象とし，分割後のそれぞれの部分を各共有者の単独所有とすることも，現物分割の方法として許されるものというべ

16-40

対象となる共有物が多数の不動産である場合に，これらの不動産が外形上一団とみられるときはもとより（最判昭45・11・6民集24巻12号1803頁はこの場合のみに限定していた），数か所に分かれて存在するときでも，この不動産を一括して分割の対象とし，分割後のそれぞれの部分を各共有者の単独所有とする場合にも用いることができるとしている。全面的価格賠償とは異なり，賠償金を支払う者（図16-39①ではA）に支払の資力があることは必要とされていない。

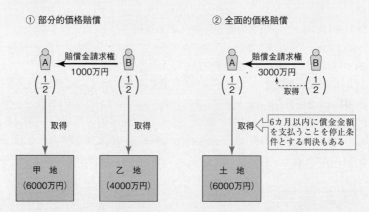

図16-39

① 部分的価格賠償　　　　② 全面的価格賠償

16-40　**(2) 全面的価格賠償**　また，どうしてもその共有物の使用を継続する必要がある者がある場合には（要件①。たとえば，相続財産である病院を長男が承継する），その者の単独所有とし，他の共有者に持分権の価格を賠償する方法を命じることも認められている（**全面的価格賠償**）。ただし，この場合には，その者の単独所有にな

きところ，かかる場合においても，前示のような事態の生じるときは，右の過不足の調整をすることが許されるものと解すべきである……。また，共有者が多数である場合，その中のただ一人でも分割請求をするときは，ただちにその全部の共有関係が解消されるものと解すべきではなく，当該請求者に対してのみ持分の限度で現物を分割し，その余は他の者の共有として残すことも許される」。「以上のように，現物分割においても，当該共有物の性質等又は共有状態に応じた合理的な分割をすることが可能であるから，共有森林につき現物分割をしてもただちにその細分化を来すものとはいえないし，また，同条〔民法258条〕2項は，競売による代金分割の方法をも規定しているのであり，この方法により一括競売がされるときは，当該共有森林の細分化という結果は生じないのである。したがって，森林法186条が共有森林につき持分価額2分の1以下の共有者に一律に分割請求権を否定しているのは，同条の立法目的を達成するについて必要な限度を超えた不必要な規制」であり，憲法29条2項に違反し，無効というべきであると判示する。

りながら，他の共有者が賠償金を得られないというのは困るので，単独所有になる者に支払能力があることが要件とされている（要件②。最判平8・10・31民集50巻9号2563頁）。この判決は，以上のような民法に規定されていない解決の根拠として，「裁判所による共有物の分割は，民事訴訟上の訴えの手続により審理判断するものとされているが，その本質は非訟事件であって，法は，裁判所の適切な裁量権の行使により，共有者間の公平を保ちつつ，当該共有物の性質や共有状態の実状に合った妥当な分割が実現されることを期したものと考えられ……，すべての場合にその分割方法を現物分割又は競売による分割のみに限定し，他の分割方法を一切否定した趣旨のものとは解されない」と述べている[16-37]。

表16-40

全面的価格賠償の要件	ⓐ共有者の特定の者に取得させることが「相当である」と認められること	①共有者の特定の者が単独所有を欲していること
		②それが合理的であること
	ⓑ「共有者間の実質的公平を害しないと認められる特段の事情」が存すること	③価格が適正に評価されること
		④①の共有者に賠償金の支払能力があること

16-41　(d)　**共有物分割の効力**　分割がなされた場合について，民法は，①共有に関する費用をめぐる債権の処遇[16-38]，②共有者の債権者などの保護，③各共有者の担保責任[16-39]，及び，④物についての証書の保管義務[16-40]について規定

[16-37] その後，全面的価格賠償を認めた判決として，最判平11・4・22判時1675号76頁がある。また，全面的価額賠償の内容を明らかにする下級審判決が登場している。大阪高判平11・4・23判時1709号54頁は，「全面的価格賠償による共有物分割にあたって，賠償金の支払につき，期限を許与することや，分割払を命ずることは，賠償金の支払能力があることが右分割の条件となっていることから，許されない」とし，札幌地判平11・7・29判タ1053号131頁は，「原告が本判決確定の日から6か月以内に被告らの本件土地の持分に相当する価格賠償金を各被告らに支払うことを条件として本件土地を原告の単独所有と」し，かつ，「原告が6か月以内に価格賠償金を支払わない場合には，本件土地を競売に付し，その売得金を原告及び被告らに対し，各持分の割合に応じて分割するのが相当である」とする。

[16-38] 現物分割の場合に，分割によって，債務者である共有者が取得すべき部分について，債権者である共有者は「その弁済に充てることができ」（259条1項），また，「その売却を請求すること」もでき（259条2項），いずれを選択するかは債権者である共有者の自由である。

[16-39] 現物分割は持分の交換であり，交換契約であるため売買契約の規定が準用されるが，民法は特に261条で，各共有者は売主と同じく「その持分に応じて担保の責任を負う」ものと規定し

16-41

をしている。

　共有者の債権者は，債務者の持分権を責任財産として期待しているため，どのように分割がされるかについて利害関係がある[16-41]。そして，持分権より不利益な分割は詐害行為取消し（424条）の対象となるはずであるが，共有物分割に特別規定が置かれている。すなわち，債権者は自己の費用で共有物分割への参加が可能であり，参加の請求があったにもかかわらず，参加をさせないで分割をした場合には，参加を請求した債権者に対して分割を対抗できないとされている（260条2項）。したがって，あえて詐害行為取消訴訟をする必要はない。

　現物分割がされた場合の登記は，分筆登記を経由した上で，権利の一部移転の登記をして単独所有の登記とする形がとられる（最判昭42・8・25民集21巻7号1729頁）。

た。ABが甲画と乙画を共有していたが，Aが甲画，Bが乙画を取得する合意をしたとして，Aの取得した甲画が贋作であったような場合，解除も可能というべきか。

16-40 ①分割が完了したときは，各分割者はその取得した物についての証書を保存しなければならない（262条1項）。ABが甲地と乙地を共有していて，分割によりAが甲地，Bが乙地を取得したような場合である。②1つの物を全員または数人に分割した場合には（ABC共有の甲地を3つに分割したような場合），物に関する証書は最大部分を取得した者が保存し（262条2項），平等に分割した場合には分割者の協議で証書の保存者を決める（262条3項）。そして，「証書の保存者は，他の分割者の請求に応じて，その証書を使用させなければならない」（262条4項）。

16-41 ＊**共有物分割と抵当権**　AB共有の土地につき，Aの持分にCのために抵当権が設定されていた場合，共有物分割により抵当権はどうなるのであろうか。①全面的価格賠償により，ⓐA所有となる場合，ⓑB所有となる場合，②現物分割により土地が2つに分割されそれぞれAB所有となる場合，及び，③土地を第三者に売却しその代金を分割する場合とを分けて考える必要がある。①ⓐの場合，持分の上の抵当権が存続するか，それとも，全部に抵当権が及ぶが優先権は当初の持分割合によるのかが問題になる。①ⓑ及び③の場合は，追及力が認められる（物上代位も認めてよい）。議論があるのが②の場合である。現物分割されても分割前の土地全部について持分の上の抵当権が存続するか（Bが取得した部分については①ⓑや③と同様に追及力を認める），または，Aが単独所有になった土地所有権についての抵当権に集中し，Bが取得した土地部分の抵当権は消滅するのかである。他の事例との整合性を考えれば前者が妥当であろう（大判昭17・4・24民集21巻447頁も持分上存続説）。

7　共有物の侵害による損害賠償債権

共有者が，その共有物を第三者により不法占有され使用できない場合，その損害賠償請求権については，427条の分割主義が適用されている。すなわち，「損害賠償請求権は物に対する共同所有権と全然独立したる別個の権利にして，毫も共有関係存在することなければ，物の共有者の共有に属すべき一個の包括的権利に非ずして物の各共有者が各自の持分に対する損害に付き賠償を請求する金銭債権に外ならず。故に<u>物の各共有者は其持分に対する損害賠償請求権のみを行使し得るに止まり，他人の持分に対しては何等請求権を有せざるや洵に明白なり</u>」と判示されている（大判大4・4・2刑集21輯341頁。最判昭41・3・3判時443号32頁，最判昭51・9・7判時831号35頁も同旨）。共有者の一部が他の共有者を排して独占的に共有物を使用している場合にも同様であり，「持分割合に応じて占有部分に係る地代相当額の不当利得金ないし損害賠償金の支払を請求することはできる」ものとされている（最判平12・4・7判時1713号50頁）。

問題は，共有物が損傷を受けた場合である。共有物の管理として，共有者の多数決で修補を決定し，その資金として損害賠償金を充てることにして，共有者がその決議に従い<u>全額の損害賠償を請求</u>できるのであろうか。修補不能の場合の価値減額分の損害賠償や使用できなかった分の損害賠償については，分割債権ということを貫いてよいが，共有物の管理にかかわるこのような場合に限って，上記のような決議も有効と考えてよい[16-42]。

[16-42] 以上に対して，組合の合有財産の場合には，損害賠償請求権は組合員に合有債権として帰属し，権利能力なき社団の財産の場合には，構成員に総有的に1つの損害賠償請求権として帰属することになる。また，区分所有建物の共用部分については，区分所有者全員に持分に応じて損害賠償請求権が帰属するとしても，損傷のように管理行為として修補が必要であり損害賠償をその資金にする必要がある場合には，債権自体は各区分所有者に帰属するとしても管理人が一括行使することが可能になろう。

16-43 【STEP UP ──契約上の損害賠償請求権等】
　共有物の改良工事を注文したところ工事に契約不適合があった場合，共同で購入した目的物に契約不適合があった場合，ないし買主が死亡し共同相続が生じた事例で目的物に契約不適合があった場合，共有者の契約上の損害賠償請求権等はどのように帰属しまた行使されるのであろうか。
　まず，解除権（詐欺などの取消権等も）は不可分の原則が適用され（544条），全員によって１つの解除権が行使されなければならない。修補請求については，不可分債権と構成するか，保存行為と構成するかは，返還請求や妨害排除請求と同様の問題はあるにしても，各自が単独でできそうである。しかし，修補請求にするか代金減額または修補請求に代わる損害賠償請求にするかの選択については管理行為として問題になるので，各共有者が単独で修補請求を選択することは許されず，まずいずれによるか共有者の多数決による決定を必要としよう（修補請求が選択されたら各自が単独で行使できる）。問題は損害賠償であるが，実質的に代金減額に等しい価値低下分の損害賠償，使用できないことによる損害賠償のいずれについても，やはり427条の原則通り持分に応じた分割債権となると考えざるをえない（以上につき☞図16-43）。ただし，16-42に述べたように，修補費用の損害賠償については，分割債権として帰属はするが，その取立てについて共有者に全額の取立権を認める決議は可能であろう。

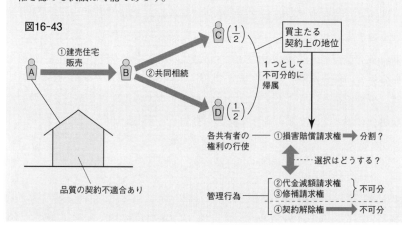

第 17 章
建物区分所有

17-1 **(a) 建物区分所有の意義**　当初の民法には，棟割長屋についての旧208条しかなく，高層にわたる建物の区分された部分についてそれぞれ1つの所有権を認め，共通部分について全員の共有とされる建物をめぐる法律関係を規律する規定がなかった。しかし，戦後の高度成長期に，都市部においてこのような所有関係の高層の建物が登場するに至り，特別規定が必要になり，その性質上かなり詳細な規定が必要とされるようになる。そのため，民法に関係規定を設けるのをやめ——旧208条を削除—— 1962（昭和37）年に「建物の区分所有等に関する法律」（いわゆる建物区分所有法。マンション法とも俗称される）が制定された。

その後，老朽化した建物の建替え，管理関係の改善などを目的として，1983（昭和58）年に建物区分所有法の大改正がされた。さらに，マンション管理の適正化のために，2000（平成12）年には，建物区分所有法の改正がされるとともに，「マンションの管理の適正化の推進に関する法律」が制定された。そして2002（平成14）年には，阪神・淡路大震災後に建替えが問題となり，また建物区分所有法が改正されるとともに，新たに「マンションの建替え等の円滑化に関する法律」が制定された。建物区分所有法と上記2つの法律は，あわせて**マンション3法**[17-1]と俗称されている[17-2]。

17-2 **(b) 建物の所有関係**
❶ 専有部分及びその利用に伴う義務　「一棟の建物に構造上区分された

[17-1] 阪神・淡路大震災に対処するために制定された「被災区分所有建物の再建等に関する特別措置法」も含めて，マンション4法とよばれることもある。

[17-2] 建物区分所有法にはマンションという用語はないが，「マンションの建替え等の円滑化に関する法律」2条1項1号には「マンション」を「2以上の区分所有者が存する建物で人の居住の用に供する専有部分のあるもの」をいうとする定義規定が置かれている。「マンションの管理の適正化の推進に関する法律」2条1項イは，「その敷地及び附属施設」も定義に加える。

数個の部分で独立して住居, 店舗, 事務所又は倉庫その他建物としての用途に供することができるものがあるときは, その各部分は, この法律の定めるところにより, それぞれ所有権の目的とすることができる」(区分所有1条)。この部分を**専有部分**といい (同法2条3項), この上の所有権を**区分所有権**という (同法2条1項)[17-3]。専有部分は各区分所有者の所有に属するため, 排他的に使用, 収益, 処分 (法的処分) ができる。しかし, 相隣関係的な規制はその性質上必要であり, 「区分所有者は, 建物の保存に有害な行為その他建物の管理又は使用に関し区分所有者の共同の利益に反する行為をしてはならない」とされ (同法6条1項)[17-4], 他方で, 「区分所有者は, その専有部分又は共用部

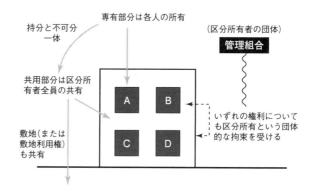

図17-2

[17-3] このように日本の建物区分所有法は, 専有部分の所有権のみを区分所有権と理解しているが, フランスでは, 区分所有権は専有部分の所有権と共用部分の持分権とが一体となった財産関係として理解されている。名称は措くとして, 日本においても, 専有部分の区分所有権, 共用部分の持分権, さらには, 管理組合の構成員たる地位といったさまざまな権利が混然一体また密接不可分に結びついた財産関係として理解すべきであろう。

[17-4] ＊**建物区分所有法6条1項違反の効果**　①「区分所有者が第6条第1項に規定する行為をした場合又はその行為をするおそれがある場合には, 他の区分所有者の全員又は管理組合法人は, 区分所有者の共同の利益のため, その行為を停止し, その行為の結果を除去し, 又はその行為を予防するため必要な措置を執ることを請求することができる」(区分所有57条1項)。②この場合に, 「区分所有者の共同生活上の障害が著しく, 前条第一項に規定する請求によってはその障害を除去して共用部分の利用の確保その他の他の区分所有者の共同生活の維持を図ることが困難であるときは, 他の区分所有者の全員又は管理組合法人は, 集会の決議に基づき, 訴えをもって, 相当の期間の当該行為に係る区分所有者による**専有部分の使用の禁止**を請求することがで

分を保存し，又は改良するため必要な範囲内において，他の区分所有者の専有部分又は自己の所有に属しない共用部分の使用を請求することができる。この場合において，他の区分所有者が損害を受けたときは，その償金を支払わなければならない」と規定されている（同法6条2項）。

17-3　❷　**共用部分及びその管理**　　マンションには，専有部分以外に，エントランス，屋上，階段，エレベーター等の性質上共有部分と扱われる部分がある。この部分を**共用部分**といい（区分所有2条4項），区分所有者全員の共有となるが[17-5]，一部共用部分はこれを共用する区分所有者のみの共有となる（同法4条1項）。共用部分には，性質上共用部分とされるものだけでなく，本来区分所有が成立しうるが，集会所など規約により共用部分とされているものもある（**規約共用部分**。性質上のものは**法定共用部分**といわれる）。共用部分についての「各共有者の持分は，その有する専有部分の床面積の割合による」（同法14条1項）。区分所有者は管理費用を負担し[17-6]，また，規約で定まっている修繕積立金なども負担する[17-7]。

きる」（区分所有58条1項）。この決議は，「区分所有者及び議決権の各4分の3以上の多数です る」（同条2項）。③さらには，「区分所有者の共同生活上の障害が著しく，他の方法によってはその障害を除去して共用部分の利用の確保その他の区分所有者の共同生活の維持を図ることが困難であるときは，他の区分所有者の全員又は管理組合法人は，集会の決議に基づき，訴えをもって，当該行為に係る区分所有者の**区分所有権及び敷地利用権の競売**を請求することができる」（区分所有59条1項）。この議決も区分所有者及び議決権の各4分の3以上の多数決です（同条2項）。

17-5　「共有」とはいうものの，分割請求権は認められず，持分だけの放棄も譲渡もできず，区分所有者に留まる以上は団体的拘束を受け，また，専有部分と一体的関係のものであり，合有の一種といわれたり，第4の共有といわれたりする。

17-6　「各共有者は，規約に別段の定めがない限りその持分に応じて，共用部分の負担に任じ，共用部分から生ずる利益を収取する」（区分所有19条）。利益としては，屋上に企業の広告利用を認める場合の利用料などが考えられる。区分所有関係をめぐって区分所有者，管理人または管理組合法人が区分所有者に対して有する債権については，特定承継人に対しても行うことができる（同法8条）。「に対しても」というので，譲渡人・譲受人の両者が連帯して債務を負担することになる。ただし，AからBへ，BからCへと転々と区分所有権が譲渡された場合に，Aの債務につきAとCが債務を負担するのはよいが，Bについては疑問である（否定する大阪高判昭62・6・23判時1258号102頁がある）。

17-7　①区分所有者の，「共用部分，建物の敷地若しくは共用部分以外の建物の附属施設につき他の区分所有者に対して有する債権又は規約若しくは集会の決議に基づき他の区分所有者に対して有する債権」，及び，②管理者または管理組合法人の「その職務又は業務を行うにつき区分所

17-3-1

　共用部分は共有とはいっても，民法の共有とは異なる規律を受ける。「共用部分の変更（その形状又は効用の著しい変更を伴わないものを除く。）は，区分所有者及び議決権の[17-8]各4分の3以上の多数による集会の決議で決する。ただし，この区分所有者の定数は，規約でその過半数まで減ずることができる」（区分所有17条1項）。ただし，「共用部分の変更が専有部分の使用に特別の影響を及ぼすべきときは，その専有部分の所有者の承諾を得なければならない」（同法17条2項）。それ以外の共用部分の管理に関する事項は，集会の決議で決し，ただし，保存行為は，各共有者がすることができる（同法18条1項）。

　また，区分所有権は，専有部分の所有権と共用部分の持分からなる1つの財産権であり，共用部分の持分は専有部分の所有権と不可分であり，「共有者の持分は，その有する専有部分の処分に従う」（区分所有15条1項），また，「共有者は，この法律に別段の定めがある場合を除いて，その有する専有部分と分離して持分を処分することができない」ことになっている（同法15条2項）。

　なお，立法によっては専有部分を個人所有，共用部分を共有と構成しないで，土地建物全体を共有とし，専有部分に専用使用権を認める構成がとられており，また，フランスでは立法の際に，区分所有者による法人の成立を認め土地建物をその所有とし，専用部分に専用使用権を認めるという構成も検討された。

17-3-1 　【STEP UP ──共用部分の売主の契約不適合責任】
　専有部分に契約不適合がある場合，その区分所有者が分譲業者（売主）に対して独自に契約不適合の担保責任（562条以下）を追及し，損害賠償，修補請求，解除をすることができる。問題は，共用部分に契約不適合がある場合である。全区分所有者にそれぞれの売買契約上の権利が認められるはずであるが，その権利関係

有者に対して有する債権」につき，「債務者の区分所有権（共用部分に関する権利及び敷地利用権を含む。）及び建物に備え付けた動産」の上に先取特権が認められる（区分所有7条1項）。この先取特権は，共益費用の先取特権と同じ扱いを受ける（同条2項）。また，民法319条が準用され，即時取得の規定が準用される（区分所有7条3項）。

[17-8]　区分所有者数の4分の3以上であり，かつ，専有部分の床面積に応じた議決権の4分の3以上という二重の基準を満たすことが必要であるという趣旨である。

をどう規律すべきであろうか。原因は個別売買契約であるが，共用部分の管理にかかわるため問題になる。共同で物を購入した事例とも，共用部分の管理の一環として監理者が代表して補強工事を業者に依頼したが工事に契約不適合があったという場合とも異なるのである。①解除は個別的に行えるが（共用部分の契約不適合で解除が問題になる事例があればだが），②区分所有関係に留まる限りは，管理組合の規律に服するべきであり，監理者に代理権を認め，権利行使の内容等も管理行為の一環として集会による決定ないし規約に従って決められるべきである（個別の権利だとしても，管理は共有理論に服し持分の多数決による）。損害賠償請求も同様である（そうでないと，管理組合として修補請求をしているのに，個々の区分所有者が修補費用不分の損害賠償請求ができるという不合理を生じる）。

なお，区分所有者が区分所有権を譲渡した場合には，譲受人は分譲業者と売買契約関係になく，管理者が代表して権利行使しようにも権利のない区分所有者が混じってきてしまう。この点，譲受人に連鎖的契約関係を基礎にした直接訴権を認めれば，問題は解決されよう。

17-3-2 【STEP UP ──共用部分の不当利得返還請求権】

区分所有者の一部が，共用部分（ベランダ）を第三者に賃貸して賃料を受けている場合に，この区分所有者に対して誰がどのような権利を取得するのであろうか。この点，最判平27・9・18民集69巻6号1711頁が初めての判断を示している。まず「一部の区分所有者が共用部分を第三者に賃貸して得た賃料のうち各区分所有者の持分割合に相当する部分につき生ずる不当利得返還請求権は各区分所有者に帰属するから，各区分所有者は，原則として，上記請求権を行使することができる」という原則論を述べる。ここまでは通常の共有と同様であり，共有物の不当利得返還請求権は分割債権になり，共有者が持分に応じて債権を取得し各自がそれぞれ単独で自己の債権部分を行使できることになる。しかし，区分所有という特別の制限が容認されている。すなわち，「区分所有者の団体は，区分所有者の団体のみが上記請求権を行使することができる旨を集会で決議し，又は規約で定めることができ」，その場合には，「各区分所有者は，上記請求権を行使することができない」ものとする。共用部分の損傷の場合の修理費用にあてるための損害賠償請求権については，各自で行使して管理者がそれを集めるのは面倒であり，初めから管理者が単独で全額の賠償請求を認める必要性がある。しかし，そのような必然性のない不当利得返還請求権についてまで，上記のような制限の可能性を認めたのである。

17-4　(c)　**敷地利用権**　日本では，建物と土地は別の不動産であり，また，マンションについても，敷地[17-9]も区分所有者の共有に属する場合と，地上権ないし賃借権の設定を受けそれを準共有する場合とが考えられる。「<u>敷地利用権が数人で有する所有権その他の権利である場合には，区分所有者は，その有する専有部分とその専有部分に係る敷地利用権とを分離して処分することができない。ただし，規約に別段の定めがあるときは，この限りでない</u>」（区分所有22条1項）。

17-5　(d)　**区分所有者団体**　共有物の管理を行う共有者の関係は組合ではなく，団体を形成するものではないことは 16-17 に述べた。基本的にこれは区分所有者についてもあてはまり，マンション管理を越えて親睦団体が形成されているわけではない[17-10]。「<u>区分所有者は，全員で，建物並びにその敷地及び附属施設の管理を行うための団体を構成し[17-11]，この法律の定めるところにより，集会を開き，規約を定め，及び管理者を置くことができる</u>」（区分所有3条前段）が，この団体に法人格を認めるのが便利である（フランスでは当然に法人になる）。そのため，区分所有者団体は「<u>区分所有者及び議決権の各4分の3以上の多数による集会の決議で法人となる旨並びにその名称及び事務所を定め，かつ，その主たる事務所の所在地において登記をすることによって法人となる</u>」ものとされている（同法47条1項[17-12]）。これを**管理組合法人**という。

17-9　建物が所在する土地は法律上当然にその建物の敷地とされる（区分所有2条5項）。これを**法定敷地**といい，それ以外に「区分所有者が建物及び建物が所在する土地と一体として管理又は使用をする庭，通路その他の土地は，規約により建物の敷地とすることができる」（同法5条1項）とされる**規約敷地**がある。

17-10　しかし，マンション管理組合を権利能力なき社団と認めた下級審判決がある（大阪地判昭57・10・22判時1068号85頁）。共用部分は共有であり総有ではなく，共用部分の損壊による損害賠償債権は分割債権であり総有債権ではない（そのために，権利行使の便宜のために管理者が全区分所有者の代理権を持つことを2002（平成14）年改正で認めた）。そうすると，総有になるのは管理のために取得した動産類だけであろう。

17-11　区分所有者は，区分所有関係が成立すると当然に共同で建物を管理する仕組みの中に取り込まれ，当然に団体的拘束ができ，区分所有関係が存続する限り，管理組合からの脱退・除名は認められず，建物区分所有法3条の「団体を構成し」というのはこのように当然に団体的拘束が成立することを確認した規定と考えられており，当然に団体が成立するという意味ではない。正規の管理組合を設立するか否かを問わず，区分所有法の団体的規律に服し，共有であれば共有物の変更は全員一致であるところが区分所有法の多数決によることになるのである。

17-12　団体法理に拘泥して，改正前の規定では30人以上の区分所有者が存在することが要件とさ

17-6 (e) 規約，集会及び管理者

❶ 管理規約　区分所有者団体は法人化しているか否かを問わず，その法律関係を建物区分所有法による規律のほかに，自治的な規約を作って自ら規律することができる（区分所有30条1項）。そして，「規約の設定，変更又は廃止は，区分所有者及び議決権の各4分の3以上の多数による集会の決議によってする。この場合において，規約の設定，変更又は廃止が一部の区分所有者の権利に特別の影響を及ぼすべきときは，その承諾を得なければならない」（同法31条1項）。必ず規約で定めておかなければならない法定事由（必要的規約事項。たとえば，同法4条2項）以外——たとえばペット飼育可か禁止かといったこと——は，規約によらずに，集会決議などにより多数決によって決めることができる（任意的規約事項）。

17-7 ❷ 管理者[17-13]　区分所有者団体は，集会の決議により管理者を選任または解任できる（区分所有25条1項。必須の機関ではない[17-14]。）管理者は，共用部分等を保存し，集会の決議を実行し，並びに規約で定めた行為をする権利を有し，義務を負い（同法26条1項，「その職務に関し，区分所有者を代理する[17-15]」（同条2項前段）。「管理者の代理権に加えた制限は，善意の第三者に対抗することができない」（同条3項）。また，「管理者は，規約又は集会の決議により，その職務（第2項後段に規定する事項を含む。）に関し，区分所有者のために，原告又は被告となることができる」（同条4項）。また，管理者は，規

れていたが，30人未満の区分所有者の管理組合からも法人格の付与を求める要望があったため，人数要件は撤廃された。

17-13　管理者は，日常用語における管理人とは異なる。管理人は日常的な管理業務を行うことを，管理組合ないし管理組合から管理を委託された管理会社が使用する者のことである。

17-14　区分所有者は当然に「建物並びにその敷地及び附属施設の管理を行うための団体」を構成し，これは建物の管理を目的とした団体であり，その代表者には当然に団体の任務また権限である管理関係の権限（代表権限）を，法人化の有無を問わずに認められるはずである。しかし，管理を専門の機関に任せるなど，財産管理を専門に行う管理人を別個に選任することが実際上便宜なので，管理者という制度を用意したのである。

17-15　管理組合法人が設立され理事が選任されている場合とは異なり，契約当事者は区分所有者全員ということになる（実質的には，権利能力なき社団たる管理組合）。427条の分割主義が適用され，持分割合による分割債務となる（区分所有29条1項）。区分所有者がこの債務を履行しないまま区分所有権を譲渡した場合には，債権者は譲受人にも履行請求することができる（同条2項）。

約に特別の定めがあるときは，共用部分をその所有とすることができる（区分所有27条1項）[17-16]。この場合，信託関係が成立するが，さらには，管理信託制度を導入し，信託会社による一貫性，継続性のある管理運営を実現する法制度の導入が望まれよう。

17-8　❸　集　会　区分所有者集会は，少なくとも毎年1回集会を招集されなければならず（区分所有34条1項，2項），「区分所有者の5分の1以上で議決権の5分の1以上を有するものは，管理者に対し，会議の目的たる事項を示して，集会の招集を請求することができる。ただし，この定数は，規約で減ずることができる」（同条2項）。議決権は，各区分所有者の専有部分の床面積の割合による（同法38条）。

17-9　(f) 復旧及び建替え

❶　復　旧　①「建物の価格の2分の1以下に相当する部分が滅失したとき」，ⓐまず，「各区分所有者は，滅失した共用部分及び自己の専有部分を復旧することができる」（区分所有61条1項本文）。この場合に，共用部分を復旧した者は，他の区分所有者に対し，復旧に要した金額を専有部分の床免責の割合に応じて償還を請求できる（同条2項）。ⓑまた，「集会において，滅失した共用部分を復旧する旨の決議をすることができる」（同条3項）。②「建物の価格の2分の1以下に相当する部分」の滅失に至らない「建物の一部が滅失したときは，集会において，区分所有者及び議決権の各4分の3以上の多数で，滅失した共用部分を復旧する旨の決議をすることができる」（同条5項）。

17-10　❷　建替え　「集会においては，区分所有者及び議決権の各5分の4以上の多数で，建物を取り壊し，かつ，当該建物の敷地若しくはその一部の土地又は当該建物の敷地の全部若しくは一部を含む土地に新たに建物を建築する旨の決議（以下「建替え決議」という。）をすることができる[17-17]」（区分所

17-16　管理を円滑にするための便法であり，管理者が共用部分の損害保険契約の締結や，修繕工事の業者への依頼などを所有者本人として行うことができることになる。しかし，実質的には区分所有者の共有であり，建物区分所有法11条～19条を適用してよい。また，管理のための権限しか付与されておらず，共用部分の処分をすることはできない。そして，管理者と管理組合との委託契約が終了し管理者でなくなれば（また死亡により契約が終了すれば），区分所有者の共有に当然に復帰すると考えるべきである。

62条1項)。共用部分については，共有物の処分であるため民法の理論では全員の建替えの同意が必要なはずであるが，1人でも反対することにより建替えが進められないことは，社会的に問題となるため，全員一致の原則を修正したのである[17-18]。とはいえ憲法上の財産権保障の観点から，反対区分所有者の法的保護についての配慮は不可欠になる。

　まず，建替え決議が成立した場合に，反対区分所有者に対して，書面でもって建替えに参加するかどうかの催告をしなければならない（区分所有63条1項）。2カ月以内に回答しない場合には，参加しない旨を回答したものとみなされる（同条3項）。催告から2カ月が経過すると，建替え決議に賛成した各区分所有者もしくは建替えに参加する旨を回答した各区分所有者またはこれらの者の全員の合意により区分所有権及び敷地利用権を買い受けることができる者として指定された者（買受指定者という）は，さらに2カ月以内に，建替えに参加しない旨を回答した区分所有者に対し，区分所有権及び敷地利用権を時価で売り渡すべきことを請求することができる（同条4項）[17-19]。

[17-17]　改正前は，老朽，損傷，一部の滅失など建物が効用を維持または回復するのに過分の費用を要するに至った場合に限定していたが（それ以外は原則通り全員一致が必要），改正によりこのような要件は撤廃された。そのため，高度利用など効用増のみを目的とした建替えも可能となっている。

[17-18]　さらに，団地については，A棟とB棟を一括建替えをして1棟の高層マンションにするといった決議も，それぞれA棟及びB棟について建替え決議の要件が満たされ，かつ，AB両棟の区分所有者全体の3分の2の賛成が得られることを要件として可能とされている（区分所有70条)。

[17-19]　買取請求があった場合に，「建替えに参加しない旨を回答した区分所有者が建物の明渡しによりその生活上著しい困難を生ずるおそれがあり，かつ，建替え決議の遂行に甚だしい影響を及ぼさないものと認めるべき顕著な事由があるときは，裁判所は，その者の請求により，代金の支払又は提供の日から1年を超えない範囲内において，建物の明渡しにつき相当の期限を許与することができる」（区分所有63条5項）。

第4部
用 益 物 権

第 18 章
用益物権

1 地上権

18-1　(a) **地上権の意義**　「地上権者は、他人の土地において工作物又は竹木を所有するため、その土地を使用する権利を有する」(265条)。このような他人の土地における「工作物又は竹木を所有」するための用益物権を**地上権**という[18-1]。他人の土地を同様の目的で利用するためには、賃貸借によることもできるが、地上権は物権であるのに対して、賃借権は債権とドラスティックに異なっている[18-2](**図 18-1**参照)。なお、建物所有の場合には、地上権も賃借権もいずれも借地借家法2条1号により「借地権」として統一的に規律さ

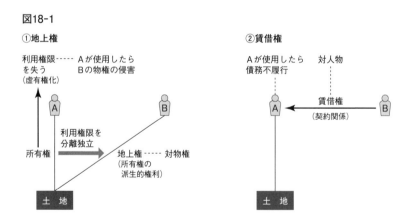

図18-1

[18-1] 地上権は「土地において」工作物または竹木を所有するため、「土地を使用する権利」であり、建物等の土地の工作物上に工作物を設置所有するため、その土地工作物の部分を利用するのはどう考えるべきであろうか。この場合、究極的に土地を土台としていることには変わらず、土地の一部空間だけの利用という点は区分地上権と構成することができる。

[18-2] 物権とされる地上権は土地所有者に嫌われ、実際には地上権は、区分地上権以外はほとんど使われておらず、土地全体を目的とするものとしては法定地上権くらいしかみられない。

れている。地上権については，土地の上空のみ（高圧の送電線の上空における設置。土地の使用は妨げられない），地下のみ（地下鉄の開設）といったように上下に区切った空間の一部についても設定ができ，このような地上権を**区分地上権**という（269条の2）。区分地上権はその土地の使用収益権をもつ第三者がいる場合には，その同意を得なければ設定できない（同条2項）。地上権が設定された場合には，相隣関係の規定は，所有者ではなく地上権者について適用になる（267条）。

18-1-1 【STEP UP ──人役権（一般的人役権）】
　　ローマ法には「他人の物を自己の用に供する物権」として広く「役権」を認め，「人」の便益のための「人」役権と「土地」の便益のための「地」役権とが認められていた。日本民法では，地役権は規定されているが，相続性のないその「人」限りのもの──法人制度の導入により法人では一定の期間制限が設定される──が人役権であり，人役権は認められていない。永小作権と地上権は相続性があり，他方で，農林業また建物ないし工作物所有目的しか認められず，それ以外の土地利用目的の用益物権は認められていない。フランスでは，用益権（usufruit），用益的使用権（droit d'usage），居住権（droit d'habitation）が規定されているが，物権法定主義が否定され，広く多様な人役権が認められている。ただし，法人との関係で期間制限は強行規定ではないかが議論されている。
　　旧民法では人役権が規定されていたが，現行民法では削除されたのは，弊害があり認める必要性もないということが理由である。日本では物権法定主義の規定があるため，規定のない人役権や用益物権を認めることはできない。しかし，日本においても立法論として人役権を認めるべき主張は強い。契約自由により債権契約は可能であるが，物権とするメリットは登記ができ第三者への対抗力を取得できること，また，1つの財産として担保権の設定が可能になることである。

18-2　(b)　**地代支払義務**　地代支払義務は地上権の要素ではなく，無償の地上権設定も可能である。地代が支払われる場合には，永小作権についての274条から276条が準用される（266条1項）。不可抗力により収益に損失を受けても，地代の減免を請求できず（274条の準用），後述の268条の規定に対する特則として，地上権者が3年以上まったく収益がなく，または，5年以上地代よりも少ない収益しか得られないときは，地上権を放棄できるにすぎない

(275条の準用)。また，債権契約ではないので，地代の支払を怠っても541条による契約解除ができないが，地上権者が2年以上地代の支払を怠ると土地所有者は地上権の「消滅を請求」できる (276条の準用)。地代については，性質に反しない限り，賃貸借の規定が準用される (266条2項)[18-3]。賃料の先取特権の規定 (312条以下) も準用されると考えてよい。無償の地上権には使用貸借の規定が類推適用されるべきである。

18-3　**(c) 地上権の存続期間**　地上権の存続期間は当事者により自由に決められ[18-4]，賃貸借 (604条) や永小作権 (278条) のような制限はない。もし存続期間を定めなかった場合には，「別段の慣習がないときは，地上権者は，いつでもその権利を放棄することができる」(268条1項本文)。「ただし，地代を支払うべきときは，1年前に予告をし，又は期限の到来していない1年分の地代を支払わなければならない」(同但書)。また，「地上権者が前項の規定によりその権利を放棄しないときは，裁判所は，当事者の請求により，20年以上50年以下の範囲内において，工作物又は竹木の種類及び状況その他地上権の設定当時の事情を考慮して，その存続期間を定める」ことになっている (268条2項)。なお，地上権によって借地権が設定されている場合には (借地借家2条1号参照)，借地借家法の適用がある。

18-4　**(d) 地上権の処分など**　地上権については，債権関係である賃貸借のような譲渡・転貸禁止規定はなく (612条)，また，永小作権のように，譲渡，賃貸を禁止することができるという規定 (272条但書) がないため，設定行為で譲渡を禁止することはできない (債権的合意は有効)。また，地上権について抵当権を設定することもできる (369条2項)。

18-3　地代は登記事項とされているが (不登78条2号)，借地借家法10条により地上権の登記なしに対抗力が認められる場合には問題にならない。しかし，地上権の登記があるにもかかわらず地代の登記がされていない場合には，無償の地上権の公示が積極的になされていることになり，土地所有者は地代の約定を善意の譲受人に対抗できない。

18-4　永久の地上権の設定 (権利者による放棄は可能) ができるのかは議論があり，無効説 (期間の定めがない地上権になる) と有効説とがある (判例は有効説といってよい。大判明36・11・16民録9輯1244頁)。なお，炭鉱における石炭運搬車道用レール敷設のために地上権を設定し，「無期限」とされていても，炭鉱終了を終期とする存続期間を定めたものと解釈されている (大判昭16・8・14民集20巻1074頁)。

地上権者と所有権者間また地上権者同士の間にも相隣関係の規定が準用されるが，境界線上の界標などの共有推定（229条）は，地上権が設定された後のものに限り適用される（267条）。

　「地上権者は，その権利が消滅した時に，土地を原状に復してその工作物及び竹木を収去することができる。ただし，土地の所有者が時価相当額を提供してこれを買い取る旨を通知したときは，地上権者は，正当な理由がなければ，これを拒むことができない」（269条1項）。異なる慣習があればそれに従う（269条2項）。権原により設置した工作物は付合せず（242条但書），これを収去できるのは当然である。そのため，本条は但書に意味があり，設置された工作物が土地利用に有益なものである場合に，土地所有者にこれを買い取る権利（形成権）を認めたのである。設置物の収去は権利であるだけでなく義務でもあり，土地所有者がその設置物を不要だと思って買取権を行使しない場合，地上権者に対してその収去を求めることができる。

　地上権は更新がされない限り期間満了により消滅する。また，275条の準用により有償の地上権の放棄ができ，無償の場合には期間の有無を問わずいつでも放棄が可能である。さらに，276条の準用により有償の地上権につき2年以上地代を支払わない場合には，土地所有者は地上権の消滅を求めることができる（形成権）。地上権者による用法違反の場合には規定がないが，541条の類推適用により地上権設定契約の解除が認められると考えられる。

2　永小作権

18-5　「永小作人は，小作料を支払って他人の土地において耕作又は牧畜をする権利を有する」（270条）。「耕作又は牧畜」を目的とした用益物権を**永小作権**という[18-5]。地上権も竹木の所有目的を含み農林業を対象としている。規定は

[18-5] 農地法により，農地使用目的の賃借権の物権化がされて，その保護が強化されているので，現在では永小作権の設定は皆無に等しい状況にある。借地借家法とは異なり，農地法16条では引渡しにより対抗力が認められる権利としては賃借権のみが規定され，永小作権は含まれていない。そのため，永小作権を設定し耕作を開始しても，登記がない限り第三者に対抗できないこ

ないが区分永小作権も可能である。地上権と異なり必ず小作料を支払わなければならない。そのため，性質に反しない限り，賃貸借の規定が永小作権には準用される（273条）。同様の目的を実現するには賃貸借によることも可能であり，いずれにせよ農地法が適用される。

永小作人は，「土地に対して，回復することのできない損害を生ずべき変更を加えること」はできない（271条）。永小作人は，設定行為で禁止されていない限り，「その権利を他人に譲り渡し，又はその権利の存続期間内において耕作若しくは牧畜のため土地を賃貸することができる」（272条）。永小作権の存続期間は，20年以上50年以下でなければならず，50年より長い期間を定めたときであっても，その期間は50年とされる（278条1項）。更新は50年を超えることはできない（278条2項）。期間が定められなかった場合には，別段の慣習がない限り，30年とされる（278条3項）。

地上権に準用されている減収についての規定があり（274条から276条☞18-2），また，工作物の収去についての269条が準用されている（279条）。小作料の不払いについては，541条によらず276条により2年間の不払いがなければ，土地所有者には永小作権の消滅請求が認められない。ただし，用法違反については541条の類推適用が認められている（大判大9・5・8民録26輯636頁）。

3　地役権

18-6　**(a) 地役権の意義**　「地役権者は，設定行為で定めた目的に従い，他人の土地を[18-6]自己の土地の便益に供する権利を有する」（280条）[18-7]。たとえば，A

とになる（ただし，類推適用してよいという学説が有力）。
18-6　他人の土地の使用というだけで，土地所有者により地役権の設定を受けなければならないとはなっていないため，地上権者も自己の使用権限の範囲内で地役権を設定することができる（ただし，反対説あり）。
18-7　地上権と永小作権は，同じ目的を物権ではなく賃貸借により実現することができる。地役権については，もし賃貸借が占有を賃借人に移さなければならないものだとすると，占有自体は移さない地役権は賃貸借では実現できず，無名契約によらざるをえないことになる。しかし，601条は「ある物の使用及び収益」というだけで，占有まで移すことは要件にはしていないので，地

所有の甲地から公道に出るために，B所有の乙地に通行のための地役権を設定するような場合[18-8]である[18-9]——隣地通行権が認められる場合には，隣地通行権の内容についての合意か，通行地役権の設定なのかは明確ではない——。利益を受ける甲地は**要役地**，負担を受ける乙地を**承役地**という（☞図18-6）。賃貸借は使用収益をさせればよく，占有を移転することが必ずしも要件にはなっていないので，同じ目的を賃貸借契約によることも可能である（賃貸借には占有移転が必要だとしても，契約自由なので非典型契約として可能）。地役権も物権であり177条の適用があるはずであるが，判例により認識可能な地役権については，登記なくして第三者に対抗できるに等しい解決がされている[18-10]。なお，地役権は有償とすることも可能であるが，登記事項とはされ

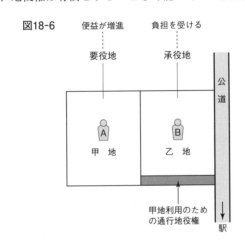

図18-6

役権と同じ利用を賃貸借契約として約束することも可能であろう。

18-8 これを通行地役権という。そのほか，水を引く引水地役権（用水地役権），排水のための排水地役権などが古くから利用されている。現在では，観望を妨げる建物等を作らない観望地役権，電線敷設のための地役権なども利用されている。

18-9 ＊**設定当事者** 承役地については，所有者が設定当事者になり，地上権などの権限を有する者がいればその承諾が必要になるが，地役権を設定する側については，要役地の所有者である必要はなく要役地の地上権者や永小作権者でもよい。その場合には，設定された地役権は地上権などの消滅とともに消滅し，また，それらの権利の譲渡とともに移転するという付従性・随伴性が認められる。登記された借地権者についても，地役権設定が可能と考えられている。

18-10 地役権を譲受人に対抗できるとしても，設定契約の当事者ではないから，譲受人に対して設定登記手続を請求できないのではないかという疑問がある。最判平10・12・18民集52巻9号

ていないため，対価については登記なくして要役地の譲受人に対抗できる。

18-6-1 ◆WORD──地役権の種類◆

地役権はいろいろな観点から分類される。①まず，通路を開設しないでその都度通行するだけの場合のように継続的な状況を伴わない**不継続地役権**と，通路を開設する通行地役権や水路を開設する引水地役権のような**継続地役権**とに分けられる。②また，地役権は，外部から認識できる**表現地役権**と，地下の水路の設置のように外部から認識できない**不表現地役権**とに分けられる。①②は地役権の取得時効の要件をめぐって意味がある区別である（表現かつ継続であることが必要☞18-9及び『民法Ⅰ』**注17-11**）。③さらには，通行地役権のように，地役権者が積極的な行為をする**作為地役権**と，観望地役権のように承役地の所有者に不作為を義務づける**不作為地役権**とに分けられる。不作為地役権では違反があった時から，地役権の消滅時効が進行する。

18-7 (b) **地役権の不可分性など**

(ア) **要役地の所有権と地役権の関係**　要役地の所有権と地役権とは密接不可分の関係にあり，「地役権は，要役地（……）の所有権に従たるものとして，その所有権とともに移転し，又は要役地について存する他の権利の目的とな」り（281条1項），「地役権は，要役地から分離して譲り渡し，又は他の権利の目的とすることができない」（281条2項）。要役地所有権と地役権は，区分所有権と共用部分の共有持分権のように，不可分一体の関係になっているのである。

ただし，特約が可能なので（281条1項但書），承役地の所有者限りの地役権も設定可能である。地役権は，承役地を「自己の土地の便益に供する権利」であり，「便益」は要役地の使用価値を客観的に増すものでなければならないが，精神的な利益でもよいと考えられている。そのために観望地役権も認められる。また，承役地の用益を奪うものであってはならず，これを奪う地上

1975頁の原審はそのような解決をしたが，最高裁は，「通行地役権の承役地の譲受人が地役権設定登記の欠缺を主張するについて正当な利益を有する第三者に当たらず，通行地役権者が譲受人に対し登記なくして通行地役権を対抗できる場合には，通行地役権者は，譲受人に対し，同権利に基づいて地役権設定登記手続を請求することができ，譲受人はこれに応ずる義務を負う」とし，①「譲受人に不当な不利益を課するものであるとまではいえ」ないこと，②「このように解さない限り，通行地役権者の権利を十分に保護することができ」ないということを理由としてあげている。

権や永小作権とは異なる。承役地の一部の用益を奪うことは可能であり，承役地の一部に通行地役権を設定して，排他的な通行（さらには占有）を認めても，承役地の他の部分は用益可能なので地役権である。

18-8　(イ)　**地役権の不可分性**　また，要役地または承益地が共有の場合に，「土地の共有者の一人は，その持分につき，その土地のために又はその土地について存する地役権を消滅させることができない」（282条1項）。これを**地役権の不可分性**という。この場合に，その後，共有地が分割されると「地役権がその性質により土地の一部のみに関する」場合は別として，「地役権は，その各部のために又はその各部について存する」ことになり，これは，要役地または承役地が分筆され一部が譲渡された場合も同様である（282条2項）。

18-9　(c)　**地役権と時効**

(ア)　**地役権の取得時効**　「地役権は，継続的に行使され，かつ，外形上認識することができるものに限り，時効によって取得することができる」（283条）。地下に水路を作って長年利用しても，外形上認識できず，承役地所有者が取得時効を阻止できないのに地役権の取得時効を認めるのは適切ではないからである。通行地役権の所得時効については，「いわゆる『継続』の要件として，承役地たるべき他人所有の土地の上に通路の開設を要し，その開設は要役地所有者によってなされることを要する」ものとされている（最判昭30・12・16民集9巻14号2097頁。最判昭33・2・14民集12巻2号268頁，最判平6・12・16判時1521号37頁も同旨）。所有者が好意で通行を容認しているのに，

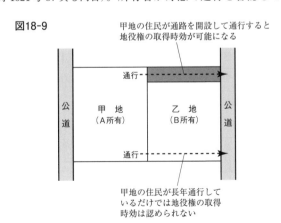

図18-9

通行しているという事実だけで通行地役権の取得時効を認めてしまうのは，所有者に酷だからである。なお，通行地役権の取得時効について，登記なくして第三者への対抗が認められていることは，6-28に述べた。

要役地が共有の場合には，先の不可分性が認められ，「土地の共有者の一人が時効によって地役権を取得したときは，他の共有者も，これを取得する」（284条1項）。また，「共有者に対する時効の更新は，地役権を行使する各共有者に対してしなければ，その効力を生じない」（284条2項）。「地役権を行使する共有者が数人ある場合には，その一人について時効の完成猶予の事由があっても，時効は，各共有者のために進行する」（284条3項）。

18-10 **(イ) 地役権の消滅時効など** 地役権は166条2項により20年の消滅時効に服するが，「継続的でなく行使される地役権については最後の行使の時から起算し，継続的に行使される地役権についてはその行使を妨げる事実が生じた時から起算する」（291条）。要役地の居住者が死亡し相続人がそこに居住せず，誰も通行しなくなれば，通路が残っていても消滅時効が起算される。相続人が年に数回管理のために通行するのは微妙である。

要役地が共有の場合には，「その一人のために時効の完成猶予又は更新があるときは，その中断又は停止は，他の共有者のためにも，その効力を生ずる」（292条）が，これも不可分性の帰結である。なお，「地役権者がその権利の一部を行使しないときは，その部分のみが時効によって消滅する」ことが認められる（293条）。

また，「承役地の占有者が取得時効に必要な要件を具備する占有をしたときは，地役権は，これによって消滅する」と規定されているが（289条），その理解については抵当権についての397条と同様の疑問がある。一般には，承役地が取得時効される場合，原始取得なので旧所有権についての地役権は旧所有権とともに消滅することを規定したものと考えられている。

18-11 **(d) 承役権の所有者の権利・義務** 用水地役権の承役地において，「水が要役地及び承役地の需要に比して不足するときは，その各土地の需要に応じて，まずこれを生活用に供し，その残余を他の用途に供するものと」し（285条1項），「同一の承役地について数個の用水地役権を設定したときは，後の地役権者は，前の地役権者の水の使用を妨げてはならない」（285条2項）。

「設定行為又は設定後の契約により，承役地の所有者が自己の費用で地役権の行使のために工作物を設け，又はその修繕をする義務を負担したときは，承役地の所有者の特定承継人も，その義務を負担する」（286条）。「承役地の所有者は，いつでも，地役権に必要な土地の部分の所有権を放棄して地役権者に移転し，これにより前条の義務を免れることができる」（287条）。「承役地の所有者は，地役権の行使を妨げない範囲内において，その行使のために承役地の上に設けられた工作物を使用することができる」が（288条1項），この場合には，「承役地の所有者は，その利益を受ける割合に応じて，工作物の設置及び保存の費用を分担しなければならない」（288条2項）。

18-12 【STEP UP──通行地役権に基づく妨害排除請求】

　分譲業者により開発された住宅地における通路（自治会所有）において，居住者の1人であるYが自宅前通路部分に自動車を駐車しているため，奥に居住する通行地役権者Xが，通行を本件車両が妨害しているとして，地役権に基づき，Yに対して「本件係争地を道路の目的外に使用する行為の禁止等」を求めた事例がある。原審は，本件地役権においては，「現況の道路全幅につき車両の自由通行を内容とするものとは認められない」，Yが車両を駐車させている部分の残された幅員は3メートルほどあって車両の脇を容易に通過できるため，Xは本件通路土地の通行が妨害されているとはいえないとして，請求を棄却した。ところが，最高裁は次のように判示して，原審判決を変更している（最判平17・3・29判時1895号56頁）。

　「本件地役権の内容は，通行の目的の限度において，本件通路土地全体を自由に使用できるというものである」，「本件車両を本件通路土地に恒常的に駐車させることによって同土地の一部を独占的に使用することは，この部分をXが通行することを妨げ，本件地役権を侵害するものというべきであって，Xは，地役権に基づく妨害排除ないし妨害予防請求権に基づき，Yに対し，このような行為の禁止を求めることができると解すべきである。本件車両を駐車させた状態での残余の幅員が3メートル余りあり，本件通路土地には幅員がこれより狭い部分があるとしても，そのことにより本件係争地付近における本件通路土地の通行が制約される理由はない」，ただし，「通行地役権は，承役地を通行の目的の範囲内において使用することのできる権利にすぎないから，通行地役権に基づき，通行妨害行為の禁止を超えて，承役地の目的外使用一般の禁止を求めることはできない」。

■第 19 章■
入 会 権

19-1 **(a) 入会権の意義**　民法は，独立した章立てをしなかったが，入会権という慣習法上の物権を認めている。旧民法には入会規定がなく，これが旧民法が批判された大きな原因の1つであった。そのため，民法は2つの規定を置くに止め，基本的には慣習に任せることにした。

　すなわち，①263条で「共有の性質を有する入会権については，各地方の慣習に従うほか，この節〔＝共有〕の規定を適用する」，②294条で「共有の性質を有しない入会権については，各地方の慣習に従うほか，この章〔＝地役権〕の規定を準用する」ことを規定するに止めた。山林が村民全員の所有である場合の入会権は共有の規律，他人の土地（私有地と公有地・国有地とがある）についての入会権は地役権の規律を流用しようとしたのである。しかし，いずれの場合も，基本的には慣習による規律に任せるしかない。

　①入会権とは，伝統的には，入会団体の構成員個々人の入会地において薪等を採取する慣習上の権利と考えられていた。しかし，薪に燃料を依存する時代は終わり，構成員個人が入山せず共同利用をしなくなった現在，入会権の理解は変容を遂げている。個人による共同利用がなくなっても，入会権はなくなっていないと構成するために，入会権概念が再構成されているのである。②現在の通説的理解は，共同所有権の一種また慣習上の共同利用目的の物権であり，一定の地域に居住する住民の集団が山林原野等を共同で管理し利用する権利と理解している。従って，入会団体が入会地を第三者に賃貸している場合にも，それは入会権の行使ということになる。このような意味で，入会権は近代化されつつ現代でも存続しているのである。

19-2 **(b) 入会権の法的性質**　入会権は，地盤の土地が村民に帰属するか否かを問わず，その本質は村民たる資格に基づく山林等の物的利用権を本質とする。地盤が村民の所有であっても，それはいわゆる総有であり，個々の村民に持分はなく，実質的に入会団体に帰属しているに等しい[19-1]。村民が入会の

対象である山林等でどのような利用ができるかは，慣習やその団体の取決めに従うことになる。共有とは異なり分割請求や持分譲渡はできず，地盤の処分はその入会団体の議決（異なる慣習や規約がなければ多数決）によることが必要である。また，他人の土地についての入会権は，慣習としてその地方に明らかなので，登記による公示なしに地盤の譲受人に対抗することができる（大判明36・6・19民録9輯759頁，大判大10・11・28民録27輯2045頁）。

近時，最高裁によって，入会地が入会団体の所有である場合において，その所有は総有であることが認められ，入会地が売却された場合，代金債権は，権利者らに「総有的に帰属する」ものであり，分割債権を取得するものではないとする判決が出されている（最判平15・4・11判時1823号55頁）[19-2]。そのため，原告が売却代金債権について，持分に応じた分割債権を取得したことを前提とする損害賠償請求は理由がないと退けられた。持分がないので，分割債権を取得することもないのである。

入会権の帰属は身分権のように入会団体の住民たる資格と一体になっており，また，管理費用などの負担もしなければならず，その規律はその地方の

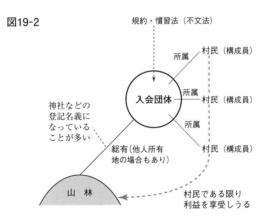

図19-2

[19-1] ただし，近時は入会権の解体現象ないし入会権の近代化を受けて，総有という理解に疑問を提起する学説も登場している（そもそも総有という概念を否定して，入会構成員の合有として構成する）。

[19-2] このように，総有という法律関係が債権債務についてもあてはまることは，権利能力なき社団におけるそれと同じである。山林について損害を受けた場合の損害賠償請求権，山林の工事を依頼した場合の請負代金債務も，村民全員に総有的に帰属することになる。

慣習また村落の決議によるが，不明な場合には平等と考えるべきである。

19-3 【STEP UP ──入会権の近代化】
　1966（昭和41）年に「入会林野等に係る権利関係の近代化の助長に関する法律」が制定された。この法律は，「入会林野又は旧慣使用林野である土地の農林業上の利用を増進するため，これらの土地に係る権利関係の近代化を助長するための措置を定め，もって農林業経営の健全な発展に資すること」を目的としている（同法1条）。この目的に従い，入会林野について，入会権を消滅させ，所有権又は地上権，賃借権その他の使用及び収益を目的とする権利に解消する入会林野整備を推進するための手続きを規定している。入会林野は個人所有の林野と比べて植林利用が進められていなかったが，入会林野整備により近代的な山林経営が進められることを期待したものである。

19-4 【STEP UP ──入会権の解体】
　入会権は次第に消滅しつつあるが，以下にその主たる原因を説明しよう。①まず，入会地が特定の個人の所有とされるようになることがある（分割利用型）。分け

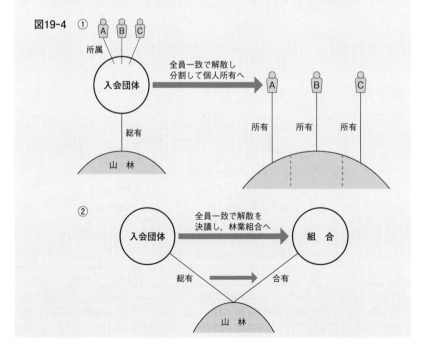
図19-4

地として議決を経て分配されることもあり，事実上，特定の個人が管理占有することもある（取得時効可能）。②また，村民の自由な利用を禁止して，入会団体が植林などをして直轄する事例もみられる（直轄利用型）。③さらには，入会団体が契約により，第三者に入会地を林業や農業のために，あるいは牧場等として利用させ，契約上の対価を取得するという形にシフトする例もみられる（契約利用型）。②③ではその収益分配の問題が残され，総有ということと必ずしも抵触はしないが，旧来の総有と同様の法律関係として規律してよいのかは問題視されている。

19-5 **(c) 入会権の形態**

❶ **村落有地入会権（共有の性質を有する入会権）** まず，村落団体に帰属する土地についてその村落民に入会権が認められる形態があり，総有と考えられている[19-3]。その登記については，法人格のない村落名義では登記ができないため，村民全員で登記がされている場合や代表者の名義で登記されている場合などがある。後者の場合，94条2項の適用は否定される（最判昭43・11・15判時544号33頁）。山林をその地方の神社の名義で登記をしておいたが，神社が入会権者に無断でその山林に地上権を設定しその仮登記をした事例で，村民らが仮登記を有する地上権者に対して，使用収益権の確認と妨害排除請求をすることは認められるが，仮登記の抹消請求は入会権の管理処分に関する事項であり，個々の入会権者がこれを請求することはできない（最判昭57・7・1民集36巻6号891頁）。

19-6 ❷ **他人所有地の入会権（共有の性質を有しない入会権）** 山林が入会団体の総有（所有）ではない場合も少なくない。①まず，私有地（寺社所有地など）に入会権が認められる場合がある。②また，歴史的ないきさつから，国公有地に入会権が認められることも少なくない。明治初期の地租改正により，土地が民有地と官有地に分けられたが，その区別は必ずしも完全ではなく各地で官有地とされた土地に入会権が主張された。また，1888（明治21）年の町

[19-3] 共有の規定が適用されることになっているが，慣習がこれに対して優先する。そのため，共有規定によれば処分は全共有者の同意が必要であるが，入会権の処分について構成員全員の同意を要件としない慣習がある場合には，それが公序良俗に反するなどその効力を否定すべき特段の事情がない限り，その効力が認められている（最判平20・4・14民集62巻5号909頁）。

19-6-1~19-8

村制の導入により，村落の所有する土地が市町村に編入され，村落有の入会地が市町村有に編入されている。国有地については，入会権は存在しないという大審院の判決があったが（大判大 4・3・16 民録 21 輯 328 頁），最高裁によって変更され，明治時代に官有地に編入されたことによって入会権が当然に消滅したものではないことが確認されている（☞ 19-6-1）。

19-6-1 【STEP UP ——国有地の入会権】

　入会権は国有地についても認められるであろうか。当初，判例は明治初年の土地官民有区分に伴う官地編入により，官有地上の入会権は消滅したと解したが（大判大 4・3・16 民録 21 輯 328 頁），最高裁によって変更される。「そもそも，官民有区分処分は，従来地租が土地の年間収穫量を標準とした租税であったのを地価を標準とする租税に改め，民有地である耕宅地や山林原野に従前に引き続きまたは新たに課税するため，その課税の基礎となる地盤の所有権の帰属を明確にし，その租税負担者を確定する必要上，地租改正事業の基本政策として行なわれたもので，民有地に編入された土地上に従前入会慣行があった場合には，その入会権は，所有権の確定とは関係なく従前どおり存続することを当然の前提としていた」として，官有地に編入されたことによって入会権が当然に消滅したとはいえないとされている（最判昭 48・3・13 民集 27 巻 2 号 271 頁）。

19-7　(d) **入会権の効力**

　❶ **入会権の内容**　各入会権者は，その地方の慣習，入会団体の規約に従い，入会地において山菜，果実，薪等の採取，植林，狩猟，採石などをすることができる。入会地の管理は，入会団体により行われ，具体的な管理はその総会の議決による。

19-8　❷ **入会権の対外的主張**　入会団体に管理者がいれば，権利能力なき社団としての要件を満たしているか否かを問わず，入会団体の名で原告また被告になることができる（民訴 29 条）。入会団体は，総有権確認訴訟の原告になることができるものとされている（最判平 6・5・31 民集 48 巻 4 号 1065 頁）。

　入会権の侵害がある場合には，土地について持分がなくても，また，他人所有地上の入会権であっても，各入会権者は，入会権を有することの確認や妨害排除請求をすることができる。損害賠償については，土地の侵害により改修工事が必要になった工事費用は，入会団体に総有的に損害賠償請求権が

帰属するが，個々の入会権者が利用できないことにより受けた損害は，各入会権者が自己の損害分の賠償請求権を有するものと思われる。

19-9 【STEP UP ──入会権をめぐる確認訴訟】
❶ **入会権自体の確認を求める訴訟**　入会権の確認を求める訴訟については，「入会権は権利者である一定の部落民に総有的に帰属するものであるから，入会権の確認を求める訴は，権利者全員が共同してのみ提起しうる固有必要的共同訴訟というべきであ」り，「この理は，入会権が共有の性質を有するものであると，共有の性質を有しないものであるとで異なるところがない」とされる（最判昭41・11・25民集20巻9号1921頁）。その後，最判平20・7・17民集62巻7号1994頁は，「入会集団の構成員のうちに入会権の確認を求める訴えを提起することに同調しない者がいる場合であっても，入会権の存否について争いのあるときは，民事訴訟を通じてこれを確定する必要があることは否定することができず，入会権の存在を主張する構成員の訴権は保護されなければならない。そこで，入会集団の構成員のうちに入会権確認の訴えを提起することに同調しない者がいる場合には，入会権の存在を主張する構成員が原告となり，同訴えを提起することに同調しない者を被告に加えて，同訴えを提起することも許されるものと解するのが相当である」，最判昭41・11・25は，「前記のような形式で，当該土地につき入会集団の構成員全員が入会権を有することの確認を求める訴えを提起することを許さないとするものではない」と判示する。

19-10 ❷ **入会権の構成員の使用収益権の確認またそれに基づく妨害排除請求**　他方で，入会権者がその使用収益権を争いまたはその行使を妨害する者がある場合に，その者を被告として自己の使用収益権の確認または妨害排除を求めることは，「入会部落の構成員が入会権の対象である山林原野において入会権の内容である使用収益を行う権能は，入会部落の構成員たる資格に基づいて個別的に認められる権能であって，入会権そのものについての管理処分の権能とは異なり，部落内で定められた規律に従わなければならないという拘束を受けるものであるとはいえ，本来，各自が単独で行使することができるものであるから」，被告が入会部落の構成員であるかどうかを問わず，各自が単独できる（最判昭57・7・1民集36巻6号891頁）。また，入会権者の1人が他の入会権者に対して，自己の入会権の確認を求める訴訟については，「入会団体の構成員に総有的に帰属する入会権そのものの存否を確定するものではなく，右主張者が入会団体の構成員たる地位若しくはこれに基づく入会権の内容である当該山林に対する使用収益権を有するかどうかを確定するにとどまるのであって，入会権を有すると主張する者全員と入会権者と

の間において合一に確定する必要のないものであるから」，固有必要的共同訴訟ではない（最判昭58・2・8判時1092号62頁）。

19-11　❸　**入会団体の当事者適格**　また，権利能力のない社団である入会団体は，総有権確認訴訟を追行をする原告適格が認められるが，そのためには，「当該入会団体の規約等において当該不動産を処分するのに必要とされる総会の議決等の手続による授権を要する」。なぜならば，「総有権確認請求訴訟についてされた確定判決の効力は構成員全員に対して及ぶものであり，入会団体が敗訴した場合には構成員全員の総有権を失わせる処分をしたのと事実上同じ結果をもたらすことになる上，入会団体の代表者の有する代表権の範囲は，団体ごとに異なり，当然に一切の裁判上又は裁判外の行為に及ぶものとは考えられないからである」（最判平6・5・31民集48巻4号1065頁）。

19-12　**【STEP UP──入会権の第三者への対抗】**

入会権はその登記の途が開かれていないので，登記により公示し対抗することができない。そのため，その利用の事実があることにより公示があるものとみて，ないし，その地方に周知のものということから（水利権などの慣習法上の物権と同様に），登記なくして対抗を認めてよいと考えられている。たとえば，「民法第177条は，登記法に列挙したる物権に付いて登記を為すにあらざれば第三者に対抗するを得ざることを規定したるに過ぎずして，登記なき物権は絶対に対抗力なしと為したるにあらざる」。「然れば民法に於て既に入会権を物権と認めたる以上は，其権利の性質上登記なきも当然第三者に対抗するを得べきものと為さざるべからず」とされている（大判明36・6・19民録9輯759頁）。その後も，山林を競売により取得したところ，競落後にその部落の住民が古来慣習により入会権をもっていることを知ったので，競落人（買受人）が住民らを被告として入会権不存在確認訴訟を提起した事例で，「不動産登記法には，入会権に付きては共有の性質を有すると地役の性質を有するとを問はず総て登記を以て其対抗条件と為したる規定存ぜざるを以て，入会権は之を登記することを要せずして第三者に対抗せしむることを得るものと解するを相当とす」と判示されている（大判大10・11・28民録27輯2045頁）。

19-13　【STEP UP ——漁業権について】

(1)　新漁業法まで　　起草者は入会権の中に，水面の入会権（漁業権）を含めるつもりであった。しかし，漁業権については，立法により問題が解決されている。

①明治政府は，<u>1875（明治8）年12月，太政官布告をもって海面官有を宣言し，旧来の漁業に関する権利や慣行を否認</u>し，新たな申請に基づいて借区料を徴して権利を設定する制度の実施を強行した。しかし，その結果，紛争が生じたため，<u>翌1876（明治9）年7月，この海面借区制を事実上廃止</u>し，漁業取締りについては従来の慣行を維持して事態を収拾した。②1886（明治19）年には，**漁業組合準則**が制定され，旧慣の承継を主旨として，各地に漁業組合を組織させ，これを単位として漁場区域と操業規律を定めさせて，当面の漁場秩序の維持を図った。③1901（明治34）年に制定された旧漁業法は，<u>漁業権免許制を確立したが，慣行専用漁業権を認め</u>，その内容は，<u>旧来の慣行がほとんどそのまま維持されたもの</u>であり，<u>漁業権の法的性格が曖昧なことなど</u>が問題とされた。④1910（明治43）年漁業法は，<u>漁業権を物権とみなし，土地に関する規定を準用し，新たに**入漁権**を創設して従来の漁業権をこれに整理し</u>，専用漁業権及び入漁権につき，漁業をなすことを組合員の権利として認めた。

19-14　(2)　新漁業法　　1949（昭和24）年，戦後の経済民主化政策の一環として，新漁業法が制定され，<u>同法の施行とともに，既存の漁業権を2年以内に消滅させる</u>こととし，旧漁業権者に対しては<u>補償金が交付された</u>（漁業法施行法1条ないし17条）。これによって，旧来の慣習法上の漁業権が正式に廃止され，政府の許可を受けた漁業権のみが認められることになった。しかし，その後も，入浜権など慣習法上の権利が認められることがないのか議論され，公有水面埋立免許処分取消訴訟において福岡高判平20・9・8裁判所webは，以下のように判示し，慣習法上の漁業権の廃止，新たな慣習法の否定を宣言する。

①「慣習法上の漁業権が消滅したと解するのは，新漁業法が，水面の総合利用の見地から漁場計画を樹立することとして，広範な水面を計画的かつ総合的に利用できるような漁場配置を可能とし，さらに，漁業権の存続期間の短縮と更新制度の廃止により，漁場を固定化させずに，事情の変化に応じた合理的な漁場利用をし得るよう配慮したものであり，そのような<u>新漁業法の趣旨及び内容からすれば，新漁業法は慣習上の漁業権を認めない趣旨である</u>と解すべきことによるのであって，もとより補償金の支払があったかどうかという理由のみによるものではない」。②「<u>新漁業法は，慣習法上の漁業権を認めない趣旨であるから，新たな慣習法上の漁業が成立，存続する余地はない</u>」。

索　引

事 項 索 引

あ　行

悪意占有　*12-24*
明渡し　**注 2-4**
　　建物収去土地——　**注 2-4**
　　建物退去土地——　**注 2-4**

意思主義　*4-2*
遺失物　*15-2*
　　——拾得　*15-2*
遺失物法　*15-2*
囲障　*14-2*
一部抹消登記　*16-30*
囲繞地　*14-5*
違法侵害説　*2-5-1*
入会権　*19-1*
　　——の解体　*19-4*
　　——の確認訴訟　*19-9*
　　——の近代化　*19-3*
　　——の対外的主張　*19-8*
　　——の第三者への対抗　*19-12*
　　——の法的性質　*19-2*
　　国有地の——　*19-6-1*
　　村落有地——　*19-5*
　　他人所有地の——　*19-6*

上土権　*1-6*

永小作権　*18-5*
越境建築　*14-13*

「お網の譲り渡し」事件　*12-3*, **注 12-9**, **注 12-13**,

か　行

価格賠償　*16-38*
価額分割（代金分割）　*16-35*
加工　*15-4, 15-18*

加工主義　*15-18*
果実収取権　*12-37*
家畜外動物　**注 15-2**
仮登記　*5-8*
間接占有（代理占有）　*12-21*
間接占有者　*12-21*
管理規約　*17-6*
管理組合法人　*17-5*
管理者　*17-7*
緩和された主観説　*12-4*

規約　*17-6*
　　——敷地　**注 17-9**
客観説　*12-4*
境界　*14-2*
　　——の特定　*14-2*
境界特定制度（筆界特定制度）　*14-3*
境界標　*14-2*
共同所有　*16-1*
共同申請主義　*8-20*
共有　*16-1*
　　——と無効登記　*16-27*
　　——の弾力性　*16-7*
　　——の内部関係　*16-12*
共有物　*16-2*
　　——の管理　*16-16, 16-17*
　　——の使用　*16-12*
　　——の賃貸借　**注 16-13**
　　——の変更・処分　*16-16*
　　——分割の効力　*16-41*
共有物分割請求権　*16-32*
　　分割禁止の合意　*16-32*
共用部分　*17-3*
　　——の瑕疵担保責任　*17-3-1*
　　——の不当利得返還請求権　*17-3-2*
　　規約——（法定——）　*17-3*
漁業組合準則　*19-13*
漁業権　*19-13*
虚有権　*1-3*

区分所有権　17-2
区分所有者団体　17-5
区分地上権　18-1

形式主義　4-5
契約の取消し　7-2
権原　12-11
原始取得（絶対的取得）　注7-1
建築協定　注14-7
現物分割　16-34
権利外観　3-1

行為請求権　1-1
行為請求権説　2-20
交互侵奪　12-31-1
抗弁権説　注3-23
合有　16-3
　　遺産共有と——　注16-1
互有　16-2
混同　11-3
混和　15-4, 15-17

さ　行

債権　1-1
材料主義　15-18
差押債権者　6-11
指図による占有移転　9-8

敷地利用権　17-4
「自己のためにする意思」（占有意思）
　12-4
自主占有　12-7, 12-8
　　——から他主占有への変更　注12-14
支配権　1-1
奢侈費　注12-42
集会　17-8
主登記　5-7
取得時効　7-16
順位保全的効力　5-8
準共有　16-6
　　契約当事者たる地位の——　16-6-1
準占有　注12-1
準袋地　14-5
準物権行為　4-11

承役地　18-6
承継取得　注7-1
承水義務　14-9
譲渡証明書　注3-7
使用利益　1-3
所持　12-5
処分行為　4-11
所有権　13-1
　　——の移転時期　4-21
　　——の取得　15-1
　　——の性質　13-2
　　——の観念性　13-2
　　——の恒久性　13-2
　　——の全面性　13-2
　　——の弾力性　13-2
所有権界　14-3-1
所有権量的分属説　16-9
人役権　18-1-1
新権原　12-18
　　相続と——　12-18

請求権説　注3-23
制限物権　1-2
成立要件主義　4-5
責任説　2-22
絶対的取得（原始取得）　注7-1
絶対的喪失　注7-1
折衷主義　15-18
善意取得　3-2
善意占有　12-24
全面的価格賠償　16-40
占有（占有権）　12-1, 12-3
　　——についての推定　12-26
　　　権利適法の推定　12-27
　　　占有態様の推定　12-26
　　——の訴え（占有訴権）　12-28
　　——の効力　12-25
　　——の承継　12-39
　　——の自力救済　12-31-1
　　共有物の——　12-10
　　法人の——　注12-20
占有意思（「自己のためにする意思」）
　12-4
占有改定　9-9
占有機関（占有補助者）　12-23

占有権（占有）　*12-1*
　　──と占有　*12-2*
　　──の譲渡　*9-5*
　　──の相続　*12-40*
占有者の費用償還請求権　*12-35*
占有制度　*12-1*
占有訴権（占有の訴え）　*12-28*
　　──制度の存在意義　*12-29*
　　──の種類　*12-30*
　　　　占有回収の訴え　*12-31*
　　　　占有保持の訴え　*12-32*
　　　　占有保全の訴え　*12-33*
占有尊重説　*7-22*
専有部分　*17-2*
占有補助者（占有機関）　*12-23*

相対的構成　*6-34*
相対的取得　**注7-1**
相対的喪失　**注7-1**
相隣関係　*14-1*
　　境界に関する──　*14-11*
　　境界付近における建物建築　*14-12*
　　境界付近の竹木　*14-11*
　　排水などの──　*14-9*
　　水をめぐる──　*14-9*
　　流水などの──　*14-10*
即時取得　*3-2*
　　指図による占有移転と──　*3-24*
　　占有改定と──　*3-18*
　　贈与と──　*3-11*
　　登録動産と──　*3-7*

た　行

代金分割（価額分割）　*16-35*
対抗可能性の原則　*4-3, 6-25*
対抗不能制度　*6-25*
対抗問題説　*7-14*
対抗要件主義　*4-4, 5-13, 9-1*
　　公信力説　*5-22*
　　観念的所有権説　*5-21*
　　承継取得説　*5-20*
　　相対的無効説　*5-20*
　　否認権説　*5-19*
　　不完全物権変動説　*5-16*

法定取得・失権説　*5-18*
法定制度説　*5-17*
対抗要件制度　*4-4, 5-1*
第三者　*6-1*
　　──の要件　*6-1*
　　　　──客観的──　*6-2*
　　　　　　制限説　*6-4*
　　　　　　無制限説　*6-3*
　　　　──主観的──　*6-24, 9-2*
　　　　　　悪意者包含説　*6-26*
　　　　　　背信的悪意者排除説　*6-27*
　　取消し後の──　*7-4, 7-10*
　　取消し前の──　*7-3, 7-5*
対人権　*1-1*
対世権　*1-1*
代理占有（間接占有）　*12-21*
　　──の消滅原因　**注12-19**
他主占有　*12-7, 12-9*
　　──から自主占有への変更　*12-15*
　　──事情　**注12-9**
立木　**注10-4**
建替え　*17-10*
建前の残工事　*15-21*
建物区分所有　*17-1*
建物区分所有法　*17-1*
他物権　*1-2*
担保物権法　*1-8*

地役権　*18-6*
　　──の取得時効　*18-9*
　　──の消滅時効　*18-10*
　　──の不可分性　*18-8*
　　継続──　*18-6*
　　作為──　*18-6*
　　表現──　*18-6*
　　不継続──　*18-6*
　　不作為──　*18-6*
　　不表現──　*18-6*
地上権　*18-1*
　　──の存続期間　*18-3*
中間省略登記　*8-5*
中間省略登記請求権　*8-30*
直接支配権　*1-1*
直接占有者　*12-21*

通行地役権　18-12

強い付合　15-9

転得者
　背信的悪意者からの——　6-31
　背信的悪意者たる——　6-34

添付　15-4

登記　5-2
　——義務者　8-23
　——権利者　8-23
　——申請の手続的要件　8-2
　——の効力　5-9
　　権利保全的効力　5-11
　　公信力　5-12
　　推定力　5-10
　　対抗力　5-9
　——の実体的要件　8-3
　——の申請　8-20
　——の有効要件　8-2
　遺産分割と——　7-39
　共同相続と——　7-35
　権利の——　5-2, 5-6
　相続と——　7-35
　相続放棄と——　7-40
　表示の——　5-5
登記官の審査権　注8-13
登記請求権　8-23
　——の発生原因　8-24
　債権的——　8-25
　物権的——　8-26
　物権変動的——　8-27
登記尊重説　7-26
登記引取請求権　注8-22
登記簿　5-2
動産譲渡登記ファイル　9-3
動産物権変動　9-1
同体的構成部分（強い付合）　15-9

な　行

二重譲渡　7-32
　——と取得時効の起算点　5-24
入漁権　19-13

忍容請求権説　2-21

農作物　10-1

は　行

排他権説　2-5-1
背信の悪意者　6-28
　——排除説　6-30
　——排除論の相対的適用　6-34

引渡し　9-5
　簡易の——　9-7
　現実の——　9-6
筆界　14-3-1
筆界特定制度（境界特定制度）　14-3
必要費　12-35
　——の返還請求権　12-35
非同体的構成部分（弱い付合）　15-10
表題部　5-5

付記登記　5-7
複数所有権説　16-8
袋地　14-5
付合　15-4
　強い——（同体的構成部分）　15-9
　動産同士の——　15-14
　弱い——（非同体的構成部分）　15-10
復帰的物権変動　7-14
復旧　17-9
物権　1-1
　——の効力　2-1
　　排他的効力　2-1
　　優先的効力　2-1
　——の消滅　11-1
　——の内容　1-2
　——の放棄　11-2
　慣習法上の——　1-6
物権行為　4-10
　——の独自性肯定説　4-15
　——の独自性否定説　4-18
物権的請求権　2-2, 2-5
　——の消滅時効　2-29
　——の当事者　2-9
　——の内容　2-9

──の法的性質　注2-2
　　　　債権説　注2-2
　　　　特殊請求権説　注2-2
　　　　物権作用説　注2-2
　　物権的返還請求権　2-7
　　物権的妨害排除請求権　2-6
　　物権的妨害予防請求権　2-8
物権変動　4-1
　　──の公示　4-1
物権法　1-8
　　形式的意義の──　1-8
　　実質的意義の──　1-8
物権法定主義　1-5
不動産賃借人　6-14
不動産物権変動　5-1
　　177条が適用になる物権変動　7-1
部分的価格賠償（補充的価格賠償）　16-39

返還　注2-4

法定敷地　注17-9
冒頭省略登記　注8-4
補充的価格賠償（部分的価格賠償）　16-39
保存行為　16-18
本権の訴え　12-28, 12-34
本登記　5-7

ま　行

埋蔵物発見　15-3
マンション3法　17-1

無因性　4-12
無権利説　7-10
無権利の法理　3-2

無効登記　8-12
　　──の流用　8-12
　　　　権利登記の流用　8-14, 8-17
　　　　表示登記の流用　8-13, 8-15
無主物　15-1
無主物先占　15-1

明認方法　10-1
持分権（持分）　16-7
　　──に基づく物権的請求権　16-23
　　──の確認訴訟　16-21
　　──の譲渡　16-11
　　──の割合　16-10

や　行

有益費　12-36
　　──の返還請求権　12-36

要役地　18-6
用益物権　1-3, 18-1
弱い付合　15-10

ら　行

立木　10-1
立木法　注10-4

隣地使用権　14-4
隣地通行権　14-5

数　字

94条2項の類推適用　3-29
96条3項の法的位置づけ　7-7

判例索引

大判明 33·2·26 民録 6 輯 2 巻 90 頁　注 **1-5**
大判明 34·7·4 民録 7 輯 17 頁　注 **3-19**
大判明 35·11·1 民録 10 巻 1 頁　注 **3-19**
大判明 36·6·19 民録 9 輯 759 頁　*19-2*
大判明 36·11·16 民録 9 輯 1244 頁　注 **18-4**
大判明 38·2·13 民録 11 輯 120 頁　注 **10-6**
大判明 38·5·15 民録 11 輯 724 頁　*10-2*
大判明 41·9·25 民録 14 輯 931 頁　注 **16-35**
大判明 41·10·20 民録 14 輯 1027 頁　注 **10-5**
大連判明 41·12·15 民録 14 輯 1276 頁　*6-5*
大連判明 41·12·15 民録 14 輯 1301 頁　注 **7-2**
大判明 43·2·24 民録 16 輯 131 頁　注 **9-2**
大判明 44·5·4 民録 17 輯 260 頁　*8-6*
大判大 2·10·25 民録 19 輯 857 頁　*4-22*
大判大 4·2·2 民録 21 輯 61 頁　注 **9-2**
大判大 4·3·16 民録 21 輯 328 頁　*19-6, 19-6-1*
大判大 4·4·2 刑集 21 輯 341 頁　*16-42*
大判大 4·5·5 民録 21 輯 658 頁　注 **12-38**
大判大 4·7·12 民録 21 輯 1126 頁　*6-7*
大判大 4·9·20 民録 21 輯 1481 頁　*12-31-2*, 注 **12-36**
大判大 4·12·28 民録 21 輯 2289 頁　*12-40*
大判大 5·6·13 民録 22 輯 1202 頁　*16-22*
大判大 5·6·23 民録 22 輯 1161 頁　*2-30*, 注 **2-2**
大判大 5·7·22 民録 22 輯 1585 頁　*12-32*, 注 **12-35**
大判大 5·9·12 民録 22 輯 1702 頁　*8-8*
大決大 5·12·13 民録 22 輯 2411 頁　*8-4*
大判大 6·2·28 民録 23 輯 322 頁　*16-21*
大判大 7·4·19 民録 24 輯 731 頁　*16-24*, 注 **16-22**
大判大 7·11·8 民録 24 輯 2138 頁　注 **3-13**
大判大 8·4·2 民録 25 輯 613 頁　*16-21*
大判大 8·10·13 民録 25 輯 1863 頁　注 **12-24**
大判大 8·11·3 民録 25 輯 1944 頁　*16-9*
大決大 8·12·11 民録 25 輯 2274 頁　注 **16-15**
大判大 9·5·8 民録 26 輯 636 頁　*18-5*
大判大 10·2·17 民録 27 輯 329 頁　注 **3-13**
大判大 10·3·18 民録 27 輯 547 頁　注 **16-22**
大判大 10·4·14 民録 27 輯 732 頁　注 **10-5**
大判大 10·6·22 民録 27 巻 1223 頁　注 **2-6**
大判大 10·7·8 民録 27 輯 1373 頁　注 **3-20**
大判大 10·7·18 民録 27 輯 1392 頁　*16-24*

大判大 10·10·15 民録 27 輯 1788 頁　*2-5-1*
大判大 10·11·3 民録 27 輯 1875 頁　注 **12-18**
大判大 10·11·28 民録 27 輯 2045 頁　*19-2*
大判大 10·12·10 民録 27 輯 2103 頁　*6-7*
大判大 11·1·14 民集 15 巻 89 頁　*8-17*
大判大 11·10·25 民集 1 巻 604 頁　注 **12-18**
大判大 11·11·27 民集 1 巻 692 頁　*12-31*
大判大 12·4·16 民集 2 巻 243 頁　*16-27*
大判大 13·5·22 民集 3 巻 224 頁　*12-31-1, 12-31-2*, 注 **12-36**
大判大 14·6·9 刑集 4 巻 378 頁　注 **12-6**
大判大 14·10·21 新聞 2636 号 9 頁　注 **12-14**
大判大 15·3·5 民集 5 巻 112 頁　注 **3-18**
大判昭 4·12·11 民集 8 巻 923 頁　注 **3-20**, 注 **3-23**
大判昭 5·5·3 民集 9 巻 437 頁　*12-31*
大判昭 5·5·6 新聞 3126 号 16 頁　注 **12-6**
大判昭 5·8·6 民集 9 巻 772 頁　注 **12-34**
大判昭 5·10·31 民集 9 巻 1009 頁　*2-20*
大判昭 6·7·22 民集 10 巻 593 頁　*10-1*
大判昭 6·11·27 民集 10 巻 1113 頁　注 **14-8**
大判昭 7·4·13 評論 21 巻諸法 240 頁　*12-31*
大判昭 7·6·7 新聞 3447 号 11 頁　*8-15*
大判昭 7·6·8 裁判例 6 巻民 179 頁　注 **16-17**
大判昭 7·11·9 民集 11 巻 2277 頁　*2-8*
大判昭 8·5·9 民集 12 巻 1123 頁　*6-15*
大判昭 8·11·7 民集 12 巻 3691 頁　*8-18*
大判昭 9·10·19 民集 13 巻 1940 頁　*12-32*
大判昭 9·12·28 民集 13 巻 2427 頁　*10-3*
大判昭 10·2·16 新聞 3812 号 7 頁　注 **12-33**
大判昭 10·6·10 民集 14 巻 1077 頁　注 **12-21**
大判昭 10·7·9 判決全集 1 輯 20 号 13 頁　注 **3-13**
大判昭 10·9·3 民集 14 巻 1640 頁　注 **12-6**
大判昭 12·11·19 民集 16 巻 1881 頁　*2-8*
大判昭 12·12·28 民集 16 巻 24 号 2082 頁　注 **8-21**
大正昭 13·2·16 民集 17 巻 613 頁　*8-16*
大判昭 13·6·7 民集 13 巻 1331 頁　*14-5*
大判昭 14·5·24 民集 18 巻 623 頁　*6-12*
大判昭 15·5·14 民集 19 巻 840 頁　注 **16-16**, 注 **16-23**
大判昭 15·9·18 民集 19 巻 16 号 1611 頁（鷹の湯事件）　注 **1-4**, 注 **10-1**

大判昭 15・10・24 新聞 4637 号 12 頁　**注 12-33**
大判昭 16・8・14 民集 21 号 1074 頁　**注 18-4**
大判昭 17・2・28 法学 11 1183 頁　**注 9-2**
大判昭 17・4・24 民集 21 巻 447 頁　**注 16-41**
大判昭 17・9・30 民集 21 巻 911 頁　*7-4*
大判昭 19・2・18 民集 23 巻 64 頁　*12-31*
最判昭 24・10・20 刑集 3 巻 10 号 1660 頁　**注 15-12**
最判昭 25・12・1 民集 4 巻 12 号 625 頁　**注 1-5**
最判昭 25・12・19 民集 4 巻 12 号 660 頁　*6-7*
最判昭 26・4・19 民集 5 巻 5 号 256 頁（[網干場事件]）　**注 16-14**
最判昭 26・11・27 民集 5 巻 13 号 775 頁　**注 3-43**
最判昭 27・2・19 民集 6 巻 2 号 95 頁　**注 12-6**
最判昭 28・4・24 民集 7 巻 4 号 414 頁　**注 12-21**
最判昭 29・8・31 民集 8 巻 8 号 1567 頁　**注 9-2**
最判昭 30・5・31 民集 9 巻 6 号 774 頁　*6-26*
最判昭 30・5・31 民集 9 巻 6 号 793 頁　*16-32-1*, **注 16-1**
最判昭 30・9・9 民集 9 巻 10 号 1228 頁　**注 8-7**
最判昭 30・12・16 民集 9 巻 14 号 2097 頁　*18-9*
最判昭 31・5・10 民集 10 巻 5 号 487 頁　*16-27*, **注 16-22**
最判昭 31・6・5 民集 10 巻 6 号 643 頁　**注 8-23**
最判昭 31・6・19 民集 10 巻 6 号 678 頁　*15-12*
最判昭 31・10・23 民集 10 巻 10 号 1275 頁　**注 12-21**
東京高判昭 31・10・30 高民集 9 巻 10 号 626 頁　*12-31-1*
最判昭 31・12・27 判タ 68 号 81 頁　**注 12-31**
最判昭 31・12・28 民集 10 巻 12 号 1639 頁　*14-3-1*
最判昭 32・1・31 民集 11 巻 1 号 170 頁　**注 12-47**
最判昭 32・2・22 判時 103 号 19 頁　**注 12-26**
最判昭 32・9・19 民集 11 巻 9 号 1574 頁　*6-26*
最判昭 33・2・14 民集 12 巻 2 号 268 頁　*18-9*
最判昭 33・6・14 民集 12 巻 9 号 1449 頁　**注 7-2**
最判昭 33・6・20 民集 12 巻 10 号 1585 頁　*4-22*
最判昭 33・8・28 民集 12 巻 12 号 1936 頁　*7-19*
最判昭 33・10・14 民集 12 巻 14 号 3111 頁　*5-14*
最判昭 34・1・8 民集 13 巻 1 号 1 頁　*5-10*
最判昭 34・2・5 民集 13 巻 1 号 51 頁　**注 15-11**

最判昭 34・4・15 訟月 5 巻 6 号 733 頁　**注 2-4**
最判昭 34・8・7 民集 13 巻 10 号 1223 頁　*10-6*
最判昭 35・3・22 民集 14 巻 4 号 501 頁　**注 4-12**
最判昭 35・4・21 民集 14 巻 6 号 946 頁　*8-9*
最判昭 35・6・17 民集 14 巻 8 号 1396 頁　*2-13*
最判昭 35・6・24 民集 14 巻 8 号 1528 頁　**注 4-10**
最判昭 35・7・27 民集 14 巻 10 号 1871 頁　*7-18, 7-20*
最判昭 35・9・1 民集 14 巻 11 号 1991 頁　**注 9-5**
最判昭 36・2・28 民集 15 巻 2 号 324 頁　**注 2-6**
最判昭 36・3・24 民集 15 巻 3 号 542 頁　**注 14-4**
最判昭 36・4・7 民集 14 巻 5 号 751 頁　**注 12-21**
最判昭 36・4・27 民集 15 巻 4 号 901 頁　*6-26*
最判昭 36・4・28 民集 15 巻 4 号 1230 頁　**注 8-23**
最判昭 36・5・4 民集 15 巻 5 号 1253 頁　*10-1*
最判昭 36・11・24 民集 15 巻 10 号 2573 頁　**注 8-18**
最判昭 37・3・15 民集 16 巻 3 号 556 頁　**注 14-3**
最判昭 37・5・18 民集 16 巻 5 号 1073 頁　*12-20, 12-40*
最判昭 38・2・22 民集 17 巻 1 号 235 頁　*7-36*, **注 16-26**
最判昭 38・5・31 民集 17 巻 4 号 588 頁　**注 15-11**
最判昭 38・10・8 民集 17 巻 9 号 1182 頁　**注 5-6**
最判昭 38・10・29 民集 17 巻 9 号 1236 頁　**注 15-11**
最判昭 39・3・6 民集 18 巻 3 号 437 頁　*6-12, 7-38*
最判昭 39・5・29 民集 18 巻 4 号 715 頁　**注 3-13**
東京地判昭 39・6・27 判時 389 号 74 頁　*14-13*
最判昭 40・3・4 民集 19 巻 2 号 197 頁　*12-34*
最判昭 40・5・4 民集 19 巻 4 号 797 頁　*8-15*
最判昭 40・5・20 民集 19 巻 4 号 859 頁　*16-21*
最判昭 40・9・21 民集 19 巻 6 号 1560 頁　*8-31, 8-36*
最判昭 40・11・19 民集 19 巻 8 号 2003 頁　**注 4-13**

最判昭40・12・21 民集19巻9号2221頁　*6-27*
最判昭41・3・3 判時443号32頁　*16-42*
最判昭41・5・19 民集20巻5号947頁　*16-13, 16-15*
最判昭41・6・9 民集20巻5号1011頁　*3-16*
最判昭41・11・22 民集20巻9号1901頁　*7-17*
最判昭41・11・25 民集20巻9号1921頁　*19-9*
最判昭42・1・20 民集21巻1号16頁　*7-40*
最判昭42・4・27 判時492号55頁　注*3-13*
最判昭42・5・30 民集21巻4号1011頁　*3-10*
最判昭42・6・22 民集21巻6号1479頁　注*16-3*
最判昭42・8・25 民集21巻7号1729頁　*16-41*
最判昭42・12・26 民集21巻10号2627頁　*14-3-1*
東京高判昭43・3・13 判時522号32頁　注*12-21*
岡山地判昭43・5・29 判時555号64頁　*14-13*
最判昭43・8・2 民集22巻8号1571頁　*6-27*
仙台高判昭43・8・12 下民集19巻7・8号472頁　*16-34*
最判昭43・11・15 判時544号33頁　*19-5*
最判昭43・11・15 民集22巻12号2671頁　注*6-11*
最判昭43・11・19 民集22巻12号2692頁　*6-7*
大阪高判昭43・12・11 判時560号52頁　*16-30*
最判昭44・1・16 民集23巻1号18頁　注*6-11*
最判昭44・3・27 民集23巻3号619頁　注*16-3*
最判昭44・4・25 民集23巻4号904頁　注*6-11*
最判昭44・5・2 民集23巻6号951頁　注*8-5*
最判昭44・11・21 判時581号34頁　注*3-13*
最大判昭45・10・21 民集24巻11号1560頁　注*8-23*
最判昭45・11・6 民集24巻12号1803頁　*16-39*
最判昭46・1・26 民集25巻1号90頁　*7-39*
最判昭46・2・19 民集25巻1号135頁　注*12-43*
最判昭46・4・8 判時631号50頁　*8-8*
最判昭46・6・18 民集25巻4号550頁　注*16-6, 注16-33*
最判昭46・10・14 民集25巻7号933頁　*11-5*
最判昭46・11・4 判時654号57頁　*15-8*
最判昭46・11・16 民集25巻8号1182頁　注*7-16*
最判昭46・11・30 民集25巻8号1422頁　注*8-24*
最判昭46・11・30 民集25巻8号1437頁　*12-19*
最判昭46・12・9 民集25巻9号1457頁　注*16-20*
最判昭47・4・14 民集26巻3号483頁　*14-5*
最判昭47・9・8 民集26巻7号1348頁　*12-10*, 注*12-9*, 注*12-11*
最判昭47・12・7 民集26巻10号1829頁　*2-12, 2-18*
最判昭48・3・13 民集27巻2号271頁　*19-6, 19-6-1*
最判昭49・3・19 民集28巻2号325頁　*6-15*
最判昭49・9・26 民集28巻6号1213頁　*7-3*
最判昭49・10・24 判時760号56頁　*2-13*
最判昭50・11・7 民集29巻10号1525頁　注*16-34*
最判昭51・9・7 判時831号35頁　*16-42*
神戸簡判昭52・1・14 判時800号147頁　*14-2-1*
最判昭54・1・25 民集33巻1号26頁　*15-21*
最判昭54・4・17 判時929号67頁　注*12-8*
最判昭57・3・30 判時1039号62頁　*12-31*
最判昭57・7・1 民集36巻6号891頁　*19-5, 19-10*
大阪地判昭57・10・22 判時1068号85頁　注*17-10*
東京高判昭57・11・17 判タ942号65頁　注*16-15*
最判昭58・2・8 判時1092号62頁　*19-10*
最判昭58・3・24 民集37巻2号131頁（「お綱の譲り渡し」事件）　*12-13*, 注*12-9*
東京地判昭58・4・25 判タ502号124頁　注*14-2*
最判昭59・1・27 判時1113号63頁　注*12-6*
最判昭59・4・24 判時1120号38頁　*16-30*
東京地判昭59・10・23 判時1158号213頁　*14-2*
最判昭60・3・28 判時1168号56頁　注*12-10*, 注*12-14*
最大判昭61・6・11 民集40巻4号872頁　*2-5-1*
東京高判昭61・12・24 判時1224号19頁　*15-13-2*
最大判昭62・4・22 民集41巻3号408頁（「森

林法違憲判決］）*16-39*, 注**16-30**, 注**16-35**
最判昭 62・4・24 判時 1243 号 24 頁　*3-8*
横浜地判昭 62・6・19 判時 1253 号 96 頁　*16-2*
大阪高判昭 62・6・23 判時 1258 号 102 頁　注**17-6**
東京地判昭 62・6・26 判時 1269 号 98 頁　注**16-14**
最判昭 62・9・4 判タ 651 号 61 頁　注**16-34**
最判昭 62・11・12 判時 1261 号 71 頁　注**6-11**
最判昭 63・5・20 判時 1277 号 116 頁　注**16-9**
東京地判昭 63・12・27 判タ 704 号 222 頁　注**16-34**
最判平元・9・19 民集 43 巻 8 号 955 頁　*14-7*, 注**14-9**
最判平元・11・24 民集 43 巻 10 号 1220 頁　注**16-4**
最判平 2・11・20 民集 44 巻 8 号 1037 頁　*14-8*
最判平 4・1・24 家月 44 巻 7 号 51 頁　注**16-35**
仙台高判平 4・1・27 金判 906 号 26 頁　注**16-8**
東京地判執行処分平 4・4・22 金法 1320 号 65 頁　*6-22*
最判平 5・1・21 民集 47 巻 1 号 265 頁　*16-6-1*
最判平 6・1・25 民集 48 巻 1 号 18 頁　*15-22*
最判平 6・2・8 民集 48 巻 2 号 373 頁　*2-13*
最判平 6・5・31 民集 48 巻 4 号 1065 頁　*19-8*, *19-11*
最判平 6・9・13 判時 1513 号 99 頁　注**12-15**
最判平 6・12・16 判時 1521 号 37 頁　*18-9*
最判平 7・7・18 民集 49 巻 7 号 2684 頁　注**16-27**
最判平 7・12・15 民集 49 巻 10 号 3088 頁　*12-13*, 注**12-9**
福岡地判平 8・5・28 判タ 949 号 145 頁　注**14-7**
東京高判平 8・5・30 判タ 933 号 152 頁　注**16-25**
最判平 8・10・29 民集 29 巻 5 号 1272 頁　*6-33*
最判平 8・10・31 民集 50 巻 9 号 2563 頁　*16-40*
最判平 8・11・12 民集 50 巻 10 号 2591 頁　注**12-9**
最判平 8・12・17 民集 50 巻 10 号 2778 頁　注**16-8**
最判平 10・2・13 民集 52 巻 1 号 65 頁　*6-28*
最判平 10・2・26 民集 52 巻 1 号 255 頁　注**16-7**
最判平 10・3・10 判時 1683 号 95 頁　注**12-26**
最判平 10・3・24 判時 1641 号 80 頁　*16-14*

最判平 10・3・24 民集 52 巻 2 号 399 頁　*6-22*
最判平 10・12・18 民集 52 巻 9 号 1975 頁　*6-28*, 注**18-10**
最判平 11・3・9 判タ 999 号 236 頁　*16-3-1*
最判平 11・2・23 民集 53 巻 2 号 193 頁　注**16-14**
最判平 11・4・22 判時 1675 号 76 頁　注**16-37**
大阪高判平 11・4・23 判時 1709 号 54 頁　注**16-37**
札幌地判平 11・7・29 判タ 1053 号 131 頁　注**16-37**
最判平 11・11・9 民集 53 巻 8 号 1421 頁　注**16-19**
最判平 12・4・7 判時 1713 号 50 頁　*16-15*, *16-42*
最判平 12・6・27 民集 54 巻 5 号 1737 頁　*3-27*, 注**3-23**
最判平 13・7・10 判時 1766 号 42 頁　*16-6-1*
最判平 13・10・26 民集 55 巻 6 号 1001 頁　注**12-10**
東京高判平 13・12・26 判時 1785 号 48 頁　*14-2-1*
最判平 14・6・10 判時 1791 号 59 頁　*7-38*
最判平 14・10・15 民集 56 巻 8 号 1791 頁　*14-9*
東京地判平 14・11・25 判時 1816 号 82 頁　注**16-13**
最判平 15・4・11 判時 1823 号 55 頁　*19-2*
最判平 15・7・11 民集 57 巻 7 号 787 頁　*16-28*, 注**16-28**
最判平 15・10・31 判時 1846 号 7 頁　*7-21-2*
最判平 17・3・29 判時 1895 号 56 頁　*18-12*
最判平 17・12・15 判時 1920 号 35 頁、判タ 1200 号 122 頁　*16-31*
最判平 18・1・17 民集 60 巻 1 号 27 頁　注**7-10**
最判平 18・3・16 民集 60 巻 3 号 735 頁　注**14-3**
大阪高判平 18・8・29 判タ 1228 号 257 頁　注**6-6**
東京高判平 19・9・13 判タ 1258 号 228 頁　注**14-3**
最判平 20・4・14 民集 62 巻 5 号 909 頁　注**19-3**
最判平 20・7・17 民集 62 巻 7 号 1994 頁　*19-9*
福岡高判平 20・9・8 裁判所 web　*19-14*
東京地判平 20・10・9 判時 2019 号 31 頁　*16-6*, 注**11-3**
最判平 21・3・10 民集 63 巻 3 号 385 頁　*2-10*

最判平22・4・20 判タ1323号98頁　*16-30*, 注 **16-28**
最判平22・12・16 民集64巻8号2050頁　*8-31*
最判平23・1・21 判時2105号9頁　*7-21-3*
東京地判平23・7・15 判時2131号72頁　*14-2-1*
最判平24・3・16 民集66巻5号2321頁　*7-21-2*
最判平24・9・4 金判1413号46頁　*6-21*
最判平25・10・30 判時2227号44頁　*12-5*
最判平27・9・18 民集69巻6号1711頁　*17-3-2*
広島高裁松江支判28・12・21 LEX/DB25545271　*11-2-1*

条文索引

民法
1 条　注 13-1
86 条　15-4
88 条　注 12-45
89 条　注 12-45
90 条　11-2, 8-35, 8-36, 注 8-23
94 条　2-18, 3-17, 3-28, 3-29, 4-16, 5-12, 5-20, 6-1, 6-2, 6-4~6-6, 6-24, 6-32, 6-33, 7-9, 7-12, 7-14, 7-15, 7-22, 7-28, 7-36, 7-37, 19-5, 注 3-9, 注 3-12, 注 6-3, 注 7-1, 注 7-6~注 7-9, 注 16-3
96 条　4-16, 6-2, 6-6, 6-33, 7-3~7-11, 7-13, 7-15, 注 3-12, 注 7-4, 注 7-8
103 条　4-11
108 条　注 8-14
109 条　3-12
110 条　3-12
112 条　3-12
121 条　7-5, 7-7, 7-8, 7-10, 注 7-4
162 条　3-10, 3-22, 3-25, 7-16, 12-2, 12-8, 12-24, 注 3-14, 注 9-4, 注 12-2, 注 12-14, 注 12-23, 注 12-24, 注 15-2
163 条　注 12-1
164 条　7-26, 12-6
166 条　2-30, 18-10, 注 2-13
175 条　1-5, 1-7, 1-8
176 条　1-8, 4-14, 4-24, 5-13, 7-1, 注 4-1, 注 7-2
177 条　2-9, 2-12, 2-13, 2-16~2-18, 4-1, 4-4, 4-14, 5-1, 5-2, 5-6~5-9, 5-13, 5-15, 5-17~5-20, 5-22~5-24, 6-1~6-7, 6-11~6-14, 6-16~6-18, 6-20, 6-21, 6-24, 6-25, 6-27, 6-29~6-34, 7-1, 7-4, 7-5, 7-14, 7-15, 7-18, 7-21-1, 7-22~7-24, 7-28~7-34, 7-36~7-39, 8-1, 8-6, 8-19, 8-23, 9-2, 18-6, 19-12, 注 1-4, 注 2-8, 注 3-12, 注 3-15, 注 5-8, 注 6-2, 注 6-6, 注
6-10, 注 6-13, 注 6-14, 注 7-1~注 7-3, 注 7-6, 注 7-8, 注 7-10, 注 7-13, 注 7-15, 注 7-16, 注 9-2, 注 10-1, 注 15-10
178 条　1-8, 2-9, 4-1, 4-4, 4-8, 4-14, 9-1, 9-2, 9-4~9-9, 10-1, 10-3, 12-39, 注 3-12, 9-1~注 9-3, 注 9-5, 注 10-5
179 条　1-8, 11-3~11-5, 注 11-3
180 条　12-1, 12-3~12-5
181 条　12-21
182 条　9-5~9-7
183 条　9-5, 9-9
184 条　9-5, 9-8
185 条　12-10, 12-11, 12-14, 12-15, 12-17~12-20, 12-40, 注 12-10, 注 12-14, 注 12-16
186 条　3-15, 12-12~12-14, 12-20, 12-24, 12-26, 注 12-9, 注 12-16, 注 12-24
187 条　12-20, 12-39, 12-40, 注 9-4
188 条　3-16, 5-10, 12-25, 12-27, 注 3-14
189 条　2-3, 3-27, 12-4, 12-24, 12-25, 12-37, 12-38, 注 12-45~注 12-47
190 条　12-38, 注 12-45, 注 12-48
191 条　12-7, 12-24, 12-25, 注 12-47
192 条　2-3, 3-2, 3-3, 3-5~3-12, 3-16, 3-18, 3-19, 3-22, 3-24~3-27, 4-8, 5-17, 5-22, 6-6, 9-5, 9-9, 12-25, 注 3-4~注 3-6, 注 3-8, 注 3-9, 注 3-12, 注 9-3, 注 10-8, 注 15-2
193 条　3-26, 3-27, 注 3-19, 注 3-20
194 条　3-26, 3-27, 12-25, 注 3-23
195 条　12-25, 注 15-2
196 条　12-24, 12-25, 12-35~12-37, 注 12-44~注 12-46, 注
12-48
197 条　12-4, 12-9, 12-25, 12-28, 注 12-26
198 条　12-32, 注 12-37
199 条　12-33, 注 12-37
200 条　12-31, 注 12-30
201 条　12-30~12-33
202 条　2-5, 12-25, 12-29, 12-34, 注 12-38, 注 12-39
203 条　12-6, 注 12-3
204 条　注 12-19
205 条　注 12-1
206 条　1-1, 1-2, 13-1, 13-3
207 条　13-1
209 条　14-1, 14-4, 注 14-5
210 条　14-5, 注 14-3
211 条　14-6~14-8
212 条　14-6
213 条　14-7, 14-8, 注 14-5
214 条　14-9
215 条　14-10
216 条　14-10
217 条　14-10
218 条　14-9
219 条　14-10
220 条　14-9
221 条　14-9
223 条　14-2, 14-11
224 条　14-2
225 条　14-2, 14-2-1
226 条　14-2
227 条　14-2
228 条　14-2
229 条　14-2, 16-2, 16-33, 18-4
233 条　14-11
234 条　14-8, 14-12, 14-13, 注 14-9
235 条　14-12, 注 14-10
237 条　14-12
238 条　14-1, 14-12
239 条　15-1, 注 15-1
240 条　15-2, 注 15-5
241 条　15-3, 16-10, 注 15-5
242 条　10-1, 15-8, 15-9, 15-11~15-13-1, 18-4, 注 15-10, 注 15-11

243条	*15-4, 15-14, 15-15*
244条	*15-16, 16-10*
245条	*15-4, 15-17*
246条	*15-4, 15-19〜15-21*
247条	*15-22*
248条	*15-10, 15-19, 15-23*
249条	*16-12, 16-14, 16-25, 16-32-1*, 注 **16-1**
250条	*16-10*, 注 **16-5**
251条	*16-16*
252条	*16-17, 16-18, 16-27*
253条	*16-19*, 注 **16-17**
254条	*16-19*
255条	*16-7, 16-9*, 注 **16-4**
256条	*16-2, 16-32, 16-32-1*, 注 **16-1**, 注 **16-31**
257条	*14-2, 16-2, 16-33*
258条	*16-37*, 注 **16-34**
259条	*16-19*, 注 **16-38**
260条	*16-41*
261条	注 **16-39**
262条	注 **16-40**
263条	*19-1*
264条	*16-6, 16-27*
265条	*18-1*
266条	*18-2*
267条	*14-1, 18-1, 18-4*
268条	*18-2, 18-3*
269条	*18-4, 18-5*
269条の2	*18-1*
270条	*18-5*
271条	*18-5*
272条	*18-4, 18-5*
273条	*18-5*
274条	*18-2, 18-5*
275条	*18-2, 18-4*
276条	*18-2, 18-4, 18-5*
278条	*18-3, 18-5*
279条	*18-5*
280条	*18-6*
281条	*18-7*
282条	*18-8*
283条	*18-9*
284条	*18-9*
285条	*18-11*
286条	*18-11*
287条	*18-11*
288条	*18-11*
289条	*18-10*
291条	*18-10*
292条	*18-10*
293条	*18-10*
294条	*19-1*
295条	注 **12-44**, 注 **15-16**
298条	注 **1-9**
302条	*12-29*
312条	*18-2*
319条	注 **17-7**
333条	注 **3-12**
352条	注 **9-1**
353条	*12-29*, 注 **3-20**, 注 **9-1**
369条	*18-4*, 注 **11-2**
373条	*2-1*
396条	*7-21-2*, 注 **11-1**
397条	*18-10*
398条	*11-2*
401条	注 **4-10**
417条	*2-4, 2-22*, 注 **2-11**
423条の7	*8-31*
424条	*5-19, 6-13, 16-41*
424条の5	注 **3-12**
427条	*16-6, 16-42, 16-43, 17-15*, 注 **16-29**
444条	*2-26*
467条	*6-2, 6-16, 6-19, 6-20, 6-23*
477条	注 **3-5**
478条	*3-12, 6-3, 6-16, 6-17, 6-19*
485条	*2-20*
520条	*11-5*
541条	*18-2, 18-4, 18-5*
544条	*16-6-1, 16-43*
545条	注 **7-3**
555条	*4-15, 4-20*, 注 **4-11**
562条	*17-3-1*
575条	*12-37*
601条	注 **18-7**
602条	*16-17*, 注 **16-13**
604条	*18-3*
605条の2	*6-14*
608条	*12-36*
612条	*18-4*
667条	*16-3*
702条	*2-20*, 注 **12-40**
703条	*2-3, 15-23*
704条	*15-23*
708条	注 **8-23**
709条	*2-4, 2-20, 2-21, 12-23*, 注 **12-29**, 注 **12-47**
717条	*8-23, 12-23*
722条	*2-4, 2-22*, 注 **2-11**
724条	注 **12-29**
762条	*16-1*
768条	注 **12-25**
898条	注 **16-1**
900条	*16-10*, 注 **12-25**
906条	*16-32-1*
907条	注 **16-34**
909条	*7-39, 16-32-1*
939条	*7-40*
958条の3	注 **16-4**

2017年改正前民法
96条	注 **12-24**
147条	*7-26*

旧民法
| 208条 | *17-1* |

遺失物法
4条	注 **15-7**
9条	注 **15-7**
16条	注 **15-7**
20条	注 **15-7**
28条	*15-2*, 注 **15-6**
29条	注 **15-6**
36条	注 **15-5**
37条	注 **15-5**

入会林野等に係る権利関係の近代化の助長に関する法律
1条	*19-3*

漁業法
23条	注 **1-3**
43条	注 **1-3**

漁業法施行法
1条	*19-14*
17条	*19-14*

景観法
81条	注 **14-7**
86条	注 **14-7**

下水道法
11条	注 **14-6**

建設機械抵当法
7 条　*9-3*

建築基準法
65 条　*14-12*, 注 **14-9**
69 条　注 **14-7**
73 条　注 **14-7**
75 条　注 **14-7**

憲法
29 条　注 **16-36**

鉱業法
12 条　注 **1-3**
71 条　注 **1-3**

工場抵当法
5 条　*3-5*

古物営業法
20 条　注 **3-23**

採石法
4 条　注 **1-3**

質屋営業法
22 条　注 **3-23**

借地借家法
2 条　*18-1, 18-3*
10 条　*5-9*, 注 **18-3**

商法
31 条　注 **1-3**
515 条　注 **1-3**
521 条　注 **1-3**
557 条　注 **1-3**
562 条　注 **1-3**
687 条　*9-3*, 注 **9-5**
842 条　注 **1-3**
843 条　注 **1-3**
848 条　注 **1-3**

森林法
186 条　注 **16-36**

建物の区分所有に関する法律
1 条　*17-2*
2 条　*17-2, 17-3*, 注 **17-9**
3 条　*17-5*, 注 **17-11**
4 条　*17-3, 17-6*
5 条　注 **17-9**
6 条　*17-2*, 注 **17-4**
7 条　注 **17-7**
8 条　注 **17-6**
11 条　注 **17-16**
14 条　*17-3*
15 条　*17-3*
17 条　*17-3*
18 条　*17-3*
19 条　注 **17-6**, 注 **17-16**
22 条　*17-4*
25 条　*17-7*
26 条　*17-7*
27 条　*17-7*
29 条　注 **17-15**
30 条　*17-6*
31 条　*17-6*
34 条　*17-8*
38 条　*17-8*
47 条　*17-5*
57 条　注 **17-4**
58 条　注 **17-4**
59 条　注 **17-4**
61 条　*17-9*
62 条　*17-10*
63 条　*17-10*, 注 **17-19**
70 条　注 **17-18**

道路運送車両法
5 条　*9-3*

都市緑地法
45 条　注 **14-7**
50 条　注 **14-7**

特許法
73 条　*16-6*

農地法
5 条　注 **12-10**
16 条　注 **18-5**

破産法
52 条　注 **16-32**

不動産登記法
4 条　*5-7*
5 条　*6-24, 6-27, 6-29*, 注 **6-13**
18 条　注 **8-12**
28 条　*5-5*
29 条　*5-5*
34 条　注 **5-3**
36 条　*5-5*
44 条　注 **5-3**
47 条　*5-5*
60 条　*8-20*
62 条　*8-21*
63 条　*8-22*
78 条　注 **18-3**
105 条　*5-8*, 注 **5-5**
106 条　*5-8*, 注 **5-6**
109 条　注 **5-7**

旧不動産登記法
4 条　*6-27*, 注 **6-13**
5 条　*6-27*, 注 **6-13**
7 条　注 **5-6**

不動産登記法規則
3 条　*5-7*

不動産登記法等の一部を改正する法律
148 条　*14-3*

法の適用に関する通則法
3 条　*1-7*

マンションの建替えの円滑化等に関する法律
2 条　注 **17-2**

民事執行法
22 条　*1-4*
38 条　*3-10*
151 条　*6-21, 6-22*

民事訴訟法
29 条　*19-8*

立木ニ関スル法律
1 条　注 **10-4**
2 条　注 **10-4**
5 条　*3-5*

条文索引

著者紹介

平野　裕之（ひらの　ひろゆき）

1960年　東京に生まれる
1981年　司法試験合格
1982年　明治大学法学部卒業
1984年　明治大学大学院法学研究科博士前期課程修了
　　　　明治大学法学部教授を経て
現　在　慶應義塾大学大学院法務研究科教授
　　　　早稲田大学法学部，日本大学法科大学院非常勤講師

主要著書

『製造物責任の理論と法解釈』（信山社，1990年）
『債権総論［第2版補正版］』（信山社，1994年）
『契約法［第2版］』（信山社，1996年）
『考える民法Ⅰ～Ⅳ』（辰巳法律研究所，1998-2001年）
『基礎コース民法入門』（新世社，2001年）
『基礎コース民法Ⅰ総則・物権［第3版］』（新世社，2005年）
『基礎コース民法Ⅱ債権法［第2版］』（新世社，2005年）
『法曹への民法ゼミナール1・2』（法学書院，2003年）
『プチゼミ債権法総論』（法学書院，2005年）
『保証人保護の判例総合解説［第2版］』（信山社，2005年）
『間接被害者の判例総合解説』（信山社，2005年）
『プラクティスシリーズ債権総論』（信山社，2005年）
『民法総合5 契約法』（信山社，2008年）
『民法総合3 担保物権法［第2版］』（信山社，2009年）
『民法総合6 不法行為法［第3版］』（信山社，2013年）
『コア・テキスト民法Ⅰ～Ⅵ』（新世社，2011年）
『事例から考える民法』（法学書院，2012年）
『新・論点講義シリーズ物権法』（弘文堂，2012年）
『物権法』（日本評論社，2016年）
『担保物権法』（日本評論社，2017年）
『民法総則』（日本評論社，2017年）
『債権総論』（日本評論社，2017年）
『新・考える民法Ⅰ　総則』（慶応義塾大学出版会，2018年）
『債権各論Ⅰ　契約法』（日本評論社，2018年）

ライブラリ 民法コア・テキスト-2

コア・テキスト民法Ⅱ 物権法 第2版

| 2011年6月10日Ⓒ | 初 版 発 行 |
| 2018年9月25日Ⓒ | 第 2 版 発 行 |

著 者 平 野 裕 之　　　発行者 森平敏孝
　　　　　　　　　　　　印刷者 杉井康之
　　　　　　　　　　　　製本者 米良孝司

【発行】　　　　　　　　　株式会社 新世社

〒151-0051　東京都渋谷区千駄ヶ谷1丁目3番25号
編集☎(03)5474-8818㈹　　サイエンスビル

【発売】　　　　　　　　　株式会社 サイエンス社

〒151-0051　東京都渋谷区千駄ヶ谷1丁目3番25号
営業☎(03)5474-8500㈹　　振替 00170-7-2387
FAX☎(03)5474-8900

印刷 ディグ　　　　　製本 ブックアート
《検印省略》

本書の内容を無断で複写複製することは、著作者および出版者の権利を侵害することがありますので、その場合にはあらかじめ小社あて許諾をお求め下さい。

サイエンス社・新世社のホームページのご案内
http://www.saiensu.co.jp
ご意見・ご要望は
shin@saiensu.co.jp まで。

ISBN978-4-88384-258-2

PRINTED IN JAPAN

ライブラリ 民法コア・テキスト 1

コア・テキスト
民法 I
民法総則 第2版

平野 裕之 著
A5判／384頁／本体2,300円（税抜き）

民法学修の「コア」を明快に説き，初学者から司法試験受験生まで幅広く好評を得ている「ライブラリ 民法コア・テキスト」を2017年の民法（債権関係）改正に合わせ，内容を刷新・拡充！ とくに図表を大幅に追加し，各巻のクロスリファレンスのリファインも行って新しい民法を一層理解しやすいものとした。第Ⅰ巻では総則分野における，意思表示，代理，無効及び取消し，消滅時効などの改正を織り込み，詳説する。

【主要目次】
民法総論／権利能力（法人格）とその始期・終期／法人制度／法律行為（意思表示）の解釈，公益的無効／法律行為（意思表示）の意思不存在無効／消費者契約中の不当条項の無効／契約（法律行為・意思表示）の無効とは？／契約（法律行為・意思表示）の取消し／錯誤による契約（法律行為・意思表示）／取消しをめぐる法律関係／消費者契約法による消費者取消権／代理制度総論／無権代理1（狭義の無権代理）／表見代理（無権代理2）／条件及び期限／時効制度総論／消滅時効／取得時効／時効の共通規定／物について／権利の行使・義務の履行についての一般原則

発行 新世社　　発売 サイエンス社